数 字 营 销 系 列 丛 书

周茂君　主编

国家社会科学基金一般项目“中国新媒体广告规制研究”
（项目批准号：17BXW094）成果

数字营销伦理与法规

科 学 出 版 社
北 京

内 容 简 介

本书从数字营销伦理与数字营销法规的基本概念入手，厘清伦理、广告伦理和数字营销伦理的内在关联与不同之处，探讨数字营销人的伦理素养在伦理决策中扮演的角色；既分析数字营销关系者——广告主、数字营销公司、数字媒体平台、用户的伦理责任，又尝试构建起数字营销伦理评价体系；梳理数字营销法规的演进线索，讨论数字营销市场的监管困境与制度建设构想，剖析我国数字营销市场行政监管系统，分解对数字营销市场主体——广告主、数字营销公司、数字媒体平台和第三方监测机构的监管实践，条分缕析其在数字营销中的违法行为及法律责任。本书将伦理规范、法规条款与案例分析紧密结合，是国内最早对数字营销伦理与法规进行专门论述的著作之一。

本书适合数字营销从业者与相关专业的研究生、本科生阅读。

图书在版编目（CIP）数据

数字营销伦理与法规 / 周茂君等著. —北京：科学出版社，2023.4
（数字营销系列丛书）
ISBN 978-7-03-074669-6

Ⅰ. ①数… Ⅱ. ①周… Ⅲ. ①网络营销 Ⅳ. ①F713.365.2

中国国家版本馆 CIP 数据核字（2023）第 005645 号

责任编辑：郝 静 / 责任校对：樊雅琼
责任印制：赵 博 / 封面设计：楠竹文化

科 学 出 版 社 出版
北京东黄城根北街 16 号
邮政编码：100717
http://www.sciencep.com
天津市新科印刷有限公司印刷
科学出版社发行 各地新华书店经销

*

2023 年 4 月第 一 版 开本：720×1000 1/16
2025 年 2 月第三次印刷 印张：19 1/2
字数：305 000

定价：59.00 元

“数字营销系列丛书”编委会名单

推 荐 序

“风乍起，吹皱一池春水”，这是南唐词人冯延巳的著名词句，用它来形容当前已然来临的数字营销时代，最为恰切。数字时代的这个“风”就是新技术，正是它引领着数字媒体发生着深刻变革，影响着人们的工作状态、生活方式和阅读习惯，进而颠覆着媒体市场、广告市场和营销市场的运行规则。在这里，广告主在传统媒体时代简单的广告营销逐渐被数字时代注重官网、两微一端和搭建营销平台的“自营销”所取代；报刊、广播、电视等传统媒体依靠采编、经营双轮驱动已悄然改变，代之而起的是以内容运营、用户运营和活动运营为主的数字媒体运营；广告代理公司（绝大多数转型为数字营销公司）为迎接数字时代的到来，正在经历着从经营理念、组织架构到运作流程、业务模式的阵痛与蜕变，以便更好地服务于广告主。

数据成为数字营销市场的核心竞争力，得数据者得天下。广告主可以凭借其拥有的第一方数据，借助其官网和微博、微信，自建App，搭建营销平台，进行品牌宣传与产品营销；数字媒体依靠其垄断的第二方数据资源和头部媒体优势，在营销市场纵横捭阖、所向披靡；传统广告公司在过去时代曾经拥有的创意、策划等专业性优势，在数字时代逐渐被广告主和数字媒体蚕食，而“去中介”的行业诉求正在加重其生存危机，逼迫其通过搭建数字营销平台（垂直）和重构专业性实现浴火重生与凤凰涅槃。原生广告和内容营销也颠覆着人们“内容是内容”“广告是广告”“二者要具有可识别性”的认知。前者将品牌信息深度植入媒体内容，并使二者融为一体；后者更强调将媒体内容作为营销工具为品牌广告或效果广告服务。此时，在数字营销市场，内容即广告，广告即内容，过去那种纯粹的内容与纯粹的广告再难见到，无论内容还是广告，都是为营销服务、为广告主服务。一切皆处于变化之中或在变化的路上，而唯一不变的就是变化，这就是时下的数字营销时代。

正是在技术引领、规则被颠覆、市场变革已然成为现实的情况下，周茂君教授组织编写了这套数字营销系列丛书——《数字营销概论》《数字营销策划与创意》《数字内容营销》《数字品牌营销》《数字平台营销》《大数据营销》《数字营销公司经营与管理》《数字媒体运营》《数字营销效果测评》《数字营销伦理与法规》。本套丛书一共 10 部，从书名可以见出其独特之处：其一，大营销观的独特研究视角。本套丛书坚持大营销观，让广告回归营销，恢复广告是市场营销一部分的本来面目，处处从大营销的角度展开论述；立足于大营销，从营销参与者、营销要素和营销过程的角度来确定相关的书名、章节。其二，勾画史的线索与立足数字营销实践。丛书的每部书皆坚持勾画出从传统媒体到数字媒体、从传统广告到数字广告和从传统营销到数字营销的“史”的线索和发展脉络，让读者能从中见出从传统时代到数字时代的演进轨迹；同时丛书作者并没有局限于对数字营销做从理论到理论式的研究，而是立足于数字营销实践，更多地从业界的视角去透视、研究相关的理论问题，这就使其研究更注重实际，也更接地气。其三，本套丛书既关注理论前沿问题，注意吸收和借鉴国内外数字营销研究的最新成果，又注重这些基本理论的实际应用，并将基本理论、实际应用和案例点评很好地结合在一起，形成独具的特色。

数字营销在国外才出现短短 20 多年时间，在国内出现的时间更短，无论国外还是国内对它研究的时间都不长，可以说才刚刚起步，对数字营销进行系统研究的系列著作则更少。希望以周茂君教授这套数字营销系列丛书为起点，国内涌现出更多的作者和研究成果，早日迎来数字营销研究的收获期。

是为序。

强月新

2019 年 10 月

“数字营销系列丛书”前言

1994 年 10 月 14 日，美国《热线杂志》(*Hotwired*) 网络版刊出美国电话电报公司 (American Telephone & Telegraph，AT&T) 等 14 则广告主的图像和信息，标志着网络广告的正式诞生，也宣告了数字营销时代的来临。这场由新技术引发媒体市场、广告市场和营销市场的变革方兴未艾，其对未来的影响巨大而深远，甚至是颠覆性的。有人曾用“变化是当前唯一不变的主题”这句话来加以形容，无疑是对数字营销市场状况的真实写照。

尽管数字营销已经走过了 20 多年的发展历程，但是迄今为止仍然没有一个大家公认的权威定义。国外部分学者或营销专家对数字营销提出了一些看法，有两方面的内容值得关注：其一，数字营销是一种全新的营销方式。他们认为数字营销“也称为电子营销”[①]，是“利用数字技术帮助营销活动”[②]，是“将互动媒体与营销组合的其他元素相结合”[③]，是“一种全新的营销方式”[④]。其二，数字营销有利于与消费者建立关系并实现营销目标。他们强调数字营销“使消费者和

① Smith K T. Digital marketing strategies that millennials find appealing, motivating, or just annoying[J]. Journal of Strategic Marketing，2011，19 (6)：489-499.

② Bala M，Verma M D. A critical review of digital marketing[J]. International Journal of Management，IT & Engineering，2018，8 (10)：321-339.

③ Parsons A，Zeisser M，Waitman R. Organizing today for the digital marketing of tomorrow[J]. Journal of Interactive Marketing，1998，(1)：31-46.

④ Wind Y，Mahajan V. Digital Marketing：Global Strategies from the World's Leading Experts[M]. New York：John Wiley & Sons，Inc.，2001.

企业建立了双向联系，且消费者可以更为便捷地接触到产品和服务”[①]，能够“与用户建立更深层次的关系”[②]，“通过数字媒体、数据和技术与传统传播相结合实现营销目标”[③]。

鉴于此，我们试着给数字营销下了一个定义：它又名在线营销，是利用网络技术、数字技术和移动通信技术等技术手段，借助各种数字媒体平台，针对明确的目标用户，为推广产品或服务、实现营销目标而开展的精准化、个性化、定制化的实践活动。它是数字时代与用户建立联系的一种独特营销方式，具有深度互动性、目标精准性、平台多样性和服务个性化、定制化等特征。

在数字营销行业，大数据、区块链、虚拟现实、物联网、超级计算等技术领域在全球发展势头良好。数字媒体的内容生产、产品形态和推送渠道都更加丰富，网络广告的生产、推广和监管也随之更加多元化和规范化。移动互联网的普及在很大程度上改变了人类生活的方方面面，用户的媒介使用习惯和消费行为都发生了巨大改变，数据资源成为各家公司争夺的重要生产要素。

正如 Actifio 首席执行官 Ash Ashutosh 所说：“Airbnb 是最大的酒店服务机构，但它却没有一间酒店房间；Uber 是最大的出租车服务公司，但公司却没有一辆出租车。”[④]数据已经成为各类公司的核心命脉，自然也深刻地影响着数字营销观念及思维方式的变化。

广告人围坐在会议桌前，仅仅靠头脑风暴和无限的创意就能敲定广告方案的时代已经一去不复返。现在的数字营销从业者更像股票交易员，他们坐在电脑前，瞬间即可在在线广告交易平台上完成广告位的购买与销售。运算法则的输出结果能实时、准确地根据用户数据决定不同的产品广告应当在哪一个网页或终端设备

① Durmaz Y，Efendioglu I H. Travel from traditional marketing to digital marketing[J]. Global Journal of Management and Business Research，2016，16（2）：34-40.

② Royle J，Laing A. The digital marketing skills gap：developing a digital marketer model for communication industries[J]. International Journal of Information Management，2014，（2）：65-73.

③ Chaffey D，Ellis-Chadwick F. Digital Marketing：Strategy，Implementation and Practice[M]. 5th ed. New York：Pearson，2017.

④ Tunguz T，Bien F. 大数据浪潮——企业文化、高效团队和商业奇迹[M]. 宫鑫，谢金秀，刘婷婷译. 北京：人民邮电出版社，2017.

中投放，同时准确地选择出向不同的用户投放哪一个版本的广告内容。广告交易平台可以根据访客曝光量或转化率为付费用户准确地计算出广告费用，并通过代码监测向广告主们及时地反馈广告投放到目标用户的效果。一定的数据分析能力以及对于数字管理系统熟练的操作能力，似乎已经成为广告营销人员必备的职业技能，过去的“广告狂人”正在向现在的“数据达人”转变。

数字化的传播手段和传播内容对数字营销行业的影响主要体现在三个方面：其一，广告交易制度的改变。网络投放与广告管理系统的开发有力推进了网络广告市场的规范化运作。与常规的人工购买相比，基于自动化技术和数据系统来进行广告投放的程序化购买平台可以极大地改善广告购买的效率、规模和投放策略。其二，广告产品形态的多元化。随着媒介形态的多样化，技术手段的日益革新，网络广告的形式由最初的展示广告拓展到搜索引擎广告、富媒体广告、短视频广告、电商广告等丰富的产品形态。通过与不同行业的跨界合作，产品营销方式也多种多样，社交媒体、电商平台、新闻资讯平台、娱乐平台和各传统媒体平台交融合作，打造从线上到线下的营销闭环，更加贴近消费者的生活场景与兴趣爱好。其三，广告主营销理念的转变。广告主开始注重广告营销效果的“品效合一”，他们既关注广告投放后品牌或产品知名度的推广，同时也希望看到更加直接的销售转化效果。第三方监测公司的出现使得数字营销产业链逐步趋于完整，广告主对广告效果的把控更加客观真实。

面向全球市场的数字营销生态链基本形成，不同类型的数字营销公司纷纷搭建自己的数据平台，相互聚集。它们的“整合”绝不仅体现在媒体、渠道与终端方面，而且更深刻地呈现于整个行业格局的变化与发展之中。一些传统的广告传播集团通过大规模的并购、收购，整合数据资源、拓展数字营销业务，转型成为数字营销集团。一些独立的代理公司、数字技术公司和数字媒体纷纷展开合作，试图为广告主提供更加一体化、一站式的网络营销服务方案。 目前，数字营销行业的广告代理公司分布有以下三个特点：其一，独立代理公司渐成气候。独立代理公司能够快速响应市场趋势，并且具有扎实的市场洞察力。其二，代理商结构、层级多样化。广告主新设立的 In-house 团队、媒体下属的数字营销公司，以及市场上原有的广告代理公司相互协调合作，不同团队之间专业营销者的对话提高了数字营销的效率，但对数字营销公司来说，其在产业链中的地位则受到越来越大的威胁。其三，内容创作的质量和分析效果的能力拉开了数字营销公司之间的差距。营销者讲故事的能力、获取和分析数据的能力，以及利用数据促进消费者互动和销售转化的能力，对于吸引广告主来说至关重要。

在数字营销行业环境的风云变幻中，广告主、数字媒体和数字营销公司作为行业发展的三大运行主体，在迎接变革与挑战的过程中，势必要经历残酷的竞争与痛苦的蜕变，能在这场变革中生存下来的，都是能顺应时代潮流、适时改革创新的佼佼者。

数字时代已然来临，技术引领、规则被颠覆、市场变革已是不争的事实。面对已然来临的数字时代，只有迎接挑战而不是回避。因此，编写这套数字营销系列丛书主要出于如下考虑。

（1）本套丛书将秉承五个原则：其一，以“营销主体”“营销内容”“营销平台”“营销对象”“营销管理”五个方面作为研究对象。其二，坚持大营销观，让广告回归营销，恢复广告是市场营销一部分的本来面目。其三，立足于大营销，从营销参与者和营销过程的角度来确定相关的书名、章节。其四，每部书皆勾画出从传统营销到数字营销的发展线索和脉络，使读者能从每部书上见到数字营销时代的新变化。其五，每部书在研究内容上既要相互有关联，又要厘清彼此间的研究边界而不至于重复。

（2）本套丛书既关注理论前沿问题，吸收和借鉴国内外数字营销研究的最新成果，又注重这些基本理论的实际应用。在具体编写过程中，将基本理论、实际应用和案例点评相结合，展现出独具的特色：其一，基本理论部分。对数字营销涉及的理论问题，只做概括性叙述，不进行全面性描述，对其基本原理，力争深入浅出，易学易懂。其二，实际应用部分。这是本套丛书每部书的写作重点，这个思路将贯穿于每部书的编写之中。其三，案例点评部分。每部书的大部分章节都要求安排与本章内容相关联的案例点评，用具体的案例点评，来回应前面的基本理论和实际应用。

（3）本套丛书在编写过程中尽力做到有思想、有创见、有全新体系，观点新颖，持论公允，风格力求简洁、明了、畅达，并在此基础上使行文生动、活泼、风趣。

本套丛书从 2016 年底提出计划到现在即将付梓，前后历时三年。由主编周茂君提出总体构想以及 10 部书的书名；然后是聘请作者参与编写。由于时间较长，作者几经变化，其间的艰难困顿难以言述，好在艰难时刻皆已过去，相信未来一定能见到彩虹！

本套丛书的顺利面世需要感谢的人很多。首先，感谢丛书编写团队的每一位作者，正是他们的辛勤付出才迎来了现在的累累硕果。其次，感谢武汉大学新闻与传播学院的强月新院长、洪杰文副院长的大力支持。强院长不仅平时十分关注丛书的编写，还在百忙之中为本套丛书撰写了序言；洪副院长作为本套丛书的副主编，参与了丛书编写过程中不少具体事宜，并提出了建设性意见。最后，感谢科学出版社的来豫蓉女士、陈亮先生、鄢德平先生、张宁女士、马跃先生、郝静女士等，从出版合同的拟定到具体编辑工作的落实，点点滴滴，处处都留有他们辛勤的身影。

数字营销的研究在国内还处于起步阶段，没有现成的研究成果可以借鉴，书中难免存在不足之处，恳请各位读者批评指正。

周茂君

2019 年 10 月于武昌珞珈山

目 录

Contents

第一章　数字营销伦理与法规概述

随着信息技术与互联网的高速发展，数字媒介逐渐成为人们信息获取与分享的主要渠道，且广泛应用于人们的社会交往与沟通之中。媒介技术变革与传播手段的不断丰富，促使以互联网和数字媒体作为传播沟通渠道的营销方式应运而生，并日益成为"数字化生存"时代市场营销领域的主流营销方式[①]，数字营销为企业形象构建与价值提升提供了全新路径。伴随着大数据、物联网、人工智能等技术的应用，如今数字营销已成为企业竞争和发展中不可或缺的重要环节，而在利益驱动、行业规范不健全及法律规制尚不完备的背景下，充斥于数字营销市场中的虚假宣传、不平等交易、隐私侵犯等侵权违规和伦理失范现象屡见不鲜，危害营销生态构建和行业健康发展。由此，在数字营销发展日新月异的时代，亟待完善相应的伦理规范体系与法律规制框架来保障数字营销市场的有序开展。需要特别指出的是，广告是营销的一部分，数字广告也是数字营销的一种，因此在行文时一般不将广告或数字广告单列出来，而是将其归入数字营销一并论述。

---

① "数字化"概念由尼葛洛庞帝（Negroponte）在他出版于1995年的《数字化生存》一书中提出，书中数字化的定义被广泛传播：数字化即"物质原子"，被"数字化比特"代替。

第一节 数字营销伦理与法规的概念

数字营销是基于数字技术，以数字化手段和思维方式实现产品或服务价值提升的过程[①]。美国市场营销协会（2007 年）将数字营销定义为利用数字技术展开的一种整合、定向和可衡量的传播，在获取和留住用户的同时与其建立更深层次的关系[②]。相较于传统的营销模式，数字营销以多渠道、多样化的营销传播方式帮助企业管理客户关系，从而对营销方式乃至整个营销生态都产生了颠覆性影响，也为新营销环境下规范秩序的构建带来了挑战。

一、数字营销伦理的概念

数字营销伦理虽然是伴随着媒介技术与互联网发展而产生的概念，但市场营销中所蕴含的丰富的伦理思想却早已有之，广为知晓的“顾客至上”经营理念实际上是企业营销伦理原则的体现。营销活动不仅要满足消费者基于产品或服务的物质利益，也要重视其精神和心理价值的附加利益需求，这就要求企业在实现营销价值时要坚守伦理底线。

（一）关于伦理的概念

关于伦理这一概念的界定，美国《韦氏大辞典》将伦理学定义为一门探讨如何界定什么是好、什么是坏的学科，也是对道德责任义务的讨论。有研究者通过梳理西方对伦理的定义提出了具有代表性的观点，伦理学被认为是对道德的本质与基础的探究，是“对什么是善与恶、什么是对与错的理论的探究，从而明确我们该做什么和不该做什么”[③]。在中国古代文献中，《礼记·乐记》中所提到的“乐者，通伦理者也”，通常被视为“伦理”一词的最早内涵，其中“伦”所指的是人

① 姚曦，秦雪冰. 技术与生存：数字营销的本质[J]. 新闻大学，2013，(6)：58-63.

② Royle J，Laing A. The digital marketing skills gap：developing a digital marketer model for communication industries[J]. International Journal of Information Management，2014，34（2）：65-73.

③ 胡森，杜金莉，万思达. 营销伦理道德文献综述[J]. 商讯，2019，(14)：85-88.

伦，强调的是人与人之间的关系，而“理”则具有治理、整理的意涵，其所描述的是特定的条理、原理和规则。在国内的研究者看来，“伦理”即“人们心目中认可的人与人、人与自然的关系，以及处理这些相互关系所应遵循的行为准则”[①]，概而言之，伦理学是“提供如何做人以及如何行事的学问”[②]。

“伦理”与“道德”是两个联系紧密且时常通用的概念。“道德”作为一种行为规范和精神情操，形成于人们长期的社会生活实践，它作为评判善恶的标准，主要通过社会舆论、内心信念和传统习俗的机制来规约与评价人的行为，一切人与人、人与自然和人与社会之间相互关系的行动规范均可归为道德范畴。对于“道德”一词的概念内涵，可追溯到拉丁语“moralis”，有规范、规则、品质、善恶评价等含义，作为一种社会意识形态，符合道德标准的社会行为关系通常表现了特定时期的社会正面价值，因此道德标准是对人们行为正当性的判断依据。相较而言，伦理与道德作为一组相近的概念，二者之间既有联系又有区别。一方面，我们通常所说的伦理学实际上也是关于道德的学说，是对道德观点的理论化和系统化，就内容范畴而言，无论是伦理还是道德都涉及善恶标准、遵从的原则规范及社会行为关系的总和；另一方面，伦理与道德二者之间又存在具体区别，伦理强调从整体社会视角探讨各种伦理关系，而道德更加侧重于社会个体维度，我们可将其视为社会伦理规范在微观层面的内化表现。因此，伦理与道德在概念上具有一定的差异性，但其内涵存在相似与共通之处，在日常生活和学术研究中，二者也经常被用于表达相同的概念内涵。

（二）关于营销伦理的概念

营销是普遍存在于消费市场中的一种商业活动行为，不同的营销行为实际上反映了市场参与主体或企业组织营销理念的差异。营销理念是企业策划和执行营销活动、实现营销目标及创造营销价值的指导观念，该理念作为企业及其他市场参与主体判断营销活动行为是否符合自身价值追求的依据，蕴含着特定的营销伦理意识。消费市场中的营销伦理既是社会伦理标准在消费市场中的内化表现，也

---

① 周秀兰. 营销伦理[M]. 成都：西南交通大学出版社，2017：10.

② 程炼. 伦理学导论[M]. 北京：北京大学出版社，2008：1.

是普遍社会伦理的组成部分，对市场参与主体的行为活动及其关系产生规约作用。企业营销活动通常是市场利益导向的，其营销行为一般具有明显的趋利性特征，在纷繁复杂的市场竞争中市场参与主体开展营销活动所遵循的伦理标准需要符合社会规范才能更好地推进市场竞争的良性发展，营销伦理作为市场中营销主体从事营销活动所遵从的行为准则规范，是调整营销过程中各方市场参与主体之间相互关系的依据，对企业及消费市场的发展具有重要意义。

1. 营销伦理概念源起

营销伦理是指“处理营销过程中利益各相互方关系的准则”[①]，是与消费市场中的营销活动行为相伴而生的概念，营销活动是人们社会行为的组成部分，因此营销伦理可被视为营销学与伦理学的交叉学科范畴，其概念也源起于广义视角下的伦理学范畴。在近现代西方伦理学研究中，目的论和义务论是既有研究中阐释理解应用伦理学广为接受的两种理论视野。目的论是行为后果导向的，认为判断行为在道德层面正确与否取决于行为结果带来的善与恶，并且这种行为后果可进一步被解释为利己主义和功利主义两种类型。在利己主义行为模式下，行为评价原则的关键在于该行为活动能否为行动主体自身带来最大的利益，与此不同的是，功利主义的观点则认为能够为全体利益相关者中的大多数人带来最大幸福的行为才是正确和正当的。从两种理论视野对行为后果的评判标准来看，利己主义更强调自我利益，而功利主义则更注重利益相关者的整体利益，二者存在明显的差异性，与此同时，这种差异又可看作强调部分利益和整体利益的区别，无论是个体利益还是群体中多数人利益，都同属于总体利益之中。义务论聚焦于行为本身的正当性，它不同于目的论强调行为后果，而是从行动者所应承担的责任与义务角度出发，认为行为活动在符合义务原则的要求时才是正确的。据此，西方关于伦理学研究的不同阐释观点，为我们理解营销伦理概念及其内涵特征提供了不同视角和解释路径。

中国古代伦理思想体系中的“义利伦理观”为我们理解营销伦理提供了本土语境，这里所指的“义”即仁义道德，“利”则指物质利益、功利等。儒家主张重

① 王方华，周祖城. 营销伦理与营销道德[M]. 上海：上海交通大学出版社，2005：3.

义轻利的伦理观，强调“君子喻于义，小人喻于利”，同时也主张“见义思利”，既主张重视物质利益的基础社会价值，又要遵守社会伦理道德规范。儒家的义利伦理观是我国传统伦理文化中较具影响力的传统价值观，对个体及社会的伦理道德认知和行为具有深远的影响，市场营销领域对义利关系的权衡协调也是营销伦理的主要内容，营销伦理作为处理营销活动中参与主体各方的关系准则，可以视为中国本土语境下传统的“义利伦理观”在营销领域的体现，在开展营销活动的过程中，营销者既要考虑到营销之“利”，又要讲求营销之“义”，即自身利益与社会利益的结合和统一。

2. 应用伦理学视角下的营销伦理

营销伦理属于应用伦理学范畴，是从哲学层面运用伦理学的原则和方法对营销活动的合理性衡量，即判断营销活动是否在追求营销目标实现的同时，有效维护广大消费者及社会公共的利益，营销能否为行业、社会发展增益。营销伦理不仅具有判断营销活动正确与否的工具性意义，也具有丰富的概念内涵。其一，营销过程涉及多方市场参与主体。从广义上来看，营销伦理是营销活动过程中所产生的伦理关系及伦理准则的总和，既是应用伦理学的表现形态，也是商业伦理研究的分支，而狭义的营销伦理则是指企业在实际营销活动开展过程中所应遵循的行为规范，是营销活动是否合理的判断依据。其二，营销伦理作为协调营销主体与消费者利益关系的规范准则，随着社会与市场环境的变化而不断调整，是维持营销行为与社会关系动态平衡的契合点所在。其三，营销价值实现是企业以维护消费者应有权利、承担社会责任为基础的。营销获益需要以遵从营销伦理规范为前提，只有良好地处理与消费者及社会的关系，营销活动才更具价值，因而营销伦理是实现营销目标和价值不可或缺的组成部分。

（三）关于数字营销伦理的概念

社会发展变迁使社会伦理规范处于动态发展之中，社会及市场环境的变化也使营销伦理因时而异。随着数字技术的发展与普遍应用，数字营销方式逐渐为企业采用，成为市场营销的主流，数字营销伦理即作为数字营销活动的规范系统相伴而生。数字营销伦理是数字时代营销主体通过数字技术手段开展营销活动所应遵循的道德规范，它是处理数字营销主体各方关系的准则，是判断数字营销活动是否符合广大消费者乃至公共利益，能否为社会发展增益的价值判断标准。数字营销伦理概念范畴的研究主要涉及以下几个方面。

1. 关于消费者的营销伦理研究

更好地满足消费者需求，提升企业收益及品牌价值是数字营销的核心目标，数字营销伦理是为营销主体更好满足消费者需求乃至促进社会发展的规约准则，当前基于消费者群体视角进行营销伦理范畴的研究主要涉及：尊重消费者的独立、平等的人格，包容其中的差异性；保障消费者在心理认知与实践行动层面上对营销活动的正确理解，避免产生歧义；营销活动应保持适度，避免过度、过剩的营销传播对消费者造成困扰；营销活动如何以良好的社会风气为导向，对消费者形成积极的价值引领；对于言过其实的营销宣传、误导性的营销行为，如何进行有效的规制；关注营销活动与人们赖以生存的生态环境的关系，促进营销中的环境保护；减少营销传播中信息的不对称性，保证参与主体平等的信息获取和使用权利。在数字营销概念范畴下，关于消费者的伦理规范是既有研究中主要关注和探讨的内容。

2. 关于企业（营销主体）的数字营销伦理研究

企业营销活动主要是以产品或服务的价值提升为目的的，其中最直接的利益关系即企业与消费者之间的经济利益关系，围绕企业主体的数字营销伦理研究主要探讨企业与消费者主体之间关系协调的伦理范畴。例如，企业营销行为应如何避免中伤、诽谤、虚假或误导的数字营销伦理；企业的数字营销行为如何保证适当的投资回报与收益的伦理；企业主体在数字营销中的社会贡献和利益还原问题的权衡；等等。在实际的数字营销活动中，数字广告占据重要比重，关于数字广告的伦理问题也成为数字营销伦理范畴的重要研究领域。

3. 关于数字营销中介（数字营销公司）的营销伦理研究

数字技术是数字营销活动得以进行的基础，数字营销时代企业营销活动的开展往往要借助专业化的数字营销公司来更高效地实现营销目标，在此过程中面临着数字营销中介与企业、消费者之前的利益关系协调，关于数字营销中介的营销活动行为所涉及的伦理问题主要表现如下：避免违规、低俗化的营销行为；消除虚伪、夸大和恶意中伤的营销行为；营销中的著作权保护和不正当交易；等等。关于数字营销中介的营销伦理研究旨在规范其在实现企业营销目标、维护自身利益时，能够以合理的伦理规范进行自我约束，维护良好的市场竞争秩序。

4. 关于数字媒体的营销伦理研究

数字媒体是营销传播活动及营销目标实现不可或缺的传播渠道，相较于传统的营销方式，数字营销行为呈现出多元化的媒介形态、多样化的媒介选择和多维度的交互传播的模式特征，数字营销伦理概念范围也更为丰富。围绕数字媒体的营销伦理内涵的探讨主要涉及营销内容的真实性、对其他主体尤其是消费者隐私的侵害、数据伪造、非正当交易、媒体资源交易的透明化和客观化等。伴随着数字技术的快速发展，数字媒体形态及传播方式日益丰富，关于数字媒体的营销伦理研究也处于不断丰富之中。

二、数字营销法规的定义

正如博登海默所言，法律的基本作用在于以具有限制性的行为规则与标准，促使人类各种行为与关系达到某种合理程度[①]。营销活动的合理、规范运作不仅需要伦理道德规范指引，也需要法律法规的强制性约束，伦理与法规调节的有机统一才能为数字营销活动的合理进行提供应有保障。

（一）什么是营销法规

营销法规是国家对市场营销活动进行干预或规范所发生的法律规范的总称，其涉及营销产品、营销渠道、营销过程及营销争议处理等诸多方面[②]，是国家对市场营销活动监督管理的法律规范依据，也是保证市场营销活动有序开展、维护广大消费者权益的有效保障。19 世纪末 20 世纪初，生产力的快速发展与社会进步促使买方市场日益形成，企业如何适应市场发展的需要、在激烈的市场竞争中占据有利地位，成为企业发展所关注的焦点议题。在实际营销活动过程中，趋利性促使企业往往为实现自身利益最大化而漠视消费者的合法权益，违背公平、公正

① 博登海默 E. 法理学：法律哲学与法律方法[M]. 邓正来译. 北京：中国政法大学出版社，1999：484.

② 王成芬. 营销法规实务[M]. 2 版. 北京：科学出版社，2014：2-6.

的市场交易原则，导致市场矛盾日益激化。为维护市场经济秩序，政府对市场营销活动采取了一系列干预措施，并逐渐形成了制度化、规范化的营销法规。为了更好地维护生产者、经营者和消费者之间的利益关系，促进市场经济的健康发展，我国于 20 世纪 80 年代开始陆续制定了一系列市场营销相关的法律，至 20 世纪 90 年代，初步建立起规范市场营销竞争行为的法律体系，在促进经济发展和维护市场有序运行中发挥着重要作用。

（二）什么是数字营销法规

在数字化浪潮背景下，数字营销为企业所普遍采用而成为营销的主流和发展趋势所在，而数字营销法规则是市场监管部门依法开展营销监管活动、行使监管职权的法律依据，任何营销主体在开展数字营销活动过程中都必须遵守相应的法律规范。数字营销法规既对营销管理者的职责范围进行了明确规定，也规定了营销主体和参与者从事营销活动所应遵循的基本准则，是在伦理道德约束之外对数字营销活动施行的强制性约束条款。

数字营销法规作为从事数字营销活动所应遵循的法律准则，其内容条款以指引和保障数字营销活动规范进行为目的，对数字营销活动具有普遍约束效力。数字营销的出现和发展对传统营销提出了挑战，颠覆了传统的营销生态。在以即时性、个性化、交互性等为特征的营销背景下，数字营销为营销创新带来发展机遇的同时，也为借助新技术手段谋取利益提供了便利。数字营销过程中存在的利益纠纷与主体间的矛盾，促使针对数字营销活动特性制定的法律条款相继出台。一方面，数字营销法规的内容涉及多方主体，不仅包括企业、数字营销中介、数字媒体等数字营销经营主体，也包含数字营销活动的监督管理者，即明确了市场营销监督管理者的管理范围与职责，为多方参与的数字营销活动管理提供了强有力的法律保障；另一方面，数字营销法规旨在促进数字营销活动有序、规范进行，为消费者权益保护和社会整体利益维护提供更为明确、有效的规范措施，其内容范围涵盖数字营销活动的各个环节，是营销法规与时俱进的结果。

第二节　数字营销伦理与法规内容

数字营销时代新技术的应用所带来的营销形态变迁，促使市场营销规范管理以符合数字营销特征的内容指引，应对新营销环境下的营销挑战。数字营销伦理与法规是基于一般市场营销伦理与法规准则，针对数字营销活动的内容和特征而予以相应的规范性约束，其内容是保障数字营销活动有序、规范进行的依据。

一、数字营销伦理的内容

营销伦理作为应用伦理学研究的分支，是伦理学在营销领域的特殊性表现，其内容具有明显的伦理学属性特征。数字营销伦理在内容上包含数字营销活动过程中所涉及的主体关系及其遵循的伦理准则，是数字营销过程中所产生的系统化的道德规范。

（一）基于伦理规范梳理数字营销伦理内容

数字营销伦理是社会伦理在营销领域的特殊应用，它以社会伦理为基础，且在内容上与社会伦理内涵密切相关。从伦理范畴来看，数字营销伦理要求企业营销活动既应符合社会伦理规范，也要遵循企业伦理和职业伦理规范，维护社会整体利益。

1. 符合社会伦理规范

社会伦理是个体与社会关系处理的行为准则，它以无形的道德性约束力量维持着社会活动的有序开展，促使社会活动符合社会整体利益的发展需要。数字营销伦理以社会伦理道德框架为基础，对营销活动中各方参与主体的规范协调作用也是基于社会伦理规范实现的。数字营销活动应遵从社会主流价值、符合社会伦理规范要求，为社会整体利益增益，而不是过度追求自身利益而与社会伦理规范相背离。例如，山西山江村房地产开发有限公司发布涉东航坠机事故违法广告[①]：

> 山西山江村房地产开发有限公司借助MU5735航班失联事件热点新闻，通过微信朋友圈发布含有该事件元素的“新晋福邸”房地产宣传广告，违背社会良好风尚，上述行为违反了《中华人民共和国广告法》有关规定。2022年6月13日，晋州市市场监管局依法对山西山江村房地产开发有限公司作出罚款50万元的行政处罚。

在以上这则违法案例中，该企业基于营销目的所发布的微信广告内容利用灾难性事件，为了博取关注而违背了社会主流价值与伦理规范，过度追求企业自身的经济效益而忽略了为社会发展增益的伦理规范，既违背了社会伦理也触及了法律红线，因此受到国家相关部门的处罚。

2. 遵循企业伦理规范

企业伦理是企业处理其与内部员工、消费者、合作伙伴与竞争对手等主体间关系的行为规范的总和。在纷繁复杂的市场竞争中，趋利性导致企业往往为了追求利润而不惜采取假冒仿制、欺诈行骗、商业贿赂、行业垄断等不正当竞争行为，危害市场竞争秩序。例如，杭州富阳季文母婴用品店发布虚假广告[②]：

> 当事人在抖音直播视频中对其经营的奶粉产品使用绝对化用语宣传，并宣传其他17个品牌奶粉中添加的国家允许添加成分为“不友好成分”，并宣传缺乏依据的内容。该行为违反了《中华人民共和国广告法》第九条、第十三条和第二十八条相关规定，构成违法使用绝对化用语、贬低其他生产经营者的商品及发布虚假广告的行为。杭州富阳区市场监管局依法对当事人处罚款25万元。

该违法广告案例中，当事人在网络直播平台以绝对化表述进行违规广告宣传，并以缺乏实际依据的言论贬低行业其他竞争者，这扰乱了市场竞争秩序，触犯了

① 蓝鲸财经. 国家市场监管总局曝光10起涉导向违法广告案例：覆盖餐饮、医疗、房地产等领域，行政处罚金额最高达百万，2023-02-03.

② 环球网. 沪苏浙皖联合公布2022年度违法广告典型案例，2022-12-27.

国家法律规定。这种无视企业伦理准则的营销行为必将使企业失去公众信任而难以获得持续发展，且在数字营销时代，由于数字媒介的便捷特性，传播范围广且速度快，更容易造成严重的负面社会影响，企业应将利润追求与推动社会良性发展相结合，遵循企业伦理规范的要求才能获得可持续发展。

3. 讲求职业伦理规范

职业伦理是职业活动中所涉及的伦理关系及其调节原则的总和，其中职业利益与公共利益关系的协调处理是职业伦理的重要内容。在数字营销领域，营销人员的职业伦理观念直接影响其营销活动行为，作为数字营销活动的直接参与者，数字营销从业者应积极遵循职业伦理，不断提升自身的职业素养，培养诚信、敬业、责任担当、法治观念意识，打造自身竞争力，不应以损害社会及他人利益为代价为自身谋取不正当利益，从而造成职业伦理的失范。

例如，陕西永倍达电子商务有限公司发布使用国家机关、国家机关工作人员名义违法广告案[①]：

> 陕西永倍达电子商务有限公司在其微信公众号上以直播形式发布推销汉中古旱莲有机农业开发有限公司相关产品的广告，广告中擅自使用国家机关、国家机关工作人员的名义或形象对富平墨玉圆盘纪念品进行营销宣传，上述行为违反了《中华人民共和国广告法》有关规定。

本则违法广告案例中，当事人擅自利用国家机关及其工作人员名义在直播平台进行广告宣传，利用网络平台进行非正当竞争，以损害社会公共利益来为自身谋利，不但违背诚信的职业原则，而且法治观念淡薄，职业伦理意识不足。

（二）从营销过程解析数字营销伦理内容

数字营销活动过程一般包括确定营销目标、开展营销策划、执行营销活动和评估营销效果。数字营销伦理是规范数字营销活动的规范准则，其约束效力贯穿营销活动的各个环节。

---

① 央视网. 市场监管总局曝光 10 起涉导向违法广告案例[EB/OL]. https://news.cctv.com/2023/02/03/ARTIQU6zKxqzTvwnneCEq4SR230203.shtml，2023-02-03.

1. 确定营销目标

营销目标是企业开展营销活动的核心所在，是在特定的伦理观念指导下以营销行为创造企业价值的关键要素，营销目标是否合理关乎企业营销活动的价值能否实现。数字营销伦理规范要求企业营销目标的制定应平衡经济效益与社会效益，主动将伦理规范的要求贯穿于企业营销战略体系，以合理的营销目标促进企业可持续发展。

2. 开展营销策划

数字营销策划是根据企业营销目标，进行有关产品、服务、创意、渠道等营销要素在内的、系统的规划，营销策划方案的制订应弘扬良好的社会风尚、传递主流价值，而不是以低俗的营销创意哗众取宠。例如，全棉时代曾发布一则卸妆湿巾广告，因该视频涉及“低俗营销”“故意丑化女性”而引发舆论批评[①]。该营销活动中当事人利用互联网发布低俗的传播内容，不仅触犯了营销伦理规范的要求，背离了社会良好风尚，也违反了《广告法》的规定，由此为品牌带来了巨大的伤害。这种没有硝烟的营销竞争中，任何忽视伦理与法治规约的企业都将承担难以估量的后果。

3. 执行营销活动

在营销活动的实际执行过程中，数字营销伦理要求营销主体以公平竞争的方式开展营销活动，遵守行业规则。纵观当下，在利益驱动下营销活动执行中采用不正当手段获取自身利益的现象时有发生。例如，“剑桥分析丑闻”中，剑桥分析（Cambridge Analytica）在未经用户同意的情况下在 Facebook 上窃取达 8700 万个用户的个人数据，并用于选举期间的精准宣传，最终该公司倒闭，Facebook 也因隐私争议面临巨额罚款[②]。在该数据泄露事件中，英国咨询机构剑桥分析将用户的个人数据在未经许可的情况下用于带有政治性目的的宣传活动，侵害了用户的知情权和隐私权，扰乱了市场竞争秩序。

---

① 中国经济网. 多家知名企业广告“翻车”! 点子不够低俗来凑?，2021-01-19.

② 金融界. Facebook 剑桥分析事件达成和解 认罚 50 亿美元，2020-04-27.

4. 评估营销效果

评估营销效果是数字营销活动不可或缺的环节，无论是企业还是数字营销的其他参与者，都应当遵循数字营销伦理规范，遵循实事求是的原则评估营销活动的效果，任何不守诚信、欺骗消费者的行为都是不符合伦理规范要求的。例如，Facebook 网站影片观看数据造假事件，为了从该网站投放广告的广告主们那里收取更多的广告费，Facebook 从 2015 年以来就对其网站上影片的观看数量造假，最终广告主们联合起来向美国加利福尼亚州的法庭起诉 Facebook 涉嫌对他们的商业欺诈[①]。该数据造假事件中，Facebook 以虚假数据欺骗广告主的行为是违背数字营销伦理的失范表现。

（三）从行规层面分解数字营销伦理内容

行业自律规范是促进行业有序发展必不可少的规约机制，遵循行业规范准则也是数字营销伦理的基本要求。当前我国数字营销的行业自律主要围绕中国广告协会互动网络委员会发布的《中国互动网络广告行业自律守则》进行，根据该公约条款的制定总则，其旨在“促进数字营销（广告）行业的自我约束，维护数字营销市场的秩序和互联网用户的合法权益，促进我国数字营销行业的健康和谐发展”[②]。从行规层面来看，数字营销伦理的内容涉及以下方面。

1. 增强自律意识，遵守行业自律规则，创造良好的行业发展环境

数字营销行业的自律规则反映了数字营销伦理的要求，从行业层面来看，数字营销行业自律公约是数字营销主体普遍认可、行业组织依据特定程序制定的标准，它可用于行业内部的自我管理和自我规约，指引数字营销行为符合行业发展、法律规定及社会公德的要求。

2. 承担企业社会责任，维护社会公共秩序，树立良好社会风尚

企业的社会责任是指企业作为社会角色所应尽的社会责任与义务，一般涉及

---

① Roxy. 沸沸扬扬的 Facebook“造假门”将影响哪些社交媒体? [EB/OL]. https://www.adquan.com/post-2-34899. html，2016-10-14.

② 新浪科技. 中国互动网络广告行业自律守则[EB/OL]. https://tech.sina.com.cn/roll/2007-06-26/15501584160.shtml?from=wap，2007-06-26.

经济、社会和环境等诸多方面，它要求企业在自我提升、积极创造经济收益的同时，也应该承担应有的社会责任、注重环境效益，做好必尽之责，积极承担应尽之责，努力做到愿尽之责。

（四）从企业组织分析数字营销伦理内容

数字营销时代的企业组织结构经历了数字化改造的转变。一方面，传统时期的金字塔组织结构日益呈现出扁平化发展趋势，为适应互联网时代开放、共享的市场环境特征，企业管理思维模式也逐渐从多层级趋向高效的扁平化管理模式；另一方面，数字营销时代的营销环境与消费者需求特征的变迁，使企业传统的市场营销部门已无法适应数字时代的发展需要，并积极组建专业化的数字营销部门以满足企业进一步发展的需要。企业的数字营销部门是数字化时代企业与消费者进行营销沟通、形成良好关系、打造品牌价值的重要窗口。数字营销部门开展专业化的营销活动，应在合理追求营销效果与经济利益目标的同时，制订有利于社会发展的营销战略或沟通方案，尊重消费者权益，以健康、文明的方式进行营销沟通，构建良好的信任关系，以便更好地符合营销伦理规范的要求。

（五）从营销人员剖析数字营销伦理内容

营销人员的营销观念直接影响着其营销策划方案的策划和执行，任何营销环节的内容呈现都是人的观念和创意成果的体现，营销人员是否具有营销伦理意识、讲求职业素养，对营销活动具有至关重要的影响。数字营销伦理对营销人员的规约主要体现在以下方面：首先，营销人员应自觉遵守数字营销法律及相关规定，避免营销行为触及法律红线；其次，讲求职业道德，遵循行业规范，自觉维护行规伦理；最后，营销人员应积极适应数字时代的发展要求，不断提升专业能力和职业素养，使自身的行为更加符合数字伦理规范的要求。

（六）从消费者角度理解数字营销伦理内容

消费者与企业之间的利益关系协调是营销伦理规范的重要内容，消费者作为营销沟通的对象及营销价值实现的关键要素，基于消费者视角的营销审视尤为必要。企业与消费者之间的关系主要表现为经济利益关系，数字营销伦理的规范作用在于避免企业对逐利性的过度追求，使营销活动能够在为自身增益的同时，也能尊重消费者的人格尊严及其他合法权益，促使企业与消费者建立良好的信任关系。具体表现如下：向消费者传达真实有效的信息，避免虚假宣传与误导；为消费者提供符合其预期的高质量产品或服务，而不是提供假冒伪劣产品欺骗消费者；尊重消费者的合法权益，传递正确的价值观念。

二、数字营销法规内容的演进

在互联网技术掀起的数字化浪潮背景下，数字营销逐渐进入大众视野并呈现蓬勃发展态势，营销形态的变迁促使营销领域面临新的问题，当以伦理规范为基础的自律约束失去效力和传统的营销法规“失灵”时，数字营销市场亟待与时俱进的营销法规为其提供保障。当然，迄今为止我国尚未制定专门的数字营销法规，有关的规范条款均散见于多部法律条文之中。

（一）地方性的数字营销法规

随着数字技术在营销领域的广泛应用，为适应时代发展的需要，促进数字营销市场的健康、有序进行，数字营销开展较早的发达地区率先出台相关法律规定，其中以《北京市网络广告管理暂行办法》《浙江省广告管理条例》等为代表的地方性法规相继出现。

《北京市网络广告管理暂行办法》于 2001 年 5 月 1 日由北京市工商行政管理局办公室发布并施行。该暂行办法针对数字广告做出了明确规定：①明确界定了网络广告与互联网信息服务提供者。网络广告即互联网信息服务提供者通过互联网在网站或网页上以旗帜、按钮、文字链接、电子邮件等形式发布的广告，互联网信息服务提供者包括经营性和非经营性互联网信息服务提供者。②明确了经营性互联网信息服务经营许可认证，规定了网络广告经营条件。互联网信息服务提供者发布网络广告要办理广告经营登记，符合经营许可要求方可进行。③对部分特殊产品的网络广告的发布做出明确规定，如药品、医疗器械、农药、医疗等。④规定了各级工商行政管理机关广告监督管理部门的广告监测要求。该暂行办法作为早期的地方性数字营销法规，其内容呈现出诸多不完善之处，但为数字营销时代网络广告活动的规范运行提供了法律依据。

2007 年 9 月 28 日，《浙江省广告管理条例》（已于 2020 年 7 月 31 日修订）由浙江省第十届人民代表大会常务委员会第三十四次会议通过，自 2008 年 1 月 1 日起施行。该条例内容对数字广告及管理做出了更为具体的规定，其中部分条款涉及数字营销法规内容。主要如下：①对电子邮件广告做出了明确规定，即未经电子邮件接收者明确同意，不得向其发送商业广告类电子邮件。②对公共交通、楼宇、商场等电子显示装置广告做出了明确规定，其广告发布三日之前报县级以上广告监督管理机关备案。③对互联网信息服务提供者的网络广告发布做出了明确规定，即经营性互联网信息服务提供者为他人发布网络广告的，应当向广告监督管理机关申请办理广告经营登记，非经营性互联网信息服务提供者所拥有的网站或者主页中不得出现介绍他人商品或者服务的广告内容。该项法规对多种数字营销广告做出的具体规定，对促进数字营销活动规范运作具有积极意义。

（二）行政性数字营销法规

随着互联网的普及程度日益提升，至 2016 年 12 月我国网民规模达 7.31 亿个，互联网普及率达 53.2%[①]，互联网的快速发展掀起了网络广告热潮，随即在网络广告领域出现的诸多问题导致数字营销形势日益严峻，亟待相应的法律规范维护营销秩序。《互联网广告管理暂行办法》于 2016 年 7 月 4 日颁布，自 2016 年 9 月 1 日正式施行[②]。《互联网广告管理暂行办法》共二十九条，对规范互联网广告及其广告活动提供了法律依据：①对互联网广告做出了明确界定。互联网广告即通过网站、网页、互联网应用程序等互联网媒介，以文字、图片、音频、视频或者其他形式，直接或者间接地推销商品或者服务的商业广告。②对互联网广告的发布要求做出了明确规定。互联网广告要具有识别性，广告主要对广告内容的真实性负责；互联网广告发布不能影响用户正常使用，不得以欺骗方式诱导用户

---

① 中国网信网. CNNIC 发布第 39 次《中国互联网络发展状况统计报告》[EB/OL]. http://www.cac.gov.cn/2017-01/22/c_1120362500.htm，2017-01-22.

② 中华人民共和国中央人民政府. 互联网广告管理暂行办法[EB/OL]. http://www.gov.cn/gongbao/content/2016/content_5120707.htm，2016-07-04.

点击广告内容，不得在未经允许的情况下在电子邮件中附加广告内容。③对互联网广告发布者、广告需求方平台、媒介方平台以及广告信息交换平台做出了具体规定，并对其相关广告活动做出了规定。④对互联网广告中不得出现的行为做出了明确规定，如对他人正常经营的广告进行限制的行为、破坏正常广告数据传输的行为、利用互联网媒介价值谋取不正当利益的行为等。⑤对互联网广告监督及管理标准做出了明确规定。《互联网广告管理暂行办法》为促进互联网广告行业的健康发展提供了有力保障，对数字营销法规的体系构建产生了积极影响。

（三）全国性数字营销法律法规

虽然数字营销已成为营销领域的主要形态，但我国尚未出台专门的全国性的数字营销法规，仅有《广告法》中的部分条款涉及数字营销。《广告法》于 1994 年 10 月 27 日通过，2015 年 4 月 24 日修订[①]。《广告法》在内容方面做了进一步完善，主要表现在适用范围、广告主体、广告代言、禁止规定等方面：①对广告活动主体范围进行了修订，将广告活动主体界定为商品经营者或者服务提供者，通过一定媒介和形式直接或者间接地介绍自己所推销的商品或者服务的商业广告活动，并将自然人纳入广告主范畴。②禁止性规定进一步明确。一方面，广告活动中不应该出现的情形更加具体化，将损害国家利益、泄露个人隐私、色情、赌博及妨碍文化遗产保护等具体情形明确纳入不当内容范畴；另一方面，明确了针对未成年人传播的广告内容中的禁止事项。③对广告代言人及其广告行为规范做出了明确规定。广告代言人在广告中对商品、服务做推荐、证明，应依据事实，不得为其未使用过的商品或者未接受过的服务做推荐、证明。④对虚假广告做出更为明确的界定。在对虚假广告内容欺骗、误导消费者的界定基础上，进一步从五个方面对虚假广告做出了具体规定，列举了虚假广告具体的表现情形。⑤对互联网广告行为规范做出了相应规定。利用互联网从事广告活动同样适用《广告法》中的各项规定，同时规定了互联网广告不得影响用户正常使用网络。《广告法》在法规内容上进行了进一步调整和完善，各项规定正日趋成熟和完备，为数字广告

① 中国人大网. 中华人民共和国广告法[EB/OL]. http://www.npc.gov.cn/npc/c12435/201811/c10c8b8f625c4a6ea2739e3f20191e32.shtml，2018-11-05.

及相关营销活动的管理提供了法律依据。

第三节　数字营销伦理与法规的特征

数字营销伦理是数字营销领域行为关系及调节规范的总和，在企业自律规约中发挥着重要作用，而数字营销法规则是由国家强制力保障实施的规约机制。伦理与法规虽对数字营销活动都具有普遍约束效力，但在属性特征方面存在显著差异性。

一、数字营销伦理的特征

数字营销伦理实际上是数字时代社会伦理规约机制在营销领域的体现，因此数字营销伦理在约束范围、约束对象和约束效力等方面的特征与社会伦理规范有密切联系。

（一）宽泛性

相对于法规，伦理具有宽泛性的特征，数字营销伦理一样也具有宽泛性的特征，表现在基于伦理视角的包容性、对多元营销主体的约束和贯穿数字营销全程的普遍性方面。

1. 基于伦理视角的包容性

伦理是处理人与人相互关系的行为准则，涉及人们社会行为的方方面面，且伴随着时代的变迁，伦理规范也在不断调整，其内容的宽泛性特征明显。数字营销伦理来源于广泛意义上的社会伦理体系，它是以数字营销市场各参与主体为约束对象、以数字营销活动为约束内容的系统化、规范化的伦理准则。相较于明晰而规范的法律条款而言，数字营销伦理不仅在内容上更为灵活和广泛，在约束效力方面也更具包容性，它所提供的规范指引，是彰显营销者道德风尚、构建良好企业形象所应具备的有效依据，是更具包容性的约束力量。

2. 对多元营销主体的约束

数字营销涉及多元而复杂的参与主体，如具有营销诉求且承担营销费用的广告主，数字渠道和平台资源的提供者即数字媒体，以及提供专业化的数字营销服务的数字营销公司等，不同主体间关系的协调都属于数字营销伦理的约束范畴，因而对主体的伦理规约具有广泛性特征。

3. 贯穿数字营销全程的普遍性

从数字营销伦理的内容范畴来看，数字营销伦理规范应是与企业营销战略密切相连，全面落实到营销的各个环节之中的。营销过程中任何环节的伦理缺失都会使营销价值大打折扣，甚至造成严重不良影响而受到相应的处罚，因而数字营销伦理准则应嵌入营销体系，普遍应用于营销活动的各个阶段。

（二）社会约束性

伦理与道德都属于社会意识形态的范畴，伦理是系统化、理论化的社会行为规范，道德则代表人类的精神标准，二者对人类行为的约束作用均依赖社会、舆论的压力，或是个人内在素养的自觉驱使。虽然伦理与道德联系紧密且在内涵和外延上都存在很大程度的交叉，经常用来表达相同的概念，但实际上道德更侧重于主观、内在和个人意味层面，以善恶作为评判标准，而伦理则更具客观性和社会性，用以评判人类社会行为的对与错，是人类本能行为不可逾越的标准底线，强调人类作为社会个体其社会行为的秩序和规则。由伦理的社会属性特征决定，数字营销伦理作为一种社会性约束力量，其作用机制更倾向诉诸社会性力量驱使个体的自我理性控制，以避免违反人类正常德行或违背伦理的行为。

（三）自律性

数字营销伦理是在营销发展过程中逐渐形成并趋于系统化的行为规范，其意义在于促进数字营销行为符合消费者及广大社会公众的利益，以维护行业的健康发展。因而，数字营销伦理既是行业有序运行的依据，又是企业或品牌谋求持续发展所要遵循的规范准则。它是企业利益关系正确处理的内在要求，也是协调企业与其他市场主体乃至社会关系的基本准则。

1. 自我管理的内在要求

有效的自我管理是企业获得良好发展、提升市场竞争力的关键，企业的自我管理提升需要合理的、先进的理念指引。数字营销伦理作为营销行为规范准则，是企业创造营销价值、实现营销目标必不可少的规约机制，它为企业营销活动符合社会规范要求、更好地实现社会认可提供了客观的评价标准。以数字营销伦理规范进行自我约束，是企业进行内部管理及可持续发展的内在需要。

2. 社会舆论的外在驱动

企业营销活动的最终目的在于以有效的传播沟通更好地经营消费者关系、维护良好的企业形象，进而实现企业价值提升。良好沟通机制和信任关系建立的前提是企业的营销活动与内容传达应符合消费者及社会公众的普遍认知，以获得广泛的社会认同感和情感共鸣。违背伦理规范的营销行为破坏了约定俗成的社会价值体系，扰乱了正常的社会秩序，必将造成利益冲突与矛盾激化。社会舆论的压力是企业营销活动遵循伦理规范的外在约束力量，这为企业逐利性目的赋予规范性标准框架，促使企业以伦理规范标准进行自律，以获得可持续发展。

（四）无形权威性

权威意味着使人信服且具有威望的力量，伦理规范以一种“无形准绳”的形式为人们的社会行为提供对与错的评判标准，具有无形的约束效力。数字营销伦理的无形权威性是由其自身的属性特征、作用机制及行业发展的客观要求等多方因素共同决定的。

1. 根植于社会伦理价值体系的属性特征

数字营销伦理归根结底属于社会伦理框架中的一部分，作为营销活动中关系处理的准则，数字营销伦理是营销领域伦理价值体系与时俱进、不断完善的结果，与社会伦理规范的发展密切相关。社会伦理价值的规范意义在于促进人类社会活动有序、规范地发展，而相应的数字营销伦理则为营销活动的有序开展、营销行为的合理规范化提供了指引。数字营销伦理虽不具有国家强力保障实施的法律规范约束效力，但违背伦理价值的营销行为必将遭到消费者及广大社会公众的摒弃与谴责，从而使其失去赖以存在和发展的基础。因而，数字营销伦理作为一种无形的约束力量，对营销市场产生着客观约束效力。

2. 诉诸社会舆论压力的约束机制

营销沟通在企业与消费者关系构建中扮演着重要角色，消费者既是企业营销活动的对象，也是影响营销目标实现的关键因素，企业价值提升也有赖于构建良好的消费者关系。广大消费者群体乃至社会公众是关乎企业营销活动价值创造与实现的重要力量，遵循伦理规范的要求才能更好地处理企业与消费者及社会之间的关系，保障消费者和社会的整体利益，获得更好的发展，而违背伦理规范要求的营销行为则是将企业自身利益获取建立在损害他人利益的基础之上，必然激化社会矛盾，引发广大消费者群体的不满和社会舆论的谴责，由此彰显出无形权威性的约束力量。

3. 行业健康发展的内在要求

数字营销伦理对营销活动的规范意义，一方面在于通过合理规范化的准则促进营销活动的有序开展，以符合社会整体利益的营销行为实效有效的营销沟通；另一方面则是以行业广为认可且共同遵守的规范准则形成行业内在的自律约束机制，共同推进行业的健康发展。数字营销伦理规范的作用不仅在于维护消费者和社会的应有权益，也是建立消费者信任、实现行业可持续发展必不可少的规范体系，是行业健康发展的内在要求，任何企业及营销主体都应遵守，以规范标准构建必要的自控约束机制。

二、数字营销法规的特征

与数字营销伦理不同，数字营销法规是由国家特定机构或者相关部门制定的、以数字营销活动为约束内容的，且由广告监督部门强制执行的规范体系。数字营销法规为数字营销活动合理进行的不可触犯的底线标准，任何营销主体或参与者的违规行为都要承担相应的法律责任。数字营销法规的法律属性决定了其具有以下特征。

（一）目的性

任何规则的制定都具有特定目的，数字营销法规是为规范数字营销行为、保障数字营销主体各方尤其是消费者的合法权益的法律规范体系，从而实现促进数字营销行业健康发展，维护市场经济秩序的目的。它一方面对数字营销主体在营销活动策划和执行中能做的事和不能做的事进行了明确规定，另一方面也明确了数字营销活动监督管理相关机构或部门的职责所在。由此，数字营销法规既向数字营销主体明确了权责所在，也向广告监督管理部门提供了可操作的监督管理依据，其目的在于以强制性的法律规范保证数字营销活动公平、合理、有序进行。

（二）规范性

法律具有普遍的规范作用，其较之于其他社会规范在结构上更为严谨，为人们的行为设定了一种特定的模式、标准或方向。任何法律规范不但规定行为本身，而且对做出或抑制某种行为的情况和条件，以及违反此项规定的法律后果也予以规定，也就是说，既明确规定了法律规范适用的情况和条件，也对权利和义务进行了明确的设定，同时规定了违反者所应承担的法律后果。因此，法律作为一种强制规范存在，就其自身而言具有与生俱来的规范性特点。

数字营销法规作为数字营销领域的法律规范，较之于其他行业自律规范具有较为严谨的规范设定。首先，它是针对数字营销市场制定的行为规范，并非专门针对某一阶级或社会集团，是任何数字营销活动都要遵守的规范准则；其次，数字营销法规为数字营销主体的营销行为设定了特定的规范标准，对数字营销活动行为规范本身做出了规定，明确了相应的权利和义务；最后，数字营销法规还规定了违反特定法律规范行为所应承担的后果，对相关部门的监督管理提供了规范性的可操作依据。数字营销法规具有一般法律规范一脉相承的规范性特征，其为数字营销行业发展提供了不可或缺的规范性要求和规范性保障。

（三）概括性

概括性是法律规范的基本特征之一，数字营销法规也同样具有普遍的概括性特征。总体来看，数字营销法规是对数字营销主体的营销行为及其相应后果的抽象概括，法规特性决定了其并不是对数字营销行为现象的罗列及具体规定，而是基于整体行为的高度抽象化概括而制定的、在数字营销领域内具有一般性约束效力的行为规范。

从数字营销法规的约束对象来看，其主要是对从事数字营销活动的各方主体如广告主、数字营销中介、数字媒体等的行为活动的规范设定，具有特定群体的概括性，而不是对某个数字营销个体或组织的具体规定；从数字营销法规的问题指向性来看，数字营销法规的概括性还在于其解决的是数字营销领域循环往复或将会出现的问题，它不是针对某一具体的数字营销失范行为而制定的准则规范，而是对所有已存在问题提供的一般性评判标准，为数字营销领域将会出现的问题提供客观的、一般性的解决方向。因此，数字营销法规是基于具体行为现象问题而做出的抽象性概括，进而提供具有普遍约束力的行为规范标准，具有明显的概括性特征。

（四）强制性

法律的强制性主要体现为其是由国家强制力保证实施的，倘若没有国家强制保障，法律就不可能得到普遍的遵循，也就丧失了其独立存在的意义，因此是否具有国家强制性，是法律和其他社会性规范相区别的重要标志。数字营销法规的强制性主要体现在其作为法律规范的固有属性及约束效力实现方式上。一方面，数字营销法规是由国家相关机构制定的法律规范，它与其他一般性社会规范的差异在于数字营销法规施行具有国家强制性。例如，社会伦理规范主要依靠社会舆论的压力驱使，行业规范主要依靠自我管理及行业监督，这种非法律意义上的约束机制与国家强制规约存在着本质上的差异性，是法律的本质属性特征的体现。另一方面，数字营销法规的强制性还表现在其约束效力实现方式上。一般而言，数字营销法规约束力是依靠广大社会公众自觉遵守而实现的，但在法律规定的指引和警示功能失灵时，则会由相关部门机构依法进行强制实施，对违背法律规定的任何行为进行相应的惩处，由此数字营销法规的规范准则顺利实施也有赖于国家强制性力量维护其权威性。

（五）稳定性

法律的稳定性在于法律一经颁布生效就会在一定时期内保持有效且不会变动，这种稳定性既是适应一定时期内政治、经济及社会整体发展的需要，也是保障社会稳定发展的必然要求。数字营销法规的稳定性表现在其本质、内容及形式上的稳定性特点。具体如下：①本质稳定性。数字营销法规是作为数字营销领域法律行为规范存在的，其本质是由国家强制力保证实施的法律规范体系，这是数字营销法规稳定性最根本的体现，也是一般性法律规范的基本特征。②内容稳定性。数字营销法规是针对市场营销领域数字营销主体行为的规范准则，它明确了数字营销主体的权责义务，也对从事数字营销活动所应遵守的规则予以明确规定，是一定时期行业发展和市场营销状况的产物，在特定市场背景下具有稳定性。③形式稳定性。法律具有其特定的类型和形式，当前一些地方性广告法规、行政性广告法规及全国性的广告法规中的部分条款涉及数字营销范畴，其在形式上与一般性法律法规在内容形式上都呈现出法律特有的稳定性特征。虽然数字技术的变革日新月异，数字营销行业形态与结构也处于不断变化之中，但相应的数字营销法规一旦制定并开始实施，就会在该时期阶段内发挥稳定的规制作用，即使旧的法规出现无法适应社会乃至行业发展需要的情况，其修订或废止也需要经过一系列严格的法律程序才能实现，并非随意可以更改。

第四节 数字营销伦理与法规的关系

数字营销伦理与法规作为数字营销领域的行为规范准则，二者既紧密联系又存在明显的差异。就相同点而言，数字营销伦理与法规在其作用范围、目的及功能等方面存在着诸多关联，而二者在本质属性上的差异，使其在内容边界范畴、运行机制方面存在明显的不同。

一、数字营销伦理与法规的关系界定

任何行业的发展都有赖于良好的自律与他律体系，数字营销伦理与法规同属于营销领域的这一范畴，主要诉诸内在约束机制和外在强制规范实现有效规约。数字营销伦理可以按照不同的性质特征分为法规伦理、行规伦理、道德伦理，分别代表着不同意义范畴的伦理规范标准，具有社会规约功能。相较于数字营销伦

理，数字营销法规则上升至国家层面，以明确的法律条文规定相关行为规范准则，法律法规的制定与实施过程也蕴含着伦理规范，在某种程度上法律是伦理规范的特殊体现。

（一）伦理中的法规体现

伦理道德规范是人们在发展中形成的、具有普遍社会认同的行为规范，法规伦理即对立法程序与法律规范本身的伦理性探究，其功能在于使法律规范符合普遍的伦理价值标准，促进法律法规的制定和执行更具合理性，满足社会发展中的价值追求。一般而言，伦理道德是法律的基础，法律则是最基本的伦理道德，数字营销法规在一定程度上体现了数字营销伦理规范的底线标准，是数字营销活动所应遵从的必要准则，违背数字营销法规的行为则是触及数字营销伦理底线的不正当行为，既不符合伦理规范的要求，也无可避免地要受到法律的制裁。由此，伦理标准的约束效力不仅来自社会舆论压力，严重违背社会伦理规范、造成恶劣影响的行为将会由国家强制保障予以规范处理。

（二）法规中的伦理应用

数字营销法规在制定的目的、内容及功能方面与数字营销伦理存在着诸多相同之处，伦理是法规制定的基础，法规则是伦理原则的特殊应用和呈现。就数字营销伦理而言，伦理道德代表着较高层次的社会行为规范要求，是数字营销主体力图实现的、较高层次的价值标准。企业若要在市场竞争中占据有利地位、获得可持续发展，其营销战略理应遵从伦理规范的要求，严格遵守法律法规的规定，避免法规明令禁止的违规行为。法规中包含诸多伦理意蕴，立法程序与法律规范本身就是追求社会活动的有序化和规范化，这实际上是以明确的规范标准保障伦理价值的更好实现，法律法规是伦理道德的实际应用和具体化。

二、数字营销伦理与法规的关系呈现

数字营销伦理与法规既联系密切又相互区别，二者在目的、内容及功能作用方面紧密关联，但在运行机制及内容边界层面有较为明显的差异。

（一）数字营销伦理与法规的密切联系

数字营销伦理与法规的关联性主要是由二者服务对象的一致性决定的，即作为不同形式的规范要求，都是为数字营销的规范发展服务的。

1. 目的的一致性

数字营销伦理与法规都是在数字化潮流背景下逐渐形成的，以规范数字营销活动、维护数字营销行业有序发展的行为规范体系。数字营销伦理遵循社会伦理价值体系，旨在以符合数字营销行业特征及发展需要的伦理准则，保障数字营销活动的规范化运作；数字营销法规则是以具有强制约束效力的法律条文形式，对数字营销活动进行监管约束。数字营销伦理与法规的产生和施行的根本目的具有一致性，均为规范数字营销活动、促进数字营销行业的健康发展。

2. 内容的交叉性

社会伦理内容涉及人类社会行为及发展的方方面面，数字营销伦理的内容同样具有宽泛性特征，数字营销活动中所产生的所有行为关系的处理规范的总和，即构成数字营销伦理的内容。数字营销法规是建立在伦理基础上的法律规范，一方面，法规制定要遵循特定的法规伦理；另一方面，法律在某种意义上是伦理规范的特殊表现形式，其内容在很大程度上反映了伦理规范的基本标准，在作用领域、约束对象及价值追求方面的一致性，促使数字营销伦理与法规在内容呈现上具有交叉和相似。

3. 功能的互补性

数字营销伦理属于非强制性的伦理道德规范，可分为数字营销主体希望做到、应该做到和必须做到的不同层次，其约束力发挥也主要诉诸社会舆论压力，因而其功能主要体现在社会性的非强制约束力方面。企业的数字营销活动究竟达到哪一层次的规范标准，很大程度上源于社会压力对自我控制的驱使，需要企业具有良好的自律意识。数字营销法规由国家强制力保障实施，在必要时则会采用强制性方式进行规范监管。由此可见，数字营销伦理与法规分别作为社会性和强制性的规约机制，二者在维护数字营销行业的健康发展过程中扮演着互补角色。

（二）数字营销伦理与法规的显著差异

事物的内在属性差异决定了其外在的差异呈现，数字营销伦理与法规在本质属性上的不同导致其在实际应用中的显著差异，其中主要表现为运行机制和内容边界方面的差异特征。

1. 运行机制不同

数字营销伦理规范功能的发挥是由社会舆论压力驱使而实现的，诉诸伦理规范的社会规约的运行机制，在实施过程中难免存在诸多不确定性因素，规约效果与社会舆论的监督及企业自身的伦理观念、自我管理意识存在密切联系，由此导致数字营销伦理规范执行质量难以保障。数字营销法规由国家相关机构制定、国家强制力保障实施，明确规定了相应主体的权利和责任，在法律范围内的规范行为将受到法律的有效保护，违法违规的不当行为将受到法律的制裁，并依法承担相应后果，因而数字营销法规的运行机制和规约作用更为明晰。

2. 内容边界差异

法律法规是在一定社会政治、经济、文化背景下所制定的较为稳定的规范准则，其对于适用范围、约束对象等要素具有明确的规定，对特定违规行为所应承担的法律后果也较为明确，因而数字营销法规具有较为明确的边界范围。由于伦理规范是在人类社会发展和社会交往过程中逐渐形成且不断丰富的规范体系，数字营销伦理作为系统化、理论化的营销行为规范，其根据时代的变迁和市场环境的变化呈现出动态的发展特征，不同领域的伦理规范准则可能具有相同的价值追求，因而在内容上存在共通，在边界上较为模糊。

数字营销伦理与法规是保障数字营销活动有序进行、促进营销行业健康发展不可缺少的行为规范体系；数字营销伦理体系是数字营销法规制定的内容基础，数字营销法规则是数字营销伦理规范在法律层面上的特殊呈现，伦理与法规共同作用，构成数字营销行业发展的有力保障。

第二章　伦理、广告伦理与数字营销伦理

“科学技术的指数级增长，即将把人类带入一个陌生的世界，让人类有了更多的美好期待，以及更多的忐忑不安，也激发了人们的深度思考与激烈交锋”①。数字技术发展推动了营销行业的深刻变革，我们在享受它带来的便利时，也面临着信息安全等伦理困境和风险。

从 2020 年突然井喷，到 2021 年的开始降温，电商直播只花了不到一年时间。2020 年中国消费者协会发布了《“双 11”消费维权舆情分析报告》，该报告指出，明星直播带货存在刷单、售假。疫情期间，电商直播给经济注入了新的血液，减少了中间渠道，照顾到了企业与消费者两端，市场也活跃起来，这是令人欣喜的事情。然而，在流量及时变现的利益驱动下，明星带货数据造假，直接导致电商直播负面缠身，这种见利害义的现象，直接触碰了社会的伦理底线。

第一节　伦理的概念及其演进

数字技术、互联网与市场经济发展的合力作用催生了营销方式的变革。数字营销以其成本低、个性化、高效率、交互性等优势获得时代的青睐。当数字营销在现代生活中扮演的角色越来越重要时，问题随之而来，有技术问题、法律问题

---

① 刘广迎. 重塑智能社会的未来图景[M]. 北京：中国工人出版社，2019：9.

和伦理问题。近年来，伦理问题越来越受到业界的关注，第一章提到的英国咨询机构剑桥分析正是因为违背了相关伦理道德，所以受到了法律的严惩。

在麦克卢汉的媒介理论中，“媒介延伸论”认为任何一种媒介都是人的一种延伸，如广播是人类耳朵的延伸，电视是人类耳朵和眼睛的同时延伸，等等。尽管麦克卢汉生活的时代互联网尚未诞生，但他的许多思想对互联网都是适用的[①]。“网络是现实社会的延伸”这个命题说明了网络与现实社会之间的紧密联系。在数字时代，网络世界与现实世界之间的互动是很常见的事情，然而这种互动关系既有可能是良性的也有可能是恶性的。我们所要追求的是虚实之间的良性互动，尽可能地抑制恶并尽可能地促进善，充分利用条件，促使事物向好的方面发展。

一、什么是伦理

社会对企业的要求，不仅来自法律，事实上也来自道德伦理。企业和道德伦理在许多方面息息相关，与人类生活的其他方面一样，道德伦理标准同样可以应用于企业，对企业的行为起到约束作用。那么，什么是伦理呢？

（一）伦理与道德

生活中，“伦理”与“道德”都关乎人们行为品质的善恶正邪，乃至生活方式、生命意义和终极关怀[②]。因此，人们在日常生活中常常将道德和伦理等同为一个概念，其实两者并非完全一致。下面我们从各自的辞源及概念含义分析出发，揭开它们的“庐山真面目”。

1. 辞源含义

在西方文化中，“道德”（morality）一词源于风俗（mores），而 mores 又是拉丁文 mos（即习俗、性格）的复数。古罗马著名的思想家西塞罗根据希腊道德生活的经验，从名词 mores 创造了形容词 moralis，指国家生活的道德风俗和人们的道德个性。“伦理”（ethics）一词，本意是“本质”“人格”，亦与“风俗”“习惯”等意义相联系，出自古希腊语“ethos”。在《荷马史诗》中，“ethos”

---

① 霍洛克斯 C. 麦克卢汉与虚拟实在[M]. 刘千立译. 北京：北京大学出版社，2005：23.

② 何怀宏. 伦理学是什么[M]. 北京：北京大学出版社，2015：9-11.

的含义为“家”“住所”“公共场地”。后来，古希腊著名的哲学家赫拉克利特与恩培多克勒等认为伦理是指人类或物体的特有的某种“性格”“品质”“德性”。将“伦理”一词引入人类德行研究是从亚里士多德开始的，以他为代表的西方学者以哲学为基础进行伦理研究，并逐步把伦理学发展为一门独立的学科[①]。自此以后，“ethos”的含义就被赋予上了“伦理学的”“道德的”含义，专门用以表示研究人类德性的科学。

通过梳理西方伦理含义的发展过程，我们可以得知，伦理在西方原指住所、栖息地和家园，后来逐渐演变成一个社会、某个民族或群体之间形成并一直保持着的风俗习惯。随着社会的发展，其内涵被不断地延伸扩展，逐渐包含了人类的道德、人类的德性、人类的性格及社会关系中的为人处世之道的行为准则[②]。

中国很早就出现了“道德”与“伦理”这两个词，如《管子·心术上》曰：“德者，得也。”《礼记·曲礼》说“道德仁义，非礼不成”。在中国儒家那里，传统的道德观念含有较浓厚的自我主义和强调主体观点的倾向。例如,《礼记·乐记》强调“乐者，通伦理者也”，可见在中国传统文化中伦理更侧重于外在规范。《说文解字》中将“伦理”解释为“伦，从人，辈也，明道也”，可见“伦理”侧重人伦指向，后来“伦”的含义引申为人与人之间的关系。“理，从玉，治玉也”，所以“理”指的是事物的肌理，引申为事物的规律和本质。当“伦”与“理”结合成“伦理”一词时，指事物之间或事物内部的关系及关系的本质和规律。东汉郑玄又进一步明确：“伦，犹类也；理，犹分也”，明确将“伦理”解释为分类条理的意思。因此，“伦理”在中国传统文化中指的是人与人及人与自然的关系和处理这些关系的规则，无论是“天地君亲师”的五天伦，还是君臣、父子、兄弟、夫妇、朋友的五人伦，儒家都强调“道之以德，齐之以礼”。由此可见，伦理思想作为我国传统文化的重要组成部分，本身蕴含着管理和伦理的结合，所以中国古代社会管理整体上呈现出明显的伦理特征。

---

① 曹漪那，杨珊，王慧敏，等. 冲突与转向——大数据时代的传播伦理研究[M]. 成都：四川大学出版社，2017：34-36.

② 吴正楠. 移动视频直播改变新闻业[J]. 传媒评论，2016，（8）：39-40.

2. 概念含义

只要对“道德”与“伦理”仔细品味就会发现，无论是中国还是西方，“道德”的意蕴更侧重于主观、主体、个人、个体，而“伦理”的意味则更倾向客观、客体、社会、团体。到了近代，随着中西文化的交融，汉语伦理和道德分别同西词有了约定俗成的联系，如伦理一般对应英文中的“ethic”“ethics”，道德一般对应“moral”“morality”[①]。在当代，“伦理”概念蕴含着西方文化的理性、科学、公共意志等属性，而“道德”概念又蕴含着更多的东方文化的性情、人文、个人修养等色彩。中西“伦理”与“道德”概念经过不断碰撞、竞争和融合，二者划界与范畴日益清晰，即“伦理”是伦理学中的一级概念，而“道德”是“伦理”概念下的二级概念；二者不能相互替代，它们有着各自的概念范畴和使用区域[①]。当人们表示规范与理论的时候比较倾向使用“伦理”一词，当指称现象与问题的时候则比较倾向使用“道德”一词。伦理范畴侧重于反映人伦关系及维持人伦关系所必须遵循的规则，道德范畴侧重于反映道德活动或道德活动主体自身行为的应当。因此，伦理是客观法，具有他律性；道德是主观法，具有自律性。伦理是对人们行为应当理由的说明，而道德则是对人们行为应当境界的表达[②]。

（二）伦理与法律

伦理与法律是人类建立和维系社会生活秩序的最基本的及最重要的两大规范。英国学者哈特指出：“从人类早期开始，就存在两种不同的规则，有些规则主要是靠对不服从的惩罚威胁来维护，另一些则依赖于有指望对规则的尊重、负罪感或者自省来维护，法律与道德规则之区别的萌芽形态也许会显现出来。”[③]法律是国家制定和认可的并由国家强制力保证实施的行为规范，而伦理则是基于道德的价值取向和原则规范。显然法律相对伦理而言是他律的，而伦理则是自律的。当然作为两种不同的规范，它们之间存在着密切的联系，如“不可杀人”“不可盗

---

① 何怀宏. 伦理学是什么[M]. 北京：北京大学出版社，2015：9-11.

② 邹渝. 厘清伦理与道德的关系[J]. 道德与文明，2004，(5)：15-18.

③ 哈特 H L A. 法律的概念[M]. 张文显，郑成良，杜景义，等译. 北京：中国大百科全书出版社，1996：167-183.

窃”，足见许多规范不但是伦理规范，而且是法律规范，但两者之间仍然具有十分明显的差异，主要体现在以下几个方面。

1. 文明价值层次不同

作为一个多层次的规范体系，每一层次道德伦理所蕴含的文明价值各不相同。尽管高层次的道德伦理所摄取的文明价值高于低层次的道德规范，但是低层次的道德规范的适用效力高于高层次的道德规范。法律规范虽属于道德伦理规范体系，但是“法律在复杂关系调整和多元利益调适中的‘中庸’角色或者‘中人’标准决定了其必须保持‘一般’和‘普遍’的性质，所以法律规范所能吸收的只是道德伦理规范体系中最基本的内容和最起码的要求”①。譬如，大公无私与公私分明，在道德伦理层次上，前者明显属于高层次的道德规范；后者属于较低层次的道德规范。在规范效力上，大公无私之类伦理规范效力往往难及于社会普通成员，因为它所蕴含的文明价值高则意味着对个体的行为规范要求也高，而后者所蕴含的文明价值较低，对个体的行为规范要求相对也较低，所以公私分明之类伦理规范效力则有可能及于一般社会成员。在价值取向上，法律背后所存在的伦理价值观念支配并影响着法律的性质和方向。美国著名法学家朗·富勒指出：“真正的法律制度必须符合一定的道德标准”，“完善的法是内在道德和外在道德的统一，是程序自然法和实体自然法的统一”②。

2. 规范调整范围不同

伦理规范指导并且影响法律规范，但是伦理规范调整范围显然广于法律调整范围。法律规范是一种行为规范，它规范的仅仅是人的行为。法律调整的是有意识支配的行为，它不能约束人的内心活动。道德伦理既包括价值观念又包括行为规则，既规范行为又约束意识，如支配人行为的动机、想法、认识、思想等则受到道德伦理的约束。因此，在规范调整范围上，伦理规范调整范围显然广于法律调整范围。

---

① 徐向华. 中国立法关系论[M]. 杭州：浙江人民出版社，1999：102.

② Fuller L L. The Morality of Law[M]. New Haven：Yale University Press，1964：38-91.

3. 规范方式不同

法律是国家制定的以国家强制力为后盾来保证实施的规范，因此在规范方式上，法律是他律的。伦理是社会形成的主要依靠社会成员自觉遵守或者相互监督遵守的规范，所以伦理道德是自律的。伦理规范所调整的范围不仅包括外在的行为范畴，还包括内在的思想意识范畴，并且内在的思想意识范畴表现得更突出，所以伦理规范方式主要是内在的。法律对人的行为调整主要依赖国家强制力的保障，具有强迫性与强制性，它是外在的他律的规范，所以法律规范方式主要是外在的。

4. 强制程度不同

在强制程度上，法律的社会强制力强于伦理的社会强制力。作为社会个体不可触犯的社会规范，法律依靠权力这一强有力的后盾，强制人们服从规范自己的行为；如果以身试法，权力机构会使行为主体的人身、自由、生命和财产等受到约束或者损失。因此，法律规范是权力规范。在现实社会中，道德伦理的内在规范其实也依靠“强制力量”维系，但伦理的强制是软性的，因为伦理的强制性主要体现在“舆论强制”方面。舆论场加速舆论的扩散与整合，形成巨大的社会意志合力和伦理道德压力，从而迫使行为主体不得不放弃自己的意志而服从社会意志和伦理道德的力量。因此，伦理道德规范是非权力规范。

伦理与法律之间的种种差异源自二者的属性不同，伦理侧重对价值合理性的追求与维护，而法律则倾向行为合理性的追求与维护。社会个体的价值判断直接影响其行为选择，所以行为合理性的前提是价值合理性。因此，在很大程度上法律能否有效运行，往往取决于法律是否得到伦理的认可和支持。因为法律不能造就人们服从规则的品质，而伦理却能培植人们履行义务的理念，而履行义务的理念和服从规则的品质是法律得以遵守和执行的基础条件①，可以说法律规范在本质上就是坚持执行在法律制度与法律规则中默示的伦理道德规范。

---

① 刘华. 法律与伦理的关系新论[J]. 政治与法律，2002，(3)：3-5.

（三）伦理与经济

经济基础决定上层建筑，经济的发展变化必然导致伦理道德做出相应的回应。数字技术的普及与发展，深刻地影响着社会的各个领域，尤其是经济领域，时下数字经济如火如荼。因此，企业伦理道德不得不面临一些新的问题，企业伦理道德在数字经济发展大潮中扮演什么角色，如何处理两者关系成为全社会不可回避的一个重要课题。

毋庸置疑，经济的繁荣必将改善社会公共生活与物质生活水平，如快速而舒适的高铁，不但缩短了时空距离，扩大了生活半径，而且给人们提供了更好的出行体验。经济的发展必然增强国家实力，从而给人们带来更多的物质文明与精神文明。全面小康的建设，在解决了社会温饱的基础上，消灭了有可能威胁伦理道德甚至造成道德与社会崩溃的直接生存压力，为人们提供了更多的选择，确保人们有尊严地生活，无形中提高了全社会的道德水平。

尽管市场经济的发展可以为社会道德伦理水平的提高提供一定的经济基础，但同时市场经济对道德的消极影响也如影随形。追求利益最大化是市场经济发展的动机与目的，市场经济的生命在于不断逐利，而社会只要有利益纷争的存在，就必然出现道德伦理问题。因此，市场经济参与者的动机与目的是对物质利益的追求，在利益追求的过程中市场经济参与者不断调和义利关系，如果任由利欲自然发展，道德问题乃至伦理危机随之而来。市场经济法则是优胜劣汰，竞争的残酷促使市场经济参与者采取各种不正当手段，在赢得市场的同时，也带来了伦理道德危机。

数字经济时代，市场竞争往往演变为平台竞争，各大平台之间为了争夺用户数量，使出浑身解数争夺消费者有限的注意力。由于数字平台间的竞争呈现出动态性与跨界性的特点，故数字平台间的竞争强度比传统实体平台间的竞争强度有过之而无不及。在“赢家通吃”的竞争理念下，市场竞争格局呈现出新的变化，各大数字平台依托自身特点，均在某一领域或地域独领风骚，如搜索领域的谷歌和百度、社交领域的脸书和微信、零售电商领域的亚马逊和阿里巴巴，都已成为各自细分领域的绝对领先者[①]。个人数据对用户而言是隐私，但对平台经营者或数字市场的参与者而言却是核心资产，为了争夺市场份额，往往以各种手段或理由破坏市场规则和违背道德伦理。

（四）伦理与技术

人类每一次重大进步总是伴随着技术的重大突破，同时也引起相关道德伦理的思考。纵观历史，没有哪一种技术能像数字技术一样给人类带来空前进步，同时也带来新的伦理挑战。

1. 数字技术的积极作用

在数字时代，人的主体性得以充分发展。数字技术突破物理时空和交往主体身份的限制，每个人既是信息的传播者，也是信息的创造者，还可以是信息的使用者，同时扮演多重角色的人们在信息大潮中自由畅谈，陈述己见，彰显才华。数字时代把人从繁重的体力劳动和脑力劳动中解放出来，人们相对而言有了大量的自由时间，可以在网上自由分享资源与观点，人的交往更加自由，人们自由创造出新的交往方式与生活方式。

数字技术打破了固有的思维观念上的保守性和地域的狭隘性，增强了人的主观能动性，极大地激发了人的创造性。人们可以利用网络做自己想做的事情，不断提升自己，充分发挥自我才华助力社会发展。数字技术全方位开发了人的视觉、听觉、感觉功能，让人类畅游在一个全新的虚拟世界里，“从而丰富了人的感性，把人从感觉的直接性中解放出来，使人的感觉可以重复、可以再现、可以创造”[②]。于是人的主观能动性得以空前发挥，短视频里充满了社会大众的个人作品。在新冠病毒感染疫情防控中，数字技术利用自身优势，精准抗疫，为全社会提供有效信息，保证疫情防控便捷高效。

2.数字技术的伦理挑战

当人类文明的步伐迈进数字时代的时候，我们为之欢呼，欣喜地淌漾在数字化海洋中，享受清风朗月。突然有一天我们站起来，发现在数字技术面前，人的

---

① 熊鸿儒. 对数字经济时代平台竞争的几点认识[N]. 中国经济时报，2019-08-16.

② 齐鹏. 论网络时代的感性[J]. 中国人民大学学报，2002，(2)：47-53.

尊严与价值却遭到空前的嘲弄。正如弗罗姆所言，"人不是从自己力量和自身丰富性的积极承担者来体验自己，而是自己是依赖于自己之外的力量这样一种无力的物，他把生活的实质投射到这个物上"[①]。迅速发展的数字网络技术，深刻地影响着人们的交往方式，在数字网络中人被异化成一种数字符号，社会个体的社会伦理属性被剥离，人们之间的交流就变成了符号之间的游戏。在这场游戏中，社会个体自觉放弃自我主观能动性，而甘愿成为数字技术的奴隶，成为一个没有灵魂的冷漠无情的数字符号，社会伦理道德水平的下降甚至丧失成为必然。

技术能够助力社会发展，减少人们的生活压力，提升人们的生活质量，使得人们对其顶礼膜拜。凡事物极必反，社会对技术狂热崇拜，使冷冰的技术反客为主，使技术主宰社会成为可能，一旦这种可能慢慢变成现实，将不可避免地使技术成为危害人类的异己力量。事实上，在数字网络世界里，人们日益物化，道德情感日趋冷漠，社会伦理仿佛进入真空，伦理道德问题时有发生，所有的这一切仿佛在预示和印证某种事情的发生。数字时代，如何安顿人类的灵魂，不得不引起人们对伦理的重新思考。

通过以上四组关系的分析，伦理的面貌已然清晰。伦理是一种社会行为秩序规范，它通过各种道德和准则规范社会行为，包括人与人、人与自然、人与社会之间的各种关系的行为规范。伦理既是生命个体自我理性控制的行为规范，也是其他社会团体应该坚守的行为规范，任何个体、团体、国家行为都有其内在特殊的伦理要求。

二、伦理理论的演进

在两千多年的历史长河中，伦理学随着时代的变化而不断给自己注入新鲜血液，以丰富自身理论。伦理学的发展蔚为大观，因其研究内容、方法的不同而形成不同研究流派，且各具特色。受时代特点的影响，描述伦理学、元伦理学与规范伦理学受到更多的关注。

描述伦理学是以描述方法为主来研究伦理学，其研究内容可以是历史的描述

---

① 王元. 弗罗姆"人性异化论"探析[J]. 马克思主义研究，1996，(4)：81-86.

或现实的描述，也可以是外在的描述或内在的描述，如道德史，就是历史的描述；社会道德状况的调查报告，则是现实的描述；道德社会系统的著作，即外在的描述；道德心理学的著作，则是内在的描述。

元伦理学从语言和逻辑的角度出发，以分析方法为主来研究伦理学，其研究内容主要是伦理词、句子的功能与用法，通过对其详细的分析，力求人们使用的道德逻辑语言之真。这种求真无关乎历史现实生活的现象之真，其决定了元伦理学在道德劝诫上持相对中立态度。

作为传统伦理学的主流，规范伦理学通过对伦理规范的来源、内容和根据的研究分析，建构人类道德规范体系，为人们的生活和行为实践提供指导。因此，规范伦理学既是一门理论科学，又是一门实践科学[①]。规范伦理学主要有两大分支，分别是功利论与义务论。

功利论认为一切都是有目的的，都是要达到某种结果，所以功利论也叫目的论、功利主义。边沁是功利主义者代表，他认为人的行为服从于趋乐避苦的原则，为了德性本身而追求德性是虚伪和荒谬的，除非德性有用并对幸福有所贡献。因此，功利论主张只有一种道德规范，其核心内容“最大多数人的最大幸福”，对他人的行为进行价值判断的时候要按照这个行为对相关利害关系人的幸福的影响来判断[②]。个人隐私与数据信息问题之所以难以解决，是因为一种观点认为，掌握用户个人数据信息是企业对数字技术的正当使用，它能够帮助企业更精准地洞察市场，了解用户，从而生产出满足用户需求的产品，提高用户体验，同时增加企业经济效益，使利益相关者的利益得到最大化。这种观点属于典型的功利论。

义务论也叫道义论，与功利论恰恰相反，义务论认为道德最高原则是没有任何目的的义务原则，没有任何目的的道德行为是出自一种义务。最著名的义务论代表是康德，在他看来，理性主义能够建构道德最高原则，并且论证绝对命令的必然性，强调绝对命令能够体现道理最高原则的义务原则，主张人们应该按照义务原则规范道德行为，违背绝对命令为恶，遵从绝对命令为善。康德道义论所发

① 何怀宏．伦理学是什么[M]．北京：北京大学出版社，2015：48-49.
② 李强．自由主义[M]．北京：中国社会科学出版社，1998：158-159.

出的服从道义规则的命令主要是针对个人的，它要求个人严格克制自己的感性欲望而遵守义务规则，不得伤害他人[①]。个人隐私与数据信息的泄露和侵犯，在义务论者看来，就是恶。因为它给人们生活和社会发展带来了威胁，明显违背了理性精神。

功利论与义务论都强调只有一种道德规范，只不过功利论强调以人的行为结果为尺度来进行价值判断，人的行为动机本身并无善恶。如果人的行为结果符合“最大多数人的最大幸福”原则就是善的，否则就是恶的。具体而言，人的社会行为结果给行为者及其相关的人带来好处，或带来利大于弊的行为，就是道德的，否则就是不道德的[②]。如果说功利论重利，那么义务论则是重义。义务论强调义的“天性”，强调有道德价值的行为必须遵守绝对命令义务的实行，过分强调道德义务，反而使其头重脚轻，因为任何时候都必须遵守义务原则，否则社会个体行为严重受限，道德实践也就无法完成。为了寻求二者的平衡，应用伦理学应运而生。

应用伦理学的兴起，意味着伦理学试图在科学理性与道德实践中间寻找新的智慧和构建新的体系。自从 20 世纪 90 年代应用伦理学在我国兴起之日起，就将触角深入社会各个领域，尤其是经济领域，发现、思考、回答各种具体问题。在整个追索过程中，社会公平正义的道德要求逐渐占据显著位置[③]。随着人类社会的发展、科技的进步，生态系统的平衡性尤其显得重要。现代经济生活中任何个体、团体、组织都不能为所欲为，除了来自政府法律政策的调节外，伦理的触觉也愈加深入，伦理将我们对于善与恶的理解应用于各种制度、技术、交易和活动。

第二节 广告伦理

作为现代社会经济生活发展的产物，广告的天性决定了它不但与企业的商业利益如影随形，而且成为现代人生活的重要组成部分。因此，任何一次广告活动

---

① 龚群. 当代西方道义论与功利主义研究[M]. 北京：中国人民大学出版社，2002：89.

② 森 AK，威廉姆斯 BAO. 超越功利主义[M]. 梁捷，等译. 上海：复旦大学出版社，2011：6.

③ 高兆明. 伦理学理论发展 30 年[N]. 光明日报，2009-01-13，第 11 版.

从产生到完成的全过程，始终都包含着一些伦理问题。

一、广告伦理的内涵

广告是当代经济社会的重要组成部分，它以各种方式关系到你我他。人们希望市场能提供尽可能丰富、优质和便宜的产品。因此，企业被赋予了很大的自由度，在争夺市场过程中，广告功不可没。随着社会的发展，社会环境的变化，人们对企业的需求也在改变，人们更多地期望企业在其活动中不仅考虑财务因素，也应该明确企业每次活动的道德决策或道德标准。

广告是一种为企业营销服务的信息传播活动，这决定了它必须以企业营销作为终极目标。广告的信息传播活动其实是在推销一种商品或观念，作为现代人生活环境的一部分，广告必然会影响消费者，更何况其目的就是向消费者传播或改变某种观念。从这个层面上讲，广告活动既具有经济属性，又具有文化属性；广告活动必然兼顾经济效益与社会效益，因为经济效益不可能独立于社会效益而存在，没有社会效益，经济效益也不会持久。因此，广告活动必须自觉地承担相应的社会责任。广告活动总是在一定伦理环境中进行的，广告活动中的各个要素总是受到伦理环境的制约，并且广告伦理也对广告环境有不可忽视的积极作用①。

随着市场经济的深入发展，应用伦理学的触角深入广告活动，于是产生了广告伦理学。可见，广告伦理本质上就是一种行为规范，是广告市场主体在广告活动中必须遵循的道德准则和行为规范，其中广告与消费者关系是其最主要的研究内容。具体而言，广告活动发起之前，广告市场主体要检查广告内容是否有悖于社会主义精神文明建设，广告策划是否科学有效，广告设计是否符合消费者的宗教信仰与文化习俗；广告活动结束之后，广告市场主体要检查广告效果数据是否真实有效。如果广告市场主体只注重经济效益，甚至为了经济效益而损害社会效益，必将伤害广告伦理，损害消费者利益，成为“恶”，最终被消费者所唾弃。

---

① 陈正辉. 广告伦理学[M]. 上海：复旦大学出版社，2008：87-92.

二、广告伦理失范的表现

作为一个社会学概念，“失范”最早由法国社会学家埃米尔·迪尔凯姆提出，他认为“失范”意味着“社会在个体身上的不充分在场”和“社会的缺席”[①]。由此可见，“失范”就是社会处于一种无序状态。这种无序状态往往是由于人们受个人欲望的驱使、行为的实施缺少规范而逐渐产生的。随着市场经济竞争压力越来越大，企业在利益的驱动下，广告伦理失范时有发生，引起了社会的广泛关注。目前，广告伦理失范主要有以下几种表现形式。

（一）虚假广告

虚假广告就是在广告活动中进行虚假宣传，欺骗和误导消费者，从而快速攫取市场利润。具体而言，就是通过对广告内容进行不真实或片面的宣传，或者使用虚假的数据，或者语焉不详，或者利用光学、美学形成视觉错觉，从而欺骗或误导消费者，严重侵害了消费者利益，也干扰了市场秩序，是一种违法行为。虚假广告的恶劣性使其成为人人喊打的老鼠。

2021 年 9 月，兰州市七里河区市场监管局对远堂互联网医院有限公司做出行政处罚，责令停止发布违法广告，并处罚款 80 万元[②]。因为该公司在 2018 年，利用网店和自己制定的宣传册等形式发布虚假广告，广告宣称其产品古方古法采药炮制，使用的是两千多年前的秘方，向消费者保证永不复发，以达到欺骗和误导消费者的目的。这一广告行为违反了《广告法》的规定，所以受到应有的惩罚。

（二）恶俗广告

如果说虚假广告违法，那么恶俗广告简直是违法违俗。恶俗广告从挑战社会道德底线出发，通过各种粗俗语言或恶俗行为，达到吸引消费者眼球的目的。这种广告败坏了社会风气，在扩大品牌知名度的同时，也激起了消费者的反感，降低了品牌好感度，得不偿失。有的恶俗广告借用名人代言，其危害更甚。

---

① 刘思文. 移动微视频应用的社交传播机制——以美拍为例[J]. 新媒体与社会，2015，(2)：275-284.

② 中国网财经. 卓远堂互联网医院“美林郡中医诊所”因发布虚假广告被罚款 80 万元[EB/OL]. http://finance.eastmoney.com/a/202109302127551056.html，2021-09-30.

2021 年 8 月北京市海淀区市场监督管理局对李诞做出行政处罚，罚款 87 万元[①]。因为此前李诞在其个人微博上发布女性内衣广告，将内衣比作职场救生衣，广告语十分恶俗、低俗，将女性矮化、物化，对女性进行赤裸裸的侮辱，影响恶劣。

（三）不当比较广告

在激烈的市场竞争中，为了赢得市场获取更多的市场利润，不少企业利用不当对比手段进行广告宣传，以抬高自己来影响消费者的选择和决策，从而赢得市场，这就是不当比较广告。不当比较广告显然也是误导和欺骗了消费者，同时也损害了竞争对手的利益，破坏了市场自由公平竞争法则。

"六个核桃"的崛起让不少商家眼红，于是很多商家便在产品包装或产品原料上下功夫，达到鱼目混珠的目的。2018 年"3·15"晚会上就曝光了充斥在农村市场的一些山寨饮料[②]。这些山寨饮料利用农村信息的不对称，通过模仿和细微区分，有的是"七个核桃"，有的是"八个核桃"，有的是"六亿核桃"，有的是"六禾核桃"，让人真假难辨。这种不当竞争行为既贬损了正规品牌形象，也欺骗了消费者，当然也搅乱了市场公平竞争的环境。

（四）群体歧视广告

女性一直是广告的主角之一，但因其性别特征往往在广告中被刻板化或污名化。早期的广告中不乏这类广告，其中比较著名的是美国香烟品牌 Tipalet 的广告，该品牌在 20 世纪 70 年代广告中大力宣扬，男人只要抽 Tipalet，便能吸引女伴。2021 年 2 月，知名艺人李诞在其微博为女性内衣品牌 Ubras 带货，因发布歧视女性广告，被北京市海淀区市场监督管理局一并处罚 87 万元[③]。李诞这则广告显然存在物化女性的意味[③]，新时代女性与男性拥有同等的社会地位和社会价

---

① 前瞻网. 恶俗！市监局通报李诞"躺赢职场"内衣广告违法罚没 87 万[EB/OL]. https://baijiahao.baidu.com/s?id=1708975090854002188&wfr=spider&for=pc，2021-08-24.

② 文汇."六个核桃"还有这些山寨名，3·15 晚会后网友都找齐了！调查组已到枣庄[EB/OL]. http://wenhui.whb.cn/zhuzhan/ms/20180316/192399.html，2018-03-16.

③ 中国网. 发布违法广告，李诞被罚 87 万[EB/OL]. https://cj.sina.com.cn/articles/view/3164957712/bca56c1001901p6zv，2021-08-25.

值，广告对女性的刻板化、污名化是一种腐朽的成见，不利于社会健康发展。

（五）网红推荐式广告

得益于数字技术的发展与普及，一些人依托数字平台生产内容，成为网红。网红因其拥有较大的数丝群，具有强大的粉丝号召力。为了使流量及时变现，网红纷纷涉入商业领域，网红推荐式广告应运而生。作为一种特殊广告形态的网红推荐式广告，利用网红身份向粉丝进行保证，使其更多地倾向相信推荐者。受利益驱动，网红推荐式广告利用互动性与隐匿性等特点，游离在法律边缘，甚至触及《广告法》。2020 年 10 月 25 日辛巴直播的小金碗碗装冰糖即食燕窝是风味饮料，根本不是即食燕窝，由于涉嫌欺诈消费者，经过近两年的公益诉讼，最终被诉近 8000 万元惩罚性赔偿[①]。

三、广告伦理实现的途径

法律虽然是社会行为规范的最低标准，但是却最具有强制性，也更容易规范社会行为。因此，随着广告形态多样和广告市场复杂多变，广告监管法规在许多时候也存在监管权限无法到达、监管执行力不从心的情况，而此时正是广告伦理大显身手的时候。

（一）推进广告市场主体信用评级制度建设

作为经济人的企业，追求自身利益最大化，获取正当利益本无可厚非，但不能以损害用户利益和社会利益为前提。因为同人类其他活动一样，广告经营活动是预设了道德背景的，如果没有道德背景，这些行为将不复存在，因而必须对其行为进行有效约束。当前，亟须推进广告市场主体信用评级制度建设，根据广告市场主体的信用评级来确立其市场地位，从而规范市场信息传递机制。

1. 确立广告伦理原则

从本质上来讲，市场经济其实是一种诚信经济，迄今为止市场上还没有无道

---

① 消费保．“辛巴燕窝事件”最新进展，退赔近 8 000 万！[EB/OL]. https://view.inews.qq.com/k/20220119A078V700?web_channel=wap&openApp=false，2022-01-19.

德的神话，企业的兴旺发达建立在信用二字之上。广告市场主体确立广告伦理原则，也是市场经济道德的内在要求。

首先，诚信原则，它是广告伦理的首要原则。人无信则不立，业无信则不兴。当下广告伦理失范表现最为突出的是虚假广告。虚假广告之所以成为人们痛恨的对象，成为社会惩治的对象，是因为它不讲诚信，损害了消费者利益，扰乱了市场秩序。广告市场主体只有以诚信为先，其他的问题才可以迎刃而解。

其次，公平原则。市场经济在本质上也是市场配置资源的一个过程，在资源配置过程中市场始终遵循的是公平原则。市场广告主体在诚信的基础上，与竞争对手展开公平竞争，市场经济才会健康有序发展，否则遭到市场规律的惩罚。例如，周末酒店 App 曾举报携程存在垄断，破坏了行业公平竞争原则，携程很快做出回应，声称坚决支持酒店行业公平竞争[①]。携程之所以及时做出回应，是因为携程清楚如果破坏市场公平竞争原则，一是损害竞争对手利益，二是损害自身品牌形象，三是扰乱市场秩序将受到严重的惩罚，最终也会伤及自身。因为公平才能保证资源得到有效配置，市场互惠行动才会发生，才能有健康的市场秩序，进而有利于企业的可持续性发展。

最后，公益原则。市场经济的社会属性决定了它不可能一味地片面追求经济利益，所以企业还应该担负起社会公益，公益原则的确立也就理所当然。企业的广告活动影响整个市场，影响全社会，如果不遵循公益原则，就是涸泽而渔，企业的可持续性发展就成为空谈。广告活动的文化属性也决定了广告活动不能与社会道德背道而驰，而应该弘扬社会正气，维护社会公众利益。不少企业意识到这一点，往往会把社会的关切融入广告中，不仅提升了消费者对品牌的好感度，也提升了品牌的社会形象。例如，腾讯近几年的公益广告，不仅是一次次审美教育，也是灵魂的一次次升华，更是品牌形象的一次次提升。

2. 构建第三方监督机制

市场环境影响市场行为，规范市场行为离不开市场环境的营造与建设，系统

---

① 新浪财经. 携程回应涉嫌“二选一”垄断：坚决支持酒店行业公平竞争[EB/OL]. http://finance.sina.com.cn/chanjing/gsnews/2021-10-02/doc-iktzqtyt9303277.shtml，2021-10-02.

的诚信体系的建立有利于市场环境的健康，也可以弥补现有市场管理体制的不足。因此，规范广告市场主体的行为，还应当从第三方监督机制的构建入手。

第三方监督机构由其第三方的特性决定，它在市场监督中能真正持有“独立性”的态度，能够保证评估标准的统一与评估结果的公正。第三方监督机制的构建需要从多方面入手。一是打造多元化的第三方主体，以确保监督主体的态度保持公平公正。二是树立第三方主体的权威性，这就需要相关行政机构的参加，依托行政的力量，可以保证监督机制的客观公正，并得以推行。三是增强第三方主体的专业性，这就要吸纳专业评估组织，如高等院校和研究机构，以保证评估标准的科学性与可行性，保证评估结果的公平公正。四是体现第三方主体的广泛性，广泛吸收其他社会组织和社会公众，使评估标准更具有可行性，保证第三方监督机制稳定地发挥有效作用，约束广告主体行为，促进市场环境的健康发展。

（二）完善广告行业自律体系

如果说广告伦理失范治理的第一道防线是广告市场主体的话，那么广告行业自律体系则是有效的第二道防线，但是在实际的市场行为中，我国广告行业自律体系的作用实在有限。广告行业自律体系在我国广告业发展过程中虽然发挥了一定的作用，但是还远远不够。主要是因为我国目前的广告行业自律体系存在一定的缺陷，直接导致不能最大化地为市场经济的健康发展做出自己的贡献，也没能很好地体现自己的优越性。因此，广告伦理失范的治理，还需要广告行业自律体系进一步完善。完善广告行业自律体系，需要从以下几方面着手。

首先，遴选合适的行业协会成为自律机构。近些年，随着经济的发展，我国广告相关的行业协会也得到长足发展，但却参差不齐，鱼龙混杂。广告行业自律体系的构建必须由合适的行业协会来担当，合适的行业协会应由第三方监督机构来遴选，以保证遴选的行业协会的专业水平和职业素养水准。

其次，确保广告监管部门与行业自律有效衔接。在广告审查过程中，我国广告行业自律协会与广告监管部门之间并没能有效衔接。这主要是广告行业自律协会最初因行政关系影响没能真正发挥核心作用，养成了一种接受指导的心态，不能从专业的高度与科学的态度来承担自身的责任和义务。因此，行业自律与广告监管部门有效协调，前提是必须厘清两者关系，明确各自的权利和义务。政府积极转变功能，保证广告行政部门的特性，尊重行业特性，加强行业协会在决策、监督、审查、仲裁等方面的权力，才能真正做到有效衔接，从而提高广告业伦理水平。

最后，培养行业协会自律能力，提高行业协会伦理素养。我国广告协会自身组织特点，导致各层级协会之间、各地方协会之间伦理素养水平参差不齐，行业协会自律能力有待提高。所以，行业协会也应从市场经济发展的高度提高伦理素养，培养自律能力，担起自我管理和自我约束的社会责任。

（三）提高广告从业人员的伦理素养

在眼球经济的驱动下，广告从业人员关注更多的是如何能够引起广告更广泛的注意力。因此，他们愿意打磨专业，提升自己的专业水平，但往往忽略了对自身伦理素养的提高，直接导致广告伦理失范问题发生。因此，提高广告从业人员的伦理素养刻不容缓。

首先，广告公司应注重企业员工伦理道德的培养。一是在员工绩效考核中将伦理道德素养纳入，以促使员工重视伦理道德的自我提升，也可杜绝员工在广告动作过程中持有踩黄线的侥幸心理。二是在人员招聘过程中，不能只注重员工的专业能力，而忽略了员工的伦理素养水平。三是在选拔人才时，也要将伦理素养纳入选拔机制，促使广告从业人员不断提高自身伦理素养。

其次，尝试建立广告人员专业技术资格审定制度。在专业技术资格审定过程中专门设有伦理素养方面的内容，制造机会让广告从业人员去主动学习广告伦理素养知识，从而培养广告伦理意识，提升自身伦理素养水平。

最后，推行广告伦理教育。一是从企业角度，企业可以从文化建设的高度进行广告伦理教育，既加强员工的归属感，增强广告伦理意识，也在潜意识里培养员工对企业的忠诚度，从而为企业培养人才，并且留住人才。二是从社会角度，社会各教育机构，尤其是各大高校，应该推出广告伦理相关课程，使学生形成完整的知识系统，做到德智兼修，为广告行业的健康发展奠定良好的基础。

第三节 数字营销伦理

当数字技术敲开市场大门时，就宣告新的营销时代已来临。在数字营销时代，一切变得那么快，却那么理所当然。人们诧异于信息传播模式的裂变、思维方式的迥异、社会认知行为的稀奇；人们畅游在数字大潮中接受新生活的洗礼。沉浸在数字技术带来的种种便捷与舒适时，人们猛然发现数字营销传播的双面性，它不可避免地让市场陷入伦理困境，数字营销伦理不可回避地成为社会关注的重要焦点之一。

一、数字营销伦理的产生

数字营销凭借其独特的魅力赢得了各行各业的青睐，但随着竞争的激烈和对商业利润的追逐，利益至上观念比较盛行，导致社会道德水平有所降低，数字营销伦理问题翩然而至，对整个数字营销市场的发展提出挑战。

（一）市场经济的重利性

市场经济之所以能够快速繁荣并增长社会财富，是因为它具有先天的重利性。市场经济的重利性使其不断通过资源配置的优化来提高市场利润。在重利性的指导下，一方面，市场经济不断推动生产力发展，不断使产业升级，不断增加社会财富；另一方面，容易形成利益至上主义，使商家为了实现市场利润最大化，穷尽心思，使用种种手段来达到目的，其中包括一些不正当手段，如利用数字媒体平台优势，肆无忌惮地侵犯用户的个人隐私，或进行数据造假，以争夺更大的市场。

（二）数字技术的便捷性

同其他技术一样，数字技术带来了社会的发展变化，但是数字技术带来的变化是全方位的深刻变化，这与数字技术的便捷性特点密不可分。与其他技术不同，随着互联网的发展，数字技术很快在全社会普及，它在带给人们便捷的同时，也在暗中记录着人们的行为数据，使其成为没有任何隐私可言的透明人。

大数据技术的便捷，使广告主敢于迈开更大的步伐，去追求自己的经济利益。因为数字营销可以轻松便捷地使用相关数字平台获取自己想要知道的用户数据信息。数字技术的广泛使用，使人们能便捷地运用各种社交软件进行交流，数字营销则可以通过社交软件跟踪用户，轻而易举地掌握用户的数据信息，甚至在其毫不知情的情况下，悄无声息地潜入其私人空间，任性地侵犯其隐私。这些违背道德伦理的行为之所以从可能变成现实，无不是数字技术的便捷性所赋予的。

（三）营销环境的多变性

都说商场如战场，说的就是营销环境的多变性，尤其是数字营销时代，压缩了时空，又延展了时空，营销环境更加变化多端。具体表现如下：一是信息传播主体的变化。以前信息传播主体主要是企业或组织，通过媒体进行有目的的信息传播；数字营销时代，个人可以通过自媒体进行信息传播活动。二是信息传播方式的变化。以前信息传播是传统媒体的私有领域，传统媒体是党和政府的喉舌，具有较高的权威性，公信力也高；数字信息时代，信息传播呈现出大众化、平民化的特点，由于普罗大众的专业素养与伦理水平参差不齐，公信力得不到保证。三是信息接收方式的变化。前数字信息时代，人们与信息存在单向传播关系，即人们被动地接收信息；数字信息时代，由于数字技术具有互动性的特点，信息的传播者和接收者可以互动，信息传播者会根据信息接收者的喜爱而选择性地进行信息传播，于是在进行信息传播时难免会出现低俗的内容和庸俗的表达方式。技术引领时代，技术改变生活环境，这种技术环境逐渐成为用户生活的一种先在性的环境，无法逃脱。“今天行动和思考的人不是关于技术物体的独立的主体。他处在技术系统中，他自身被技术因素所改变”[①]。数字营销环境的变化，导致人们的行为和观念发生改变，也产生了一系列相关问题，尤其是道德伦理方面的问题。

---

① 梅其君. 技术自主论的三个层次[J]. 自然辩证法研究，2008，(9)：32-37.

二、数字营销伦理失范的表现形态

伦理就其本质来说是指调节人与人之间关系的道德准则和社会规范，所以伦理关系是在人与人的社会交往中形成的。随着营销环境的变化，数字营销伦理失范问题越来越多地被媒体和公众关注并报道。

（一）信息侵权

数字营销时代，信息侵权包括侵犯著作权、专利权、商标权、用户个人信息、隐私权等，其中侵犯用户个人信息最为明显也最多。数字经济完全是基于个人信息的积累与交换，这是一场史无前例的运动[①]。数字营销者通过各种方式获取用户数据，App 是获取有效数据的最佳方式之一。如今移动端可以下载各种 App，用户在使用 App 前都要进行个人注册，其中涉及性别、年龄、爱好、月薪等关键性信息。于是数据平台依据这些 App 给用户进行画像，而数据营销者则根据用户数据画像进行精准营销，既减少营销成本，也提高营销效果。隐私权是一种不被他人非法侵扰、知悉、搜集、利用和公开等的人格权[②]。在数字营销时代，用户的信息受到侵权，用户成为透明化的生存者，毫无隐私可言。2021 年 12 月 12 日，国家计算机网络应急技术处理协调中心发布 App 收集使用个人信息情况的监测分析报告，报告显示，虽然 App 违法收集使用个人信息治理取得了阶段性成果，但是仍有 351 款 App 存在严重违法违规行为[③]。可见，数字营销时代消费者信息侵权的严重程度。

（二）数据造假

时下的数字经济，流量成了制胜法宝。企业运营数据与融资数据更有吸引力之后，便拥有更大的市场价值，即便部分投资机构退出，也能通过流量制造繁荣，从而攫取利益。各大数字媒体平台也需要通过数据来营造优质平台的形象，从而进一步吸引广告投放。流量明星更靠着流量横行天下，流量多等同于粉丝多，有

① 李锐锋，杨娜新. 技术化生存与透明化生存——关于隐私丧失的哲学思考[J]. 科学技术与辩证法，2003，（5）：38-41.

② 哈耶克 F A. 致命的自负[M]. 冯克利，等译. 北京：中国社会科学出版社，2000：5.

③ 网信定州.《App 违法违规收集使用个人信息监测分析报告》发布[EB/OL]. https://mp.weixin.qq.com/s/1wOZaFXyEDAVa6Fw3-HtuA，2021-12-12.

了粉丝的追随，市场效益也显现出来。由此可见，数据在数字营销中的地位有多重要。于是如何在最短的时间内获得最多的数据，就成了营销制胜的法宝。在利益的驱动下，数据造假登上营销历史舞台。

在利益的驱动下，各种造假手段层出不穷，但主要是通过伪点击率和自动刷量两大手段进行数据造假。因此，对于一些平台来说，欺骗观众和忽悠市场的虚假流量成为一个必然的选择。据调查，53 元可以增 2 万的观看数据[①]。数据造假公然扰乱市场秩序，“劣币驱逐良币”，损害了用户利益，也败坏了社会风气，必须予以严惩。

（三）数字鸿沟

科学是第一生产力，随着信息技术的不断发展，整个世界正在由物理维度转向数字维度，人们进入大数字时代。大数据俨然成了现代人生活的“空气”，它随处可见，无所不在，可以对一切事物进行描述、记录、分析和重组，但大数据时代并不是所有人都拥有处理大数据的能力，而这种处理数据的能力就成了新的数字鸿沟的关键。

相对商家而言，用户的数据处理能力相当有限。当用户使用一个数据相关的技术时，他往往会被要求先同意一些条款，通常用户会自愿同意这些条款，并且很少有人真正去研读条款的具体内容，但等到真的出了问题时，那些复杂烦琐且字体细小的条款就成为企业免责的保护伞。商家利用大数据给用户画出图像，引导定制用户的生活，数据开始变得比用户自己还了解用户。数据方面的知识鸿沟表现的是企业和用户间巨大的信息不平衡，这种不平衡才开始，它可能越来越加深。在数据面前，用户正在丧失自我保护能力。

越来越便利的数据存储和搬运，让社会忽视了关键问题，即大数据的分析挖掘能力。目前，大部分机构和企业都没有海量数据收集存储及分析管理的能力[②]，

---

① 郑玮玮，黄一宸. 直播“刷量”美丽数据是如何炮制出来的？53 元能增 2 万观看量[EB/OL]. http://news.cyol.com/app/2020-11/27/content_18865956.htm，2020-11-27.

② bingdata 123. 大数据时代：发掘大数据未知的潜能[EB/OL]. https://blog.csdn.net/bingdata123/article/details/79927992，2018-04-13.

甚至一些机构无法收集海量数据，那么拥有处理大数据能力的企业与处理能力差的企业之间必然存在信息的不平衡，数据至上时代，谁拥有数据武器谁就占有市场，最终可能导致市场垄断的局面。

（四）价格欺诈

在大数据背景下，大数据杀熟已不是什么新鲜事。大数据杀熟，即利用算法技术进行用户数据画像，然后在对用户提供相同的商品或服务时，精准判断其购买意愿和支付水平，通过极其隐蔽手段实现的一种价格歧视行为[①]，其本质上属于典型的价格欺诈。据调查，62.2%的受访者觉得生活中“大数据杀熟”普遍[②]，《中华人民共和国消费者权益保护法》（以下简称《消费者权益保护法》）第十条明确强调消费者享有公平交易的权利，但是各大平台依然我行我素，归根结底还是利益的驱使。经过几年的发展，“大数据杀熟”也已迭代升级，新生的“熟”不仅仅是产品的“熟客”，还包括信息的“熟人”，以更加精准的方式进行价格欺诈。

（五）链路劫持

链路劫持本质上是流量劫持攻击的一种，常见的就是通过某些设备实现对非法站点的访问拦截，以及一些地区运营商的网页植入广告行为。例如，在浏览某网站时电脑右下角经常自动弹出低俗广告信息，更可恶的是无论该用户怎么点击关闭按钮都无法关闭该广告弹窗，反而稍微操作不慎页面就会跳转到各种低俗网站，或是用户在访问 A 首页的时候突然吃惊地发现浏览器跳到了第三方网站，最终可能造成真实页面被插入广告，被蒙层，甚至整个页面被替换，严重影响用户体验及企业形象。

三、数字营销伦理失范的危害

数字技术的普及与便捷深刻地改变着社会，影响着人们生活的方方面面。随着数字技术的深入发展，数字营销人对数据信息的充分挖掘，人们发现自己在网

---

① 胡元聪，冯一帆. 大数据杀熟中消费者公平交易权保护探究[J]. 陕西师范大学学报（哲学社会科学版），2022，（1）：161-176.

② 王品芝，潘泽强. 75.3%受访者曾被算法推荐服务困扰[N]. 中国青年报，2022-03-24.

络面前是透明的，于是社会将目光聚焦在信息安全问题上。因为数字营销伦理失范使社会感受到一种前所未有的威胁，这种威胁不仅是表层的个人信息安全问题，还有深层的道德伦理问题。如果不及时治理，将来所造成的现实危害就会越来越大。

（一）破坏市场经济的正常运行

2022 年 8 月上海一科技公司因参与“引起误导的虚假宣传”被上海市宝山区市场监督管理局处以罚款 22 万元，该公司主要参与的平台为大众点评，主要通过“刷手”制造大量虚假评论、点击与收藏提升店铺排名，以此获利[①]。这种造假行为对于大众点评来说无疑是一个巨大的信任危机，不利于平台的健康发展。

在这个快速发展的社会，企业都想先人一步到达终点，而点评信息这类数据，是容易通过数据造假达到“弯道超车”的，但同时也最容易“反洗钱翻车”。在利益的驱动下，不少企业饮鸩止渴，通过数据造假这种不正当竞争手段，获得自己短暂的胜利，但失真的访问数据误导用户，给用户带来不良的使用体验，用户自然会降低对商家的正面评价，致其商业信誉受损，用户流失和流量减少是必然的结果。

一个数据失真就会影响到上下游的整个数据链，这种数据造假行为给行业市场发出了错误的信号，会使那些守法经营、诚信经营的企业最后吃亏，最终结果是导致资源错配，形成劣币驱逐良币的乱象，破坏行业的整体竞争风气和竞争秩序，扰乱市场和经济正常运行。在假数据吹大的经济泡沫中形成一种繁荣假象，政府决策也极可能被误导，最终影响国民经济的健康发展。

（二）增加整个行业的交易成本

数字营销时代，人人都是自媒体，人人都是广告主，从理论上讲，数字技术给营销插上飞翔的翅膀，会以最少的时间成本到达更高点。换言之，数字营销的诞生意味着行业交易成本的减少，市场利润的增加，而数字营销伦理失范却在无

---

① 腾讯网. 该！上海一公司刷大众点评分数被罚 22 万：太过分[EB/OL]. https://new.qq.com/rain/a/20220809A04SPM00，2022-08-09.

形中增加了整个行业的交易成本。

其一，增加了时间成本。市场经济在很大程度上是信用经济，没有信用作为基础，竞争的公平就难以实现。时下，各种数据造假，信息侵权，完全是在不断破坏市场经济的信用。企业一旦造假，之前树立的品牌形象就在用户心中毁坏，企业要重建用户信心，必须花更多的时间去挽回，这无疑增加了企业的时间成本。

其二，增加了财力成本。各种虚假流量是通过花钱购买的，如果东窗事发要受到法律的惩罚；如果暂时侥幸得逞，也是以此后长久发展“埋雷”作为代价的。据了解，随着数字广告的体量不断增长，广告欺诈这一长久以来困扰全行业的现象使广告主蒙受了数十亿美元的损失。根据名为 Bot Baseline 的报告，虚假流量导致的美国广告主经济损失在 2017 年达到约 65 亿美元。

（三）损害用户的合法权益

在数字经济时代，虽然用户可以自由享受信息和选择商品，但是这种自由是相对而言的。数字技术早就给用户画了精准的图像，用户所能接触的信息基本上逃离不了商家的五指山，用户很容易处于信息茧房而不能真正自由选择信息。

片面的信息严重侵害了用户的知情权，虚假的信息严重误导了用户，从而干扰用户的自由选择。商家还可以利用大数据进行杀熟，这已经构成诈骗。凡此种种，均说明用户权益的保护根本无从谈起。

四、对数字营销伦理失范的救治

数据作为互联网时代最重要的生产要素，改变着传统媒体的市场格局和营销市场的固有规则。数字营销席卷全球，流量争夺已经进入白热化的阶段，每个商家都希望借助数据的力量撬动资本市场，在利益驱动下，不少商家无视诚信，弄虚作假，但任何经济行为都应当有它的边界，没有道德引导的市场行为最终会损害经济的健康发展。在数字经济时代，必须从源头上对数字营销伦理失范行为进行治理。

（一）构建以法律法规为核心的规则秩序

“法律是治国之重器，良法是善治之前提”[①]，通过国家立法形式不断推进，完善相关法律法规，从根本上是加强规范数字营销行为。

1. 打造法律法规体系

近几年，随着国家经济的发展，尤其是数字经济的发展，为了更好地协调与规范市场主体各方行为，以更好地服务于经济的可持续性发展，国家不断地完善与实施相关法律法规。2019 年 1 月 1 日正式实施的《中华人民共和国电子商务法》（以下简称《电子商务法》），不但明确了平台经营者的义务与责任，而且规范了经营者办理工商登记和免于登记的情形，有利于保障市场各方主体的权益。2020 年 6 月 24 日中国广告协会发布《网络直播营销行为规范》，明确规范网络直播营销活动，保护用户相关权益。2020 年 11 月国家市场监督管理总局发布《关于加强网络直播营销活动监管的指导意见》，2021 年 9 月 1 日起正式施行《中华人民共和国数据安全法》（以下简称《数据安全法》），2021 年 11 月 1 日起施行《中华人民共和国个人信息保护法》（以下简称《个人信息保护法》），由此我国数字经济进入有法可依、全面法治的时代。这意味着网络相关法律的完善与实施，为根治数字营销伦理失范问题夯实了法律基础。

网络相关法律法规的完善与实施，无疑给数字经济的可持续性发展提供了可靠的法律保障，但是由于市场的复杂，数字营销花样百出，相关法律法规一时难以做到精准发力，特别是对市场各方主体的责任边界界定尚欠清晰，以致一些企业乘虚而入，难免出现数字营销伦理问题。因此，亟须厘清各主体的责任边界。

目前在已颁布的相关法律法规中，并没有对直播营销中网红的法律责任构成有明确的规定。现有广告法律关系和法律责任规定在网红推荐式广告上也还存在一定的解读空间，一旦网红推荐的产品有问题，却难以找到详细的具体处罚措施，那么用户的权益保护有可能难以落实到位。因此，应该进一步明确数字经济各方的权利和义务，规范行业发展和市场秩序，为数字经济可持续发展奠定基础。

---

① 张星炜. 良法是善治之前提[J]. 理论与改革，2014，（6）：11-12.

2. 完善司法救济体系

随着掌上经济的深入发展，网络广告用户在维权上面临着诸多困境，尤其是用户的诉讼权如何真正有效得以保护和实行。目前用户过度依赖正规法律途径而忽略私力救济，致使私力救济制度设计不完善、不合理，与现实有较大脱节，用户利用民事诉讼方式维权存在众多难点[①]，应当通过完善司法救济体系旗帜鲜明地保护用户合法权益。

目前，我国法律救济方式主要有行政救济、司法救济、仲裁救济与社会组织救济等方式。由于行政救济的时限及司法救济的标准等问题，当用户一旦遇到侵权需要法律救济时，行政救济与司法救济难以真正及时而有效地发挥作用，而仲裁救济则需要侵权的一方合作，否则就不能达成仲裁协议，所以在实际操作中难以实现。社会组织救济主要由非政府第三方组织开展进行，对于用户来说，消费者协会是比较理想的社会组织，且《消费者权益保护法》中明确规定省级以上消费者协会具有公益诉讼功能。因此，应该推进公益诉讼制度。当用户权益受到侵犯时，可以由消费者协会代表用户提起公益诉讼，进行集体索赔，这样既减少了司法资源浪费，也提高了司法效率，更重要的是用户权益得到及时保护。

3. 建立外部监管体系

任何法律的实施都离不开外部力量的监管。政府各部门理应站在市场的高度，不但要加强对电子商务活动的监管，而且应该部门与部门之间通力合作，形成高效协调的外部监管体系。

首先，以工业和信息化部（以下简称工信部）等主管部门为主体，其他各部门为辅助，形成各部门合作的高效监管体系。工信部的主要职责是保障网络信息安全、推进信息化建设、促进网络资源共建共享等，这决定了工信部在信息安全管理方面的专业性、权威性与宏观性，其是外部监管体系健康运行的有效保障。

其次，外部监管体系的建立，同样需要以相关制度的完善为基础。因此，可以从组织开展新技术安全评估，以及电子商务的市场准入、信息发布的规范、网络交易的各个环节等方面进行相关制度的细则完善，确保数字营销主体的资

① 刘振荣. 新广告法中广告发布者审查义务研究[J]. 东南传播，2018，171（11）：137-139.

质可靠。

最后，可以将社会第三方监督力量和用户纳入外部监管体系中，让这一体系形成一张无形的网，迫使数字营销主体规范自己的行为，否则及时给予严重的惩罚，以营造共同维护良好信用的环境。

（二）构建以平等尊重为核心的伦理秩序

市场经济的基础是公平竞争，其交易法则是自愿、平等与公平。在大数据时代，商家往往在用户不知情的情况下获取用户隐私，又或大平台利用先进技术获取其他企业商业数据，通过数据的处理分析，实现精准营销。任何人（包括自己在内）没有任何理由享有特权，更不应当利用自己的职位在社会资源的分配中谋取私利，尽管短期来看企业发展的态势比较理想，市场比较繁荣，但最终会反噬数字经济的健康发展。因此，构建以平等尊重为核心的伦理秩序是经济可持续性发展的另一重要基石。

第一，数字营销者有意识地提升道德伦理水平，无论是站在自己职业发展的角度，还是站在企业长远发展的角度，没有一定的道德伦理水平，是难以走到一定高度的。因为利用信息的不平等求得短期的利益，终会受到严厉的惩罚。

第二，各大信息平台应该遵从用户意愿，以平等的视角，以尊重的心怀，以服务用户的目的，利用数字技术，最终达到多赢。数据时代理论上是信息共享时代，但实际上获取和利用数据能力的不同，导致了数据的极大不平等。因此，各大信息平台不能为虎作伥，与数字营销者一同损害用户利益。

第三，用户提高自我信息保护能力与道德伦理水平。一些用户自我保护能力较差，任何时候不加辨别，就注册自己个人信息，造成信息外泄。有的用户则是道德伦理意识较低，随个人喜好而肆意点评，更有甚者为不良商家充当水军，发出虚假点评来迷惑其他用户。因此，在构建平等尊重的伦理秩序过程中，离不开用户自我信息保护意识与道德水平的提高。

（三）提升数字营销从业人员职业素养

数字营销利用信息的不对称诱导了用户，侵犯了用户的个人隐私，也干扰了市场的正常运行。所以，不仅要从伦理上下功夫，还要从数字营销从业人员职业素养上做文章。

从社会学的角度看数据鸿沟导致了人的不平等，从伦理的角度上看缺失的是对用户的尊重。

其一，提高进入数字营销行业的入门门槛。数字营销是一门包罗万象的科学，它包括了社会学、营销学、计算机科学和心理学，所以数字营销从业人员的职业素养显得尤为重要。目前，数字营销从业人员门槛较低，一些从业人员没有养成良好的职业素养，在利益面前无法守住职业操守。实际上，这种行为无异于饮鸩止渴。企业应站在长远发展的高度，提高数字营销从业人员的职业门槛。

其二，建立科学的人力资源管理制度，重视员工培训课程内容设置，既要有营销方法，也要有营销道德。将诚信教育纳入数字营销从业人员员工培训内容，使其逐步养成诚信习惯。通过企业文化的建设，让企业文化浸润员工的心。这样既能增强员工的归属感，又能使从业人员真正从内心理解、接受行为准则和道德规范。

其三，高等院校在制订人才培养方案时，不仅注重专业能力的培养，也要重视营销伦理道德的提升。因此，在营销人员培养方案上要认真落实营销伦理教育，从而提升数字营销从业人员职业素养。

第三章 数字营销人的伦理素养与伦理决策

2021年1月全棉时代因短视频上一则广告引起了网民的愤怒[①]。广告内容是一个歹徒尾随一位下班的年轻美女，美女急中生智，拿出全棉时代卸妆棉，并且迅速地卸了妆。当歹徒追上美女时，美女把头一扭，歹徒发现自己尾随的美女竟然是一个长相一般的男生，瞬间呕吐，并且放过了美女。该广告创意虽然一再强调是突出商品的清洁功能，但明显物化丑化女性，美化犯罪。引起了中国妇女报的批评，全棉时代立马删掉创意视频，并发布道歉声明，但歉意没有说一句对不起，又引起网友的评论，甚至有网友评论说再也不会购买全棉时代的产品了。由于评论基本上是负面的，以致全棉时代不得不关闭用户评论功能，这种触犯社会伦理底线的事件无疑破坏了全棉时代的品牌形象。

第一节 数字营销人伦理素养的构成

2020年，京东金融被网友骂上了热搜[②]。原因是京东金融的一则视频广告公然歧视农民，广告中一个农民因为想要请空姐帮忙开窗或换座因没有钱而被歧视，于是农民使用了京东金融贷款便成功升舱。广告想要表达出京东金融的便利性，

---

① 胡华成. 少见！全棉时代恶俗广告不仅侮辱了女性形象，也侮辱了男性形象[EB/OL]. https://www.163.com/dy/article/FVTNAQ1K05119596.html，2021-01-09.

② 腾讯网. 京东金融因借贷广告被骂上热搜[EB/OL]. https://new.qq.com/rain/a/20201218A0GG9P00，2020-12-18.

但内容强调的却是没有钱会遭到空姐的嫌弃，无疑从一个侧面透露出企业缺少社会责任感和健康的价值观。这种夸张的营销手法传播了一种扭曲价值观，不仅引起网友的反感，也引起了新华网的关注。最后，京东集团两次公开道歉，承认视频内容存在严重的价值观问题，强调要加强团队管理，要从团队文化根源上找问题，并对相关人员进行处理。京东集团诚恳的态度和积极的处理措施，顺利渡过了这场危机。

全棉时代与京东集团这种营销方式显然挑战了社会基本伦理。伦理是验证社会或自身道德标准的准则，以性别或社会阶层的歧视来突出商品的某种特性，既不合理，也不合情。作为大品牌进行营销手段创新无可厚非，但违背基本人伦，显然是企业考虑欠周全。企业行为与企业相关决策人的伦理修养密切相关，京东集团对相关人员的处理更加印证了这一点。

数字营销人进行营销决策时或多或少会受他自身伦理素养的影响，其伦理素养的高低与否影响品牌营销能力的高低。数字营销人伦理素养的养成受到多方面的影响，既有社会的，也有组织团队的；既有经济的，也有文化的。总的来看，数字营销人伦理素养主要由职业素养、内在修养和个人品德三个因素构成。

一、数字营销人的职业素养

任何职业都有对从业者相应的职业要求，职业素养则是从业者必不可少的一门必修课。作为从业者内在的一种行为规范，职业素养是在职人员在从业过程中体现出来的综合品质，主要包括职业信念与精神、职业知识技能及职业行为习惯。因此，职业素养既是从业者在社会活动中必须遵守的基本行为规范，也是衡量从业者职业能力的重要标志。一个从业者只有具备了真正的职业素养，才能在职场中熠熠生辉，因为职业素养是职场人职业生涯成败的关键因素，所以一个成功的数字营销人必须具备优秀的职业素养。

（一）职业信念与精神

人民有信仰，国家才有力量；个人有信念，人生才有方向。职业认识常变，而职业信念一旦形成则很难改变。职业信念是指个体确信自己所追求的目的是正确的，并愿意以此作为自己的行为指南，不因职业改变而改变。职业精神是职业人员在长期实践工作过程中，逐步养成的具有自身职业特征的精神与操守，是评价从业者职业使命感与职业道德的准则。职业信念与精神的建立离不开相关行业的具体实践活动，同时又广泛吸取人类积累的智慧及经验，并进一步影响着职业实践。因此，现代企业核心竞争力的大小，在很大程度上取决于员工的职业信念与精神。职业信念与精神内涵十分丰富，其中最主要的包括敬业行为、责任意识与职业道德。

1. 敬业行为

敬业是职业信念的首要实践内涵，一个人有了敬业精神，那么就能在工作中碰到问题时付出最大努力去解决。因为敬业就是指从业者对自己所从事的职业发自内心的尊敬和热爱。敬业是中华民族的传统美德，中华民族历来有“敬业乐群”“忠于职守”的理念。早在春秋时期，孔子就说过“执事敬”“事思敬”“修己以敬”等话语，主张人在一生中始终要勤奋、刻苦，为事业尽心尽力。数字营销人在开发市场过程中，往往会遇到许多难题，唯有敬业精神，才能迎难而上，不断克服困难，强烈的使命感促使其挖掘自己的潜力去完成，最终定会提升自己，成就自己。

在 40 度左右的高温天气下，京东物流庞大的系统依旧在运转着，京东快递小哥也没有停歇继续送着快递。因为这样的敬业行为，京东快递小哥受到了新华日报的赞扬，其中被赞扬的柏骏就是一个典型的例子。炎炎烈日下柏骏坚持准时送包裹，交通不便时徒步也要将饮料和水送到景区，这都只是柏骏日常工作的一个缩影。柏骏的敬业精神感动了用户，有的用户会给柏骏送水和饮料[①]。这就是用户对京东快递小哥和京东的肯定。正是由于有了像柏骏这样敬业的京东人的坚守，京东才迎来了用户的信任，京东品牌特有的温度感才得到了传播。

2. 责任意识

责任意识也是职业信念的重要组成部分，这种意识不仅要求营销人员对企业

---

① 互联网速讯. 对得住用户的信任，在高温下坚守岗位的京东小哥，被新华日报点赞[EB/OL]. https://www.sohu.com/a/243502469_100173298，2018-07-26.

负责，也要求对用户负责。数字营销人员在开发市场过程会遇到许多难题，同时也面临着各种诱惑，尤其是利润的诱惑。如果数字营销人没有责任意识，那么在利润的诱惑下，做出对用户不负责任的行为也不足为奇。例如，进行虚假宣传，诱导用户做出错误选择。当用户权益受到严重侵害时，就容易失去用户的信任，引发 “柠檬市场”效应，最终企业利益也难以得到保障。如果营销人员责任意识强，那么就能够自觉遵守职业道德的相关要求，有利于营造良好的市场秩序，促进商品流通，促使企业的可持续发展。

3. 职业道德

作为社会主义道德体系中的一部分，职业道德是从业者在职业活动过程中应该遵守的行为准则，从业者必须学习和遵从，并将它变成自己职业发展的重要内容和目标。在数字经济时代，在巨大的利益诱惑面前，数字营销人更应注重学习职业道德，提高自己的职业道德水平，否则一旦陷入社会道德伦理困境，就会给自己和企业带来不可预知的后果。因此，数字营销人在市场运作过程中应遵守职业道德，正确处理顾客、供应商、中间商、竞争者等利益相关者之间相互关系。

企业在发展过程中，一方面，从企业文化建设的高度注重职业道德建设，形成良好的职业道德建设氛围，潜移默化地培养数字营销人的职业道德意识；另一方面，注重团队建设，将职业道德意识贯穿于每个团队建设，使职业道德正作用于数字营销人的市场开拓。当然，职业道德培养是一个复杂的系统工程，仅依靠企业的力量是难以完成的，还需要整个良好社会竞争环境的形成，当然也离不开人才培养单位对职业道德教育的重视。

（二）职业知识技能

职业知识技能是职业素养最重要的组成部分，是从业者应该具备的专业知识和能力。没有专业的职业知识技能，职业素养就无从谈起。数字营销人没有过硬的市场专业知识，没有精湛的数字营销技能，根本无法适应市场与客户的需求，最终被市场所淘汰。一般来说，数字营销人的职业知识技能主要包括专业理论知识、沟通协作能力与市场开拓能力。

1. 专业理论知识

随着市场的规范化、法治化，如何更好地适应复杂多变的市场环境，在竞争中求得生存。一个优秀的营销从业者，应该不断地进行专业理论知识提升，不断地掌握新知识、研究新情况、分析新矛盾、解决新问题，必须坚持不懈地关注行业的发展动态及未来的趋势走向，才能更好地认识和把握市场，从而赢得先机。

数字营销人时刻面对市场内外部的各种变化，而与之相应的新知识、新技能层出不穷，这意味着数字营销人需要不断地增强相关理论知识的学习，既要学习营销理论知识，又要学习营销实践案例，同时还应涉猎人文社会等方面的知识。通过专业理论知识的不断储备与更新，数字营销人不断提高自己的数据分析能力与营销策划能力，而这些能力的获取就需要数字营销人不断地学习，学习能力强的数字营销人员就能够在数字营销策划市场赢得一席之地。被称为“雷布斯”的雷军，能够重新定义互联网思维，建立互联网模式，离不开他的“饥饿营销”，而这种营销策略明显是从乔布斯那里学习的成果，并且发扬光大，成为营销界一个经典的“拿来主义”案例。

2. 沟通协作能力

市场经济是广泛的交往经济，离不开与各种类型的人或单位合作，任何一个企业家背后都有一个强大的智囊团，是一个团队，而不是某一个人。在数字营销工作中，沟通协作能力是非常重要的能力，数字营销工作中很多问题能否得到圆满解决，往往取决于沟通协作的效果。沟通得好不好，协作的效果如何，沟通协作能力起着关键的作用。数字营销人能够与客户准确、及时地沟通，才更容易建立起人际关系，进而使得自己在事业上如虎添翼，最终取得成功。

数字营销人在沟通过程会遇到各种难题，如难以说服无理取闹的广告主，数字营销人一定要有良好的心态才能去面对问题，进而想办法解决问题。如果客户拒绝，营销人在客户面前表现出自己的风度，做好情绪管理。因为情绪具有很强的带动性，在很大程度上会影响客户最终的决定，良好的心态有利于营销最终的结果向数字营销人内心期待的方向发展，所以具有良好心态的数字营销人更容易发挥自身潜力取得更大的机会。乔·吉拉德说：“当客户拒绝我七次后，我才有点相信客户可能不会买，但是我还要再试三次，我每个客户至少试十次。”[①]乔·吉拉德的成功固然离不开天时地利，离不开种种机遇，但更离不开他的良好心态。

3. 市场开拓能力

企业在发展过程中尽管要兼顾社会效益，但不可否认的是盈利是其最重要的目的，所以企业的一切活动基本上都围绕着企业经济效益来展开。市场开拓力的强弱与否直接影响到企业盈利的多少。作为市场开拓的领路人，企业营销人通过不同的营销方式将企业的产品推销出去，企业才得以生存发展。市场开拓能力是从业人员职业素养综合能力的重要体现。市场开拓能力强的数字营销人具有敏锐的市场洞察力，洞悉需求，为企业提供准确的、较全面的市场信息，引导企业发展具有市场前景的项目。数字营销人要充分利用已有条件，不断提高自己的市场开拓能力，企业也应该注重培养营销骨干队伍建设，形成企业数字营销人才队伍体系，调动其积极性、主动性和创造性，提高数字营销人的综合素质，以保证企业在市场竞争中立于不败之地。

（三）职业行为习惯

职业素养还表现为良好的职业行为习惯。美国理财专家考利用了 5 年时间对美国的富人和穷人的日常行为与习惯进行调查，他发现富人和穷人很大的一个差异是习惯[②]。逐渐养成而不易改变的行为即习惯，爱默生曾说过，习惯是一个人思想与行为的领导者。习惯与人类的思维活动及认知过程密切关联。行为习惯是指通过高频重复的奖励习得，在记忆中形成的情境与反应之间的内隐联结。作为一种特殊的内隐记忆系统，行为习惯具有自动化特征[③]。职业素养是从业人员在后天学习和劳动过程中形成的职业道德与行为习惯，它一旦形成，便会产生相对的稳定性。因此，良好的职业行为习惯有助于数字营销人高效率、高质量完成工作。

---

① 吉拉德 J. 推销之神全集[M]. 刘树林译. 北京：中国发展出版社，2012：56-57.

② 搜狐网. 比尔盖茨、马云每天坚持 5 个“富有的习惯”，做到你离成功不远！[EB/OL]. https://www.sohu.com/a/209080212_449904，2017-12-06.

③ 杜立婷. 公共政策情境中行为习惯的形成机制与培养策略[J]. 心理科学进展，2020，(7)：1209-1218.

二、数字营销人的内在修养

现代人比较注重礼仪的外在规范，而往往忽略内在修养的养成。职业的属性决定了对从业者的能力、气质、人格等的要求[①]。气质既是一种内在修养，也是一种内在的人格魅力，数字营销人的能力是其气质和人格的外在体现。气质往往通过一个人对待生活与工作的态度、待人接物、言行举止等形式表现出来。人格魅力则主要体现在社会个体对真善美的追求上，本质上是心性修养和自我的不断完善。

著名管理学大师汤姆·彼得斯曾说："世纪的工作生存法则，就是建立个人品牌。"[②]在推崇个性的时代，现代人的职业追求不再是单纯地从事一份职业，而是要打造属于自己个人 IP，即个人品牌。个人品牌因其个性化特征而形成不可复制的竞争优势，而这种个性化的内核则是职场人士内在修养的外在体现，这决定了个人品牌不但是完胜职场的无形资本，而且也是职业发展的助推器。因此，个人品牌的构建主要有赖于从业人员的内在修养，如马云的个性化魅力就在于其个人的内在修养。数字营销市场竞争激烈，数字营销人只有不断通过内在修养的提升构成自己市场竞争的无形资本，进而获取自己应有的市场。当然，如果数字营销人不注重个人修养，可能不经意的一个举措而丧失客户的信任。

内在修养是一个人综合能力与素质的体现，是一种内在力量。它以仪态上、言语上、气质上自然而然地呈现，给人以美好的感受与印象。良好的内在修养最能体现一个人的品位与价值；修养是智慧、善良与知识所表现出来的一种美德。市场经济把每个人都推向市场，利益驱动越来越影响人与人之间的关系，内在修养高的人更能够感染与影响他人，赢得良好的印象，促进沟通协作顺利进行，所以数字营销人应该不断地提升内在修养，以及自己的人格魅力。内在修养主要包括思想修为、认知水平及综合素质。

1. 思想修为

个人内在修养的高低取决于自身思想修为的高低。修为原指佛教中通过修炼

---

① 刘华. 以职业素养培育为核心构建高职生德育新模式[J]. 价值工程，2015，(2)：254-255.

② 张娟. 浅谈职业经理人个人品牌的打造[J]. 商场现代化，2007，(1)：180-181.

之后所达到的境界，现多侧重于指一个人的思想道德境界，包括看待问题的广度和深度。“修身、齐家、治国、平天下”是中国古代圣贤智慧的结晶，讲究情操修养，是中华民族的优良传统。人的思想修为在于日常，在于平时，在于生活的点滴，所以思想修为体现在个人的思想行为、言语情感和每天的点点滴滴方面。因此，思想修为体现了个人的素质、品质及内涵。

在某种程度上，思想修为的高度决定了自身的思想发展水平。数字经济时代，各种道德陷阱层出不穷，数字营销人如何看待和处理取决于自身的思想修为。营销的最高境界不仅是把产品销售出去，更重要的是要把自己销售出去。当用户被营销人的思想修为所折服时，用户对品牌的忠诚度就形成了。因此，思想修为高的数字营销人在营销过程中既为自己和企业创造价值，同时也为社会创造价值，实现多赢。

2. 认知水平

思想修为负责数字营销人的道德伦理方向，认知水平则为数字营销人的营销实践保驾护航。认知水平是指社会个体在社会活动中对信息的处理能力，主要包括专注力、判断能力、思维能力、记忆力等。认知水平的不同决定了每个人的职业发展潜力的不同。认知水平不同的人，面对市场的同一问题，所做出的判断与决策都不同，结果自然也不同。数字营销人面对复杂多变的市场，每天都会面临不同的问题，如何认识与解决这些问题，直接考验数字营销人的认知能力。认知水平影响决策方向，而这直接或间接地影响着市场竞争的成败。

在企业转型升级的过程中，对技术创新的认知不同，企业的发展方向也不同。董明珠认为，当今企业转型并不是因为生存不下去而进行的简单转型，而是向“中国制造”“强国之梦”方向的转型[①]。的确，企业只有掌握核心技术，才能制造出更好的产品，才能带给用户更好的服务与体验，才能真正为企业的长远发展提供源源不断的动力。2020 年 6 月 1 日，董明珠的第四次直播带货，一晚上卖了 65.4 亿元[②]，格力这次直播的战果，很好地说明了格力的市场地位，也反映了用户对其

① 新华网. 董明珠：掌握核心科技 需要每个人都有工匠精神[EB/OL]. http://www.xinhuanet.com/politics/2017lh/talking/2017030716/index.htm，2017-03-07.

② 搜狐网. 66 岁董明珠直播带货 65 亿：厉害的男女，都是雌雄同体[EB/OL]. https://www.sohu.com/a/417789172_225077，2020-09-11.

核心技术的认可。

3. 综合素质

在市场竞争中，从职业发展来看，数字营销人既要受正确思想的引导和道德法律的约束，又要通过不断的学习，提高自己的认知水平；同时还需要在市场活动中依法办事，合理作为，而这些行为的实践与完成都离不开数字营销人个人的综合素质。综合素质是指社会个体的内部涵养和外在能力的综合体现，主要包括道德修养、专业知识、身体与心理素质及适应能力。对数字营销人而言，综合素质是指其是否能够运用系统的理论、市场营销手段科学地对市场活动情况做出正确的分析与评价，从而指导整个营销活动的顺利进行。

作为当今世界上最强的公司之一，苹果总是让人想起其创始人乔布斯。乔布斯之所以能够让苹果起死回生，离不开他对市场超前的洞察力，开发触屏产品；离不开他对用户需求理解与引导力，采取差异化战略和饥饿营销，在全球形成果粉，成为后继者学习的典范；离不开他对产品细节的卓越追求，当然也离不开他的营销团队。这些无不说明乔布斯拥有超强的综合素质，善于利用市场营销手段科学地对市场活动情况做出正确的分析与评价，从而指导整个营销活动的顺利进行。人们都说乔布斯之后无苹果，但在 2019 年库克领导下的苹果，取得了令人赞叹的成绩，股价上涨幅度达到一倍多，到 2020 年的 1 月，苹果市值达到了惊人的 1.4 万亿美元[①]。与乔布斯不同，库克采取多元化战略。苹果的多元化战略，反映的是当下的大环境和大趋势，这刚好证明了库克有自己的市场判断力和综合素质。

三、数字营销人的个人品德

亚当·斯密在《国富论》中率先提出“经济人”这一概念，并认为“经济人”的首要目的是追求经济利益，交易唤起的是利己之心，而非利他之心[②]。“道德人”概念源自亚当·斯密的《道德情操论》，他在这本著作中提出人具有同情心、正义

① 腾讯网. 通过大家的共同努力，苹果公司市值达到 1.4 万亿，投资者非常乐观[EB/OL]. https://new.qq.com/rain/a/20200612A07ZA100，2020-06-12.

② 斯密 A. 国富论[M]. 2 版. 胡长明译. 重庆：重庆出版集团，重庆出版社，2015：11.

感（合宜感）、行为的利他主义倾向[①]，后来发展成为“道德人”这一理论，用来解释人类社会赖以生存发展的基础。就其抽象概念而言，二者差异明显表现在价值取向上，所以从亚当·斯密之后，人们一直探索如何将“经济人”与“道德人”和谐地统一于个体身上。马克思主义认为，经济基础决定上层建筑，上层建筑反作用于经济基础。因此，“经济人”与“道德人”在本质上是对立统一的，二者统一于人们所处的社会关系本身。个体的任何行为都不可能是孤立的，它都产生于一定的社会关系当中，这本身就蕴含着伦理道德，或者说个体行为在一定程度上都是对社会道德规范做出某种反应。数字营销人在市场活动中如何调和二者的关系，很大程度上取决于个人品德水平。

作为社会道德伦理建设的重要组成部分，个人品德是指通过长期的社会道德原则、社会道德教育和个体自觉道德修养实践而形成的一种稳定的心理状态和行为习惯[②]。当社会道德要求同个人品德相结合时，才会转变为现实的道德力量，在这个过程中品德认知发挥了关键作用。品德认知是一个从无到有的实践过程，通过不断的学习形成自己对道德的认知，逐步形成自己的道德判断，明白什么是真正的品德并付诸实践，从而赢得更好的道德声誉。

外部环境对个人品德的提升具有重要作用，个人品德源于社会实践，个人品德的提升也离不开社会实践。因此，个人品德提升的过程也是能动地作用于社会道德的过程，它能够为社会道德的发展进步创造条件、提供动力。数字营销人个人品德水平的提升离不开企业的道德伦理建设，也离不开社会环境及学校的教育。

第二节　数字营销伦理决策

数字营销伦理是应用伦理学的一种形式，必然包含对道德规范和价值观的分析，其中主要涉及制度伦理问题分析、企业伦理问题分析和个人伦理问题分析。制度伦理问题是关于企业所处的大环境问题，如政治、经济、文化、法律等其他

① 斯密 A. 道德情操论[M]. 许丽芹，饶凯宾，杜雪丽译. 北京：中国纺织出版社，2020：2-19.

② 张会萍，饶洪，孟献峰，等. 简论个人品德在医德教育中的作用[J]. 学校党建与思想教育，2016，（23）：90-92.

外部问题。企业伦理问题是关于特定组织的伦理问题，包括关于活动、政策、实践等组织结构问题。个人伦理问题是与公司中特定个人及其行为、决定有关的伦理问题，包括决定、行为与个性等的伦理问题[①]。由此可见，数字营销伦理决策是一个涉及道德情感、公正公平的决策，并且这一决策受到多方面因素的影响。

一、影响数字营销伦理决策的因素

数字营销伦理决策牵涉到多方面、多层次的复杂关系，其中包括利益相关者、社会与政府等，数字营销伦理决策过程既复杂又重要。决策过程是决策主体从伦理问题认知、伦理问题判断、伦理意图建立到伦理行为产生的一系列过程[②]。可见，数字营销伦理决策在这个复杂的过程中，并非由单一因素或维度构成，影响数字营销伦理决策的因素有个体因素、组织因素和环境因素。

（一）个体因素对数字营销伦理决策的影响

亚里士多德认为一个人的外在行为是其内在品格的反射，科尔伯格的道德认知发展过程理论则认为，个体的道德认知具有阶段性，不同阶段的道德认知直接影响个体的外在行为表现。同样，在数字营销伦理决策过程中，数字营销人的道德认知发展阶段必然影响决策过程中的伦理判断和最终的伦理实践。个体差异决定对伦理认同的不同，自然影响着决策过程中的伦理判断和最终的伦理行为。个体差异影响个体因素，个体因素主要包括价值观、教育与职业、道德认知发展阶段。

1. 价值观

价值观，通俗地讲就是社会个体的行为准则和选择标准。价值观具有稳定性，一旦形成很难改变，并且影响社会个体在社会活动中表现出的一种稳定的好恶态度。所以价值观对个体行为具有重要的影响，在个人认知系统中价值观具有较为核心的位置。当个人主义信仰者面对伦理两难困境时，倾向做出符合自己利益的行为，而选择性地忽视社会道德伦理，而信仰功利主义和忽视道德原则的人倾向

---

① 贝拉斯克斯 M G. 商业伦理：概念与案例[M]. 刘刚，程熙镕译. 北京：中国人民大学出版社，2013：13.

② 何景涛. 考虑受众特征的企业伦理决策范式研究[J]. 企业研究，2018，(10)：55-58.

做出不符合社会道德伦理的行为。如果一个企业或管理者以人为本取向，会更倾向做出合乎社会道德伦理的决策，其社会实践就不会违背社会道德，而以结果为导向的企业或者管理者则更多地会为了实现自己的目的，使用多种手段，甚至是不道德或违法的手段。

2. 教育与职业

价值观的形成与其教育、职业或工作经验关系密不可分。因此，教育、职业和工作经验影响伦理决策。一个受过高等教育的决策人，环保意识比较高，很容易做出环境友好的决策；一个受教育程度较低的决策人，环保意识不强，很容易做出有利于自己的决策，而对于环境友好方面就可能缺少考虑。另外，公众对企业伦理水平的期望也主要由社会富裕程度和公众受教育水平共同决定①。可见，个体的教育、职业和工作经验在伦理决策过程中扮演着十分重要的角色。随着经济的繁荣，教育发展起来。受教育水平越高，人们对生活质量的期望越高，对企业伦理水平的期望也就越高，所以加强教育是提高数字营销伦理的一个重要途径。

3. 道德认知发展阶段

道德发展的过程是个体通过不断的学习和实践的过程，随着个体成长与学习，自我的道德认知判断能力也会随之不断变化和提高。这种机制具体表现为当个体面对道德认知冲突时，道德发展水平层次越高的个体，越能摆脱伦理困境的束缚，按照自己的道德原则思考和行事②。美国心理学家科尔伯格将个人道德发展水平明确分为三个层次。

第一个层次是道德成规前期。在这期间，孩子可以使用善与恶、好与坏的标签，但是善与恶、好与坏都是依据行为带来的快乐、痛苦或权威人物的要求来判断的。在这个层次上孩子主要从自己的观点看待情况，他的首要动机是以自我为中心的。道德判断标准取决于外在的需求，具体而言，取决于个体行为的具体结果，以及具体结果与自身利害关系，个体自己没有内在的道德标准。

第二个层次是道德成规期。在这个时期，稍年长的孩子或稍年幼的少年会依

---

① 李静. 企业伦理经济性的决策模型[J]. 统计与决策，2005，(22)：151-153.

② 科尔伯格 L. 道德发展心理学：道德阶段的本质与确证[M]. 郭本禹，何谨，黄小丹，等译. 上海：华东师范大学出版社，2004：35-37.

据家庭、同伴或社会的传统标准审视道德对或错。这个阶段的年轻人，不再以自我为中心，其行为遵循来自家庭、学校或社会的各种规则和标准。个体开始逐步地理解这些道德标准与规则，认同自己的社会角色，不但接受自己群体的价值观和规范，而且能遵从所处社会的各项法律和规定，还有能力采用群体中其他相似人群的观点。

第三个层次是道德成规后期。这个阶段个体不再简单地接受自己群体的价值观和规范。相反，个体尽量从一个公正的视角审视对与错，将每个人的利益考虑进来。人们会质疑自己的法律认知和价值观，依据他相信的任何理性人都公正的道德原则来判断这些法律和价值观。个体通过对指导自身行为的道德准则进行理性的分析与阐释规范自己的行为，这种规范是一种社会成员的内在约束，不是外力强制的结果。

个体道德认知发展水平高低直接影响预测伦理认知、伦理判断与伦理意向的有效性。个体的道德认知发展阶段越高，个体自我强度越高、环境依赖程度越低，越坚信内部控制论，其在进行伦理决策时会保持较高的连续性和相关性，更倾向做出合乎伦理的行为[①]。反之，则会倾向做出不合乎伦理的行为。这就是为什么面对同样的问题，不同的人会做出不一样的选择。

（二）组织因素对数字营销伦理决策的影响

作为一个由人力资本、组织资本和社会资本要素构成的系统，组织因其在社会发展中扮演角色的重要性，其社会责任日益受到社会的重视，组织伦理自然就成了社会关注的一个焦点。作为组织社会资本中的重要组成部分，组织伦理是指组织以合法手段从事赢利活动，处理组织内外关系时所应自觉遵守的道德行为原则和伦理规范[②]。组织伦理决策受到组织伦理环境的影响，其中组织伦理气氛是其重要的变量之一。组织伦理气氛有助于管理者制定适当的伦理规则来管理组织成员的伦理行为，帮助管理者塑造特定类型的组织伦理气氛[②]。因此，数字营销伦理的健康发展离不开良好的组织伦理气氛，而相关保障机制的建立有助于营造良好

① 耿帮才，刘英为. 中国企业伦理决策理论与实践机制探讨[J]. 现代商贸工业，2017，(13)：104-106.

② 王雁飞，朱瑜. 组织伦理气氛的理论与研究[J]. 心理科学进展，2006，(2)：300-308.

的组织伦理气氛。

1. 建立组织伦理气氛保障机制

员工伦理行为最容易受到组织伦理气氛的影响，因为组织伦理气氛促成员工对组织伦理程序与政策的认知，进而影响其伦理行为。因此，良好的组织伦理气氛的营造显得尤其重要。组织伦理气氛保障机制需要从以下几个方面着手。

首先，企业设立组织伦理机构。随着组织伦理在企业发展中越来越重要，甚至成为市场竞争制胜的又一法宝，所以机构应该聘请专业人士。一方面定期考察组织伦理气氛的变化，有针对性地采取相关对策；另一方面注意组织舆论导向与强化机制的建立，使组织伦理气氛形成合力，在组织成员中形成普遍的共识，以保证组织高度的凝聚力和战斗力，从而赢得市场。

其次，围绕伦理气氛制定相关政策与措施，以保证良好组织伦理气氛的形成。市场竞争的日益加剧，组织环境的复杂多变，现实对组织的灵活性、创新性不断提出新的要求，科学合理的组织管理政策无疑有利于管理者道德行为的产生。因为组织伦理准则、伦理文化、组织规模、组织制度等影响组织的模糊性，模糊性越小的组织结构越能产生合乎伦理的行为，因此，应该制定科学合理的规则和制度以降低组织结构的模糊性，最大限度减少员工的不合理行为，加强企业组织伦理控制能力和承受风险与冲突的能力。

最后，结合员工伦理行为来完善结果导向的绩效评估和激励机制。一方面，建立不同层次的组织伦理气氛，提高员工整体伦理素质；另一方面，重视伦理行为过程及伦理问题处理技巧的考察，做到以人为本，提高员工参与组织伦理气氛营造的积极性。

2. 加强员工道德伦理教育

组织伦理气氛保障机制的建立，从宏观架构上有助于良好组织伦理气氛的营造，但是也不能忽视员工的个人主观能动性。企业通过相关机制，设置专门的伦理道德教育课程，要求全体员工学习，加强员工道德伦理教育，使员工意识到伦理建设的重要性。员工在教育的引导下，会意识到道德伦理水平的提高，不仅关乎企业的发展，也与自身的利益紧密相关，员工的积极性就会被激发，会主动地接受企业的伦理规范。另外，组织领导者是组织伦理政策与规范的主要倡导者和身体力行者，应该发挥模范与榜样的作用，这样有助于营造良好的组织伦理气氛。

3. 加强企业文化建设

企业文化是企业持续发展的动力源泉。加强企业文化建设，用先进文化理念和价值观念教育人、鼓舞人，激发员工热情，发挥企业凝聚力，营造企业和谐氛围，促进企业健康发展；尤其将企业文化与社会公益事业联系起来，将有助于良好组织伦理气氛的形成[①]。良好的组织伦理气氛有利于激发员工的工作热情。作为华为的“管理大纲”，《华为基本法》凝聚了任正非管理思想的精髓，从企业的生存空间、发展方向、生存之道、做事方式四个方面展现了华为的价值体系[②]。以客户为中心，保证了华为的品质；以奋斗者为本，保证了华为的创新，正是成功的企业文化建设使华为成为社会效益和经济效益双丰收的典范。因此，加强企业文化建设不但有助于企业组织伦理气氛的营造，而且也助推企业的经济发展。当然，企业文化建设也离不开相关机制与员工的努力。

首先，企业要树立正确的价值观。正确价值观的树立，保证了企业文化方向与社会文化建设目标的一致性，使企业上下形成共同的伦理认知，伦理认知直接影响员工的实践行为。其次，企业要重视员工的文化素质培养。企业文化建设的成果最终要体现在员工的形象上，员工的文化素质直接影响其个人形象。企业重视员工的文化素质培养，一方面，做到定期进行文化素质课程的学习，从理论高度引导员工；另一方面，在人才竞争机制方面将员工的文化素质纳入专业素质考核中去，从实际利益层面促使员工重视自身文化素质。最后，企业要完善管理理念。企业仅意识到文化建设的重要性还不够，还应该从管理层面落实，不能让企业文化建设只停留在口号上。企业完善管理理念，一是保证相关机制的有效运行；二是管理人员要以身作则，发挥榜样的力量；三是组织团队也应发挥文化建设作用。当将企业文化与社会公益事业联系起来时，一直在用实际行动诠释着企业的社会责任和担当，有助于良好组织伦理气氛的形成，也有益于品牌形象的塑造。

---

① 王雁飞，朱瑜. 组织伦理气氛的理论与研究[J]. 心理科学进展，2006，(2)：300-308.

② 搜狐网. 从事业理论到组织管理，解码任正非的《华为基本法》[EB/OL]. https://www.sohu.com/a/331580290_120178806，2019-08-05.

（三）环境因素对数字营销伦理决策的影响

企业所处的环境在不断地变化，企业与环境之间的关系也在不断地变化，企业在发展过程中，必须正确地认识和把握其与环境之间的关系，然后根据这种关系制定相应的经营管理策略①。因此，企业的任何决策都不会凭空臆想，它一定会受到周围环境的影响，数字营销伦理自然不会例外，外部环境是数字营销伦理决策的方向指针之一。

企业存在于社会环境之中，时刻都会受到来自社会环境的影响，企业的社会责任要求企业在提高效率和效益的同时，也必须关注自身行为对社会的影响，回应社会对企业的期望。现在整个社会的环境意识提高，人们对企业决策多了一层期待，希望企业决策能够有助于环境保护。于是数字营销伦理决策时会更愿意倾向从环境方面下功夫，以获取好的社会声望和口碑效应。

作为国内电商巨头之一京东，其成功的主要原因一是能够根据环境变化，向用户提供适当的产品和服务，并不断地满足时刻变化的用户需要；二是企业在不断壮大同时，一直将社会责任牢记在心，并且付诸实践。从产业扶贫到精准扶贫，从女性创业公益联盟到让爱回家，京东一直走在同行的前列，所以京东在赢得市场的同时也赢得了社会声誉。随着社会环保意识的普遍提高，倡导“双碳”目标，引领绿色消费，2021 年 12 月 10 日，麦当劳在英国什罗普郡 Market Drayton 开设了第一家净零碳餐厅②，为其他企业走绿色消费之路提供了有意义的参考。

二、数字营销伦理决策的促进方式

无伦理的商业神话实际上是不存在的，良好的伦理行为与盈利并不相悖，相反，良好的伦理行为是企业发展的源泉。因为伦理行为是企业的最佳长期企业战略③。

世界 500 强的企业之一的默克公司曾经投入巨资开发生产了一种根本不能赚钱的产品，却让很多深受病痛折磨的人们摆脱了痛苦，这是典型的基于企业伦理

① 陈国权. 组织与环境的关系及组织学习[J]. 管理科学学报，2001，(5)：39-49.

② 腾讯网. 麦当劳聚焦可持续包装和零碳排放[EB/OL]. https://new.qq.com/rain/a/20220303A09JCT00，2022-03-03.

③ 贝拉斯克斯 M G. 商业伦理：概念与案例[M]. 刘刚，程熙镕译. 北京：中国人民大学出版社，2013：4-7.

道德的选择，而这种选择显然让默克赢得了更多的不只是声誉的嘉奖[①]。在数字营销时代，数据赋予我们在空前范围内收集、操纵和传播关于用户个人信息的能力。这种能力无疑造成了对用户隐私的侵犯，其错误带来的后果可能是巨大的潜在伤害。因此，促进数字营销伦理决策显得尤其迫切和重要。

（一）加强营销道德规范

营销道德是用来判断企业营销行为正确与否、企业营销活动是否符合用户及社会利益、能否给广大用户带来最大幸福的行为规范[②]。反过来，营销道德会对企业的发展产生重要影响。因为企业的每一种具体的市场营销行为都渗透着营销道德，而营销道德具有非正规形式的规范力量，这种力量能够对企业行为产生重大影响，甚至影响到社会。因此，加强营销道德规范既要发挥社会的力量，也要发挥企业自身的作用。

1. 健全外部约束机制

企业营销道德的决策离不开企业生成的外部环境，营销道德的规范需要一个良好的外部环境，而这些有赖于外部约束机制的健全。2021 年 11 月 1 日，我国开始实施《个人信息保护法》，其在算法伦理、数据使用等方面作了明确的规定[③]，在为数据产业提供具体的合规指引的同时，也促使了企业伦理决策意识的提高。营销道德是调整企业与所有利益相关者之间的关系行为规范的总和，是客观经济规律及法制以外制约企业行为的另一要素。数字营销时代，人们充分享受了有益营销活动所带来的好处，与此同时，一些有悖于伦理行为的数字营销也受到了越来越多的非议。特别是每年的“3・15”晚会，披露了一些企业为了片面追求利润，在营销活动中做出不道德行为，引起社会的强烈不满。尽管“3・15”晚会对一些不合乎营销道德规范的企业起到一定的约束作用，但还是不能从根本上解决营销伦理失范问题，需要从外部健全约束机制。

---

① 贝拉斯克斯 M G. 商业伦理：概念与案例[M]. 刘刚，程熙镕译. 北京：中国人民大学出版社，2013：4-7.

② 刘继贤. 企业营销道德构建[J]. 商业时代・学术评论，2006，(5)：42-43.

③ 中国长安网. 个人信息保护法自 2021 年 11 月 1 日起施行[EB/OL]. http://www.chinapeace.gov.cn/chinapeace/c100007/2021-08/23/content_12527338.shtml，2021-08-23.

外部约束机制的健全离不开相关法律法规的制定，从宏观上净化企业的市场环境和法治环境，为企业的伦理道德建设与实践营造良好的外部环境。同时，加强惩治力度，对不合乎道德伦理的商业行为，应该根据其非法商业所得确定惩治力度，以强有力的方式健全外部约束机制，减少甚至杜绝不符合营销道德规范行为的发生。

2. 强化内部机制约束

企业内部约束机制强化与否影响企业其他经营活动的成败。内部机制约束的强化，意味着企业内部沟通的有效，能及时发现并解决问题，从而为企业带来强有力的竞争优势。因此，企业应该认识到强化内部机制约束的重要性，切实规范营销道德，基于道德优势获取相对于竞争对手的市场优势。

首先，企业应该完善内部管理机制的设计，既要考虑到国家的法律法规，也要兼顾自身发展特点，做到机制设计的权威性与实用性的有机结合。其次，加强内部机制的维护，市场环境变化多端，企业内部机制要根据实际情况及时调整，以适应新的环境，发挥内部机制约束的作用。最后，提高内部机制管理效果，在内部管理过程中杜绝只注重形式，而忽略实质的行为，将员工的伦理行为进行量化，以督促员工的市场行为合乎社会道德伦理，强化数字营销人道德建设，使每个数字营销人都意识到营销道德规范的重要性，以奖惩的方式淘汰不合乎道德规范的员工。例如，京东金融因涉嫌歧视农民的视频广告引起网友的愤怒，京东及时发布诚恳道歉，并处治了相关人员，避免了公关危机的发生，也赢得了网友的谅解。

（二）领导者道德垂范

“才者，德之资也；德者，才之帅也”（《资治通鉴·周纪一》）。古代人们就已充分意识到领导者道德垂范作用。作为企业的决策人和带头人，企业领导者的道德素质对企业的兴衰有着至关重要的作用。许多研究证明，领导风格对员工的绩效、态度、行为等存在很大的影响。任何组织都是一个系统，一旦形成了一定的领导和被领导、管理和被管理的统属关系和各种规范，就对组织中的成员具有约束力和强制力。

不少大企业的发展历程表明，企业的社会责任与营利能力呈正向关系。企业管理者一旦意识到营销道德的重要性，在决策时能考虑到社会责任和伦理选择，那对管理者本身、企业和社会都是有益的[①]。企业领导者价值观对企业管理的作用直接表现在它的价值导向方面，这种导向又会影响企业的文化气氛，形成一种企业共识，正向或反向地激励企业员工行为，所以，领导者道德垂范具有导向功能与激励功能。

1. 导向功能

领导者价值观的作用在企业文化建设、企业变革、企业面临激烈竞争的情景中有突出体现，因为领导者的行为具有道德价值导向功能[②]。其一，领导者在企业管理中处于控制地位，其价值观都蕴含在领导思想与组织架构中，因此领导伦理具有极强的导向和示范功能。其二，领导者是管理战略的设计者、执行者，其伦理垂范实际上就是下属行为的参照，其本身的道德素质对整个经营战略的影响是全局性的。其三，领导者个人价值观往往外化企业的愿景，在厘清自身价值取向及终极追求的基础上，领导者需高瞻远瞩地阐述组织愿景[③]，而这些离不开良好的组织氛围。领导者应该塑造一种公开、公正、公平、坦率并且以工作为导向的组织氛围。领导道德垂范还可当作一种典型形象的树立，可以帮助员工通过身边发生的事例，看到具体的努力方向。因此，明智的领导会自觉地运用领导的伦理规范来约束自己的行为，而这会直接影响到员工的伦理规范，从而规范企业伦理行为。

2. 激励功能

一位具有高尚道德情操和职业素养的领导，就会得到下属的支持和拥护，并在企业内形成相互理解、信任、支持、奋进的良好氛围，增强员工的组织认同度，激发团队力量，激励员工向上发展。因为领导素质越高，下属越容易产生对组织的归属感，从而不断激励员工的工作热情，创造出更多的价值。2020 年在武汉战

① 鲁咏梅. 浅谈伦理道德在企业管理中的作用[J]. 沿海企业与科技，2005，(11)：34-35.

② 刘军，富萍萍，李永娟. 企业家价值观——企业经营的“种子”[C]//中国企业家调查系统. 中国企业家成长与发展报告（1993—2003 年度优秀文集）. 北京：经济科学出版社，2003：335-348.

③ Gaster D R. A framework for visionary leadership[J]. Leadership&Organization Development Journal，1989，(4)：1-21.

疫的关键时刻，马云公益基金会向钟南山院士团队等捐赠 1 亿元资金，用于新冠病毒疫苗的研发；疫情在全球暴发后，马云开始紧急援助，向日本、韩国、伊朗等各国捐赠 100 万只口罩，向欧洲各国捐赠 330 万只口罩和 10 万个病毒检测试剂盒，向非洲 54 国捐赠 600 万只口罩、110 万只试剂盒、6 万套防护服等其他物资，向拉美 24 国捐赠 200 万只口罩和 40 万个试剂盒……[①]在马云的影响下，2020 年阿里巴巴经济体 11 万员工用业余时间参与公益，总时长达 39.9 万小时。其中，阿里巴巴合伙人们全年平均公益时长达 43.89 小时。截至 2020 年 3 月底，阿里巴巴员工累计公益时长已经超过 115 万小时[②]。

一个企业具有良好的道德规范，它背后一定有一个良好道德垂范的企业道德行为体系。一个良好道德垂范的企业道德行为体系的创立，关键因素是要有一个道德品质高的领导者。因为领导者的道德观念在很大程度上影响着企业员工的道德选择；领导者的经营理念不仅影响营销决策的制定，还影响营销决策的实施，所以他们的经营决策往往也代表着企业在经营行为中的道德选择。如果企业领导者的营销道德不规范，片面追求企业利润最大化，不顾及社会及广大消费者的利益，便会将企业利益同社会利益及消费者利益对立起来，短期内可能获得利润，但会阻碍企业的可持续性发展。因此，数字营销时代培育道德型领导者成为企业的重要抉择。一方面，要坚持定期对企业领导人进行道德规范的系统教育，使之不断加深对营销道德规范的要求，提高其营销道德规范意识，营销道德规范意识高的领导应该在企业营销道德强化和实施过程中居于核心的地位。因为领导的道德选择影响员工的道德选择，领导的道德选择决定企业的行为。另一方面，企业要实行制度约束，通过制度机制来确保领导者职业道德规范实施，惩治营销道德不规范的领导，同时嘉奖营销道德规范的领导，在企业中形成良好的道德氛围。

① 搜狐网. 全部是马云个人捐赠！马云公益基金会公开抗疫资金来源[EB/OL]. https://www.sohu.com/a/384057232_120046968，2020-03-29.

② 腾讯网. 5 年前，马云发出“3 小时公益”倡议！如今阿里 11 万员工参与其中！[EB/OL]. https://xw.qq.com/cmsid/20200425A0HATO00，2020-04-25.

（三）企业道德建设

企业道德建设不仅是对其社会责任的回应，也是企业软实力的体现，在本质上是社会主义市场经济的内在要求。企业道德是社会主义伦理道德体系的重要组成部分，企业道德建设自然以社会主义核心价值观为核心，同时兼顾企业发展特点。当前我国企业道德建设缺位的原因大致有两个方面。一是企业自身对道德建设认识不够，仍是以盈利为唯一目的，在企业管理中根本没有意识到道德建设的重要性，企业道德建设往往流于形式。有些企业在管理环节不缺少道德建设，也有企业文化建设，但仅仅是口号，只是做做表面文章，根本没有延伸到员工工作实践中。二是相关的市场道德与法律体系尚未完善。因此，企业道德建设必须有针对性地从这两方面下功夫。

1. 法治建设、道德建设两手都要硬

建章立制，确保企业道德建设具有良好的外部环境，保证企业道德建设的顺利进行。市场经济从本质上说是法治经济，完善健全的法律法规，是保证市场经济正常运用的强制性手段，这是基础性前提。最根本的问题在于，企业道德建设没有跟上，致使不规范竞争带来无序和混乱局面。法律是最低程度的行为规范，如果连违法行为都能够逃脱制裁，那么仅从道德上去约束人的行为显然没有说服力。没有强有力的法律做依托和后盾，企业的伦理道德建设往往流于形式，缺乏实效。因此，政府要推动相关法治建设的完善，同时要健全相关的外部监督机制，将企业道德教育切实落到实处。

2. 提高企业道德建设意识

企业道德建设不仅是社会总体道德建设的一部分，也是企业文化建设的重要组成部分。因此，加强企业道德建设，不但有利于提高社会总体道德水平，而且有利于企业文化建设，形成良好的社会口碑，所以企业加强道德建设既有必要性也有重要性。

企业提高道德建设意识，切实认识到道德建设的重要性，在企业内形成共识，以增强企业的凝聚力，在外则有利于树立良好的企业形象。首先，企业要从文化建设的高度认识到道德建设的重要性，不能只顾眼前利益，而损害了长远发展。其次，企业建立相关机构，做好道德建设量化评估工作，将伦理行为与个人业绩

相挂钩，真正地做到道德建设深入人心。美国企业伦理研究中心所做的一项研究表明，《财富》杂志 500 强榜上 90％的企业都制定了企业伦理准则[①]。最后，提升管理者道德修养。作为企业经营的组织者和领导者，企业管理者是企业道德建设的第一倡导者，管理者的道德面貌不但能影响员工，而且能够影响他们决策的结果。因此，要提升企业管理者的道德素质。

第三节 数字营销人伦理素养在伦理决策中扮演的角色

当年人们问默克公司为什么会投入大量的资金来研究、开发、制造和派送一种不赚钱的药物时，公司的首席执行官伊瓦格罗斯博士回答说，一旦公司怀疑自己的药物可能治愈一种危害人类的严重疾病，唯一合乎道德的选择就是开发这种药[②]。由此可见，在企业内部，伦理道德选择能影响企业的战略决策，而社会的伦理道德也能影响企业的伦理决策。

一、数字营销人伦理素养与伦理决策的相互关系

数字营销时代，尽管数据逐渐成为决策的主导因素，因为它引发的重大思维变革必将深刻改变数字营销人决策的思维，使伦理决策呈现出新的特点，但是数字营销人伦理素养仍旧在发挥它应有的作用，并且这种作用是其他因素难以取代的。作为数字营销人伦理修养的主要外在体现，伦理决策势必反映到数字营销人的伦理素养上。

与普通决策一样，伦理决策也是一种认知性活动，在这一活动过程中受到情感与社会因素的影响，并且决策的形成需要决策者的权衡。与普通决策不同的是，伦理决策主体会为自己的决策进行辩解，因为伦理决策涉及道德情感。伦理决策具有以人为本、社会公正、公共利益至上、决策责任四个方面的科学内涵[③]，所以

① 陈良兵．析企业伦理管理[J]．中外企业文化，2017，（4）：33-35.

② 贝拉斯克斯 M G．商业伦理：概念与案例[M]．刘刚，程熙镕译．北京：中国人民大学出版社，2013：5.

③ 陈翔，陈爱华．伦理决策的科学内涵及其现代价值[J]．云南社会科学，2008，（1）：42-46.

伦理决策过程中价值观直接影响决策主体的情感和行为，促使其做出符合公平与正义的公共决策。在伦理决策过程中决策主体要经过四个阶段的自我对话：一是伦理认知，即决策主体意识到伦理问题的存在；二是伦理判断，即决策主体对可选择的行动方案做出道义评价；三是伦理意图，即决策主体在主观意愿上的选择；四是伦理行为，即决策主体的实施意图，外在表现为道德或者不道德行为。需要注意的是，这四个阶段描述了行为外显前的心理过程，在实际决策中四个阶段并非依次出现，但是伦理决策过程整体上表现为这四个阶段，而且它们之间相互影响[①]。可见，伦理决策包括决策者的伦理判断和伦理评估，它通常是决策者内在的心理活动过程，所以伦理决策的整个过程与数字营销人的伦理素养紧密相关。

当数字营销人的伦理素养水平高时，他会更倾向做出合乎伦理的行为，其伦理决策也会较多地兼顾到社会责任，这种决策的结果必定给营销人或企业带来社会声誉，反过来社会声誉会促使数字营销人更加坚信内部控制论，更容易做出符合道德规范的决策。相反，如果数字营销人伦理素养处于一个较低阶段，他可能更愿意注重眼前的利润，但市场的最终审判会使其意识到伦理素养的重要性，不断向更高规范接近，从而做出合乎伦理的决策。如果忽视伦理在决策过程中作用，并且没有受到相应的惩罚，那么可能使其更愿意坚信自己的决策，而无视社会伦理规范，招来不少仿效者。例如，某家媒体发布虚假广告，没有受到任何惩罚，或者惩罚力度不大，那么大多数媒体都试图发布虚假广告。一旦这成为一种常态，这个市场最终会形成病态，最终受害的还是企业和个人。因此，数字营销人应该在实践中不断地接受教育和主动学习，将伦理道德内化成自觉和自律，不断优化行业环境。

二、数字营销人伦理素养在伦理决策中扮演关键者角色

数字营销环境的复杂，竞争压力的增强，营销方式的变化，商业利润的诱导，使得数字营销人常常陷入伦理困境中。如何走出困境，使决策能够平衡、协调社会矛盾与冲突，关键在于数字营销人的伦理素养，因为数字营销人的伦理素养影

① Rest J R. Moral Development，Advances in Research and Theory[M]. New York：Praeger，1986.

响伦理决策判断。

（一）影响伦理决策判断

伦理决策是企业持续发展的内在需求，具有不可替代的效能。企业伦理决策是企业自己的伦理道德规范，在追求利润的同时，不仅要对利益相关者负责、满足用户需求，遵守政策规定与法律法规，也要满足公众对企业的期望，为社会做贡献和追求更高层次的伦理规范所做出的决定①。数字营销人的伦理素养间接或直接影响企业伦理决策判断。

1. 决定伦理决策走向

市场经济中的企业兼具经济属性与社会属性，换言之，企业既是经济单位，也是社会单位。作为社会单位，企业是一种社会机构，应该承担社会责任，它应该与家庭、教育系统、宗教组织及其他的社会机构合作，帮助改善社会生活和满足社会需要②。同时，作为经济单位，企业则是以创造经济效益为目的的，根据市场需求提供产品及服务来满足外部需求，力求以现有的投入来实现尽可能大的目标③。

企业伦理决策意味着企业的发展方向，根据企业的两种属性，企业伦理决策必须符合两个标准，即事实标准与价值标准④。事实标准，即以经济效益为标准，企业伦理决策若是符合事实标准，则会为企业带来经济效益。价值标准以社会效益为衡量尺度，企业伦理决策如果符合价值标准，则会为企业带来社会效益，有利于社会的可持续性发展。

规范的伦理学理论有两大类，即目的论与义务论。“最大多数人的最大幸福”是目的论的中心内容，通俗地解释就是人的行为道德以行为的结果为尺度；为了德性本身而追求德性是虚伪和荒谬的，除非德性有用并对幸福有所贡献。义务论认为德行应该出自一种义务，一种天性，只有不抱任何目的的道德行为，才是真正的道德，真正的善。直播营销现在是风生火起，各类型直播平台一拥而入，受

---

① 许建. 伦理决策视角下绿色供应链管理的影响因素及其对策研究[J]. 经济论坛，2019，(1)：53-56.

② 卡罗尔 A B，巴克霍尔茨 A K. 企业与社会：伦理与利益相关者管理[M]. 5版. 黄煜平，等译. 北京：机械工业出版社，2004：23.

③ 恩德勒 G，等. 经济伦理学大辞典[M]. 王淼洋，李兆雄，陈泽环译. 上海：上海人民出版社，2001：66-67.

④ 强以华. 企业决策的伦理维度[J]. 决策与信息，2016，(1)：62-67.

到全民追捧，很多平凡人在直播中找到了生活乐趣，通过展示自己的才艺享受到众多粉丝的包围，但直播间中还有很多的虚假信息在扰乱着人们的生活。如果数字营销人持有目的论伦理观，他更注重直播带货的结果，而义务论者则更多地注意到直播里的虚假信息。这两种不同伦理素养的数字营销人在直播营销上就会形成两种不同的看法，自然会影响企业的伦理决策走向。

市场对先知先觉者的回报往往是最丰厚的。数字营销人一直工作在市场最前沿，对市场的反应最为敏感，往往最先注意到市场的呼应。如果数字营销人伦理水平高，会更容易做出合乎伦理道德的决策，或者更愿意向领导进献合乎伦理的决策建议；当市场对这种决策予以高回报时，数字营销人会更加坚定自己的伦理决策走向。一旦数字营销人坚定自己的信念，并且具有较强的个人魅力，那么说服领导的力量会更强，自然会影响到伦理决策的走向。如果数字营销人本身又是企业领导，更会直接影响伦理决策走向。

残酷的竞争现实，使很多人只关注到眼前的经济利益，尤其在数字经济环境下，市场风云变幻，缺乏安全感的人们更是只关心经济利益，而社会效益则早已被抛到九霄云外。因此，在伦理决策过程中，数字营销人的关键地位就突显出来。数字营销人因为面对的是市场，是客户，是用户，故而其伦理决策直接影响企业的道德声誉和伦理走向。当数字营销人进行伦理决策时，按照知识的积累、经验的判断，借助于知识储备、经验积累来开展理性决策的辨析，同时还要进行道德判断。数字营销人在伦理决策中既要考虑到企业的直接利益相关者，包括股东、员工、用户，以及如经销商、代理商及竞争者等与企业有着直接利益关系的主体，还要兼顾社会公众乃至人类本身的长远利益。这就要求数字营销人在进行伦理决策时不能只关注企业的利益，不仅要为经济效益做出积极的贡献，还应对社会效益做出积极的贡献。

2. 促使伦理决策实施

企业伦理决策者通过行为有效影响员工对伦理的感知，影响整个企业伦理[①]，但企业伦理决策的外在表现最直接体现在数字营销人的市场行为上。在数字经济

① 何景涛. 企业伦理特性的形成机理研究[J]. 领导科学，2018,（8）：63-64.

时代，各垂直领域细分明显，数字营销人必须打造品牌 IP，这样才能不易被竞争对手复制模仿。在这一过程中，数字营销人伦理认知和伦理判断直接影响企业伦理决策的最终实施。

数字营销人的伦理素养和伦理行为在很大程度上影响着用户对企业的体验与评论，在口碑经济时代，众口铄金成为现实，所以企业非常重视用户的体验与评论。当数字营销人伦理素养欠缺时，更重视企业短期利润，而忽视企业应该担负的社会伦理责任，必然引起用户的抗议，迫使企业站出来与用户进行沟通，将数字营销人的非伦理行为进行拨乱反正，促使企业伦理决策真正落地实施。当数字营销人伦理素养较高时，在市场活动中会权衡各种因素，主动协调社会冲突，会有意识地推动企业伦理决策的实施，直接表现在营销行为上，而这无疑会迎来用户的好感，从而增加品牌好感度，有利于企业的可持续性发展，企业伦理决策更容易在企业内部形成共识，促使伦理决策有效实施。因此，数字营销人的伦理素养在企业伦理决策当中起着重要作用，所以加强数字营销人伦理素养是企业义不容辞的义务与责任。数字营销人也应该通过学习伦理规范，不断提高自身伦理修养，并不断地强化伦理规范，从而扩大伦理规范对企业行为及决策的影响，使道德约束上升到道德责任与义务层面，促使伦理决策真正落实，从而赢得用户和市场的肯定。

（二）影响伦理决策效果评价

企业伦理决策实施之后，为了保证今后的决策更加科学，必然对决策效果进行评价。作为伦理决策的关键者，数字营销人在伦理决策效果评价过程中仍然起着重要作用。决策效果评价具有主观性、系统性、动态性、多次性、反馈性与模糊性的特点[①]，是对决策实施后接近决策目标的程度及对社会、经济、科技的影响作用进行全面系统地评估，是检查决策成败的关键，是改进决策质量的途径。决策评价的过程就是对事物的一种再认识，认识过程是主观对客观的反映过程，在伦理决策效果评价过程中，数字营销人的伦理素养一定会发挥作用。因此，数字营销决策者的伦理素养还直接影响伦理决策效果评估。

① 曾建勋. 决策效果评价[J]. 科学管理研究，1987，（4）：44-46.

数字营销人所持有的道德伦理观不同，其对决策效果评估的角度也会有所区别。如果数字营销人同时坚持价值标准与事实标准，那么对伦理决策效果评价就不会只看重企业财务报表数字，还会关注到企业的社会责任和伦理道德。这种效果评价方式，不仅有利于企业的发展，也有利于实现社会效益，还有利于社会可持续性发展。如果数字营销人只坚持事实标准，那么在伦理决策效果评价时，一定只在意企业财务报表数字，并且依据财务报表数字进行伦理决策效果评估，就会忽视企业的社会责任和伦理道德，进而阻碍企业的发展。

1. 价值标准评价伦理决策效果

价值标准以社会效益为衡量尺度，重视社会效益，着眼于企业的可持续性发展。这种评判标准明显受义务论影响，因为康德的义务论认为道德法则对人类行为具有绝对的约束力，并称其为绝对责任[①]。事实上，近些年企业越来越意识到履行社会责任的重要性。中国企业评价协会发布《2019 中国企业社会责任 500 优评价报告》及"2019 中国企业社会责任 500 优榜单"。报告评价企业"优"的标准，不以企业资产规模、经营绩效为唯一的核心测评维度，而是注重法律道德、质量安全、能源环境等方面的社会贡献[②]。报告显示，民营企业承担社会责任更加积极。

京东时刻把握住机遇，始终秉承着为利益相关方创造共享价值的理念，京东公益使其成为深受信赖的大公司。2020 年疫情期间，当其他电商平台一季度营收同比增速大幅放缓之际，京东则实现了营收同比增长 21%，与 2019 年同期基本持平。京东不仅业绩取得辉煌，还在一季度收获了 2500 万新增活跃用户数，同比增长高达 4 倍[③]。京东已然成为"经济效益"+"社会效益"双赢示范，可见数字营销人伦理素养对企业伦理决策效果评价的影响。

---

① 乔治 R T. 经济伦理学[M]. 5 版. 李布译. 北京：北京大学出版社，2002：97.

② 创业+. 中国企业社会责任意识提升巨大[EB/OL]. http://shareapp.cyol.com/cmsfile/News/202001/16/web316126.html，2020-01-16.

③ 新浪财经. 京东扛住疫情大考：活跃用户、物流服务收入大幅增长[EB/OL]. http://finance.sina.com.cn/chanjing/cyxw/2020-05-29/doc-iircuyvi5605952.shtml，2020-05-28.

2. 事实标准评价伦理决策效果

事实标准以能为企业带来经济效益为衡量尺度，在很大程度上忽视了企业的社会效益。这种评判标准在本质上显然与功利论一致，因为它以行为结果为唯一评判结果。尽管现在越来越多的企业意识到，KPI（key performance indicator，关键绩效指标）存在诸多的局限性，但 KPI 仍是许多企业绩效考核的一个非常重要的指标，尤其是企业对数字营销人的绩效考核。

成立于 2012 年的字节跳动，在 2018 年经历了史上最集中的监管风暴，因内容低俗和发布虚假广告，被监管部门约谈 20 余次[①]，而恰恰是这一年字节跳动年收入突破 500 亿元人民币，市场估值约达到 750 亿美元[②]，这一年可以说是字节跳动上升最重要的一个关键期。于是便有了在张一鸣的高 KPI 要求之下，狂奔的抖音罔顾基本的企业责任，不得不说是流淌在企业血液中的价值 DNA 的丧失[①]。

3. 双重标准评价伦理决策效果

作为市场行为的主体，企业伦理行为发生动机具有双重性，既有出于自利的内在需求，也有来自公益的外在意图，即企业伦理行为的动力是建立在利己与互惠相平衡的社会功利之上的[③]。因此，企业不能只注重社会效益或只关心经济效益，只以价值标准或事实标准作为衡量伦理决策效果评价的唯一尺度，而是要兼顾事实与价值双重标准评价伦理决策效果。因为企业的生产经营活动在本质上是经济行为，同时也是社会关系中的重要一环，我们应该以合乎社会道德伦理的方式发展经济，在产生经济效益的同时实现社会价值，处理好两者的关系，无疑与数字营销人的伦理素养密切相关。

---

① 搜狐网. 抖音虚假广告满天飞，诈骗频发成行业毒瘤？[EB/OL]. https://www.sohu.com/a/318924804_120050174，2019-06-06.

② 凤凰新闻. 字节跳动 2018 年营收显“颓势”的秘密[EB/OL]. https://ishare.ifeng.com/c/s/7jXZ5NoKjLv，2019-01-17.

③ 潘佳铭，岳跃. 应用伦理学研究[M]. 成都：西南师范大学出版社，2003：73.

第四章　数字营销市场主体的伦理责任

碎片化的市场环境，差异化的消费需求，全新的整合数字营销模式已然取代传统营销模式。任何一次重大的社会变迁都伴随着新的伦理精神的产生，数字营销时代，社会需要新的伦理精神来支撑社会的成功转型和可持续发展。当下最能代表这种新的伦理精神的是责任伦理精神。当代人类社会的基本处境是价值多元，责任伦理是境遇伦理，它以“他者”为逻辑起点，从根本上是面向道德决策和行动的，其目的不是构建一个精致而严密的逻辑体系，而是从境遇出发来解决人类生活面临的道德难题[①]。可见，在数字营销活动过程中，面临数字造假这一问题，参与各方都应该从境遇出发共同承担伦理责任。

第一节　广告主的伦理责任

广告活动是一个复杂的过程，既是对市场需求的反映，也是对社会伦理的回应，看似被动的过程中恰恰通过人的主观能动性来完成。这种主观能动性主要表现在广告活动的参与者利用伦理来实现自己的推销目的方面。广告主为了自身利益有意或无意地暗示广告公司自己想达到某种效果，广告公司或广告媒体为了取得广告主满意的广告效果，针对用户的伦理道德标准选择广告信息，

① 曹刚. 责任伦理：一种新的道德思维[J]. 中国人民大学学报，2013，(2)：70-76.

确定广告主题，利用各种广告表现形式提高广告的劝诱力和推销力，传播消费理念，而用户则根据自己的伦理标准对广告进行褒贬和扬弃，进而延伸到对某一品牌的好恶。

2021 年快手的一则广告“外婆的鞋垫”，非常巧妙地借势清明节来缅怀亲人寄托哀思，用外婆的鞋垫让用户体会亲人之间的爱与遗憾，很容易激发用户内心的情感共鸣，从而突出快手作为一个爱的记录者的品牌形象①。这从另一侧面反映了广告活动中恰当运用伦理素材的重要性，也说明了在广告活动中每个环节的参与方共同影响广告伦理决策，而对广告伦理决策效果影响最大的则是广告行为主体。广告行为主体才是最直接的广告伦理决策者，他们在进行广告实践的过程中根据各自需求自觉或不自觉地形成道德性的广告行为。当然，与之相关的利益关系人也是广告伦理决策的依据之一，因为广告行为主体在决策时会考虑到相关利害关系人的意见及他们所处的社会其他方面的声音。

一、数字营销伦理决策模式

伦理决策作为决策中一种特殊的形式，是企业实现自身追求与承担相应社会责任的有机连接点②。随着信息化工业进程的发展，在数字经济背景下，企业的伦理决策面临着更为复杂的内外部环境。就内部而言，企业员工的选用与考核管理方式影响企业的伦理决策；从外部来看，企业面临的市场环境与发展阶段影响企业的伦理决策。因此，影响伦理决策主要有两大部分，一个是个体因素，另一个是组织和环境因素。换言之，伦理决策是在综合考虑个体与组织和环境的基础上变量间的互动形成的。作为伦理决策的一种，数字营销伦理决策是一个复杂的过程，同样不是由单一因素或维度构成的。数字营销人在进行伦理决策时，从微观来看受到自身道德认知的影响，从中观来看必定受到广告主、数字营销公司、数字媒体及用户伦理责任的影响，从宏观来看又受到社会伦理规范的影响（图 4-1）。

① 数英. 2021 十大走心广告，谁让你破防了？[EB/OL]. https://www.digitaling.com/articles/684193.html，2022-01-05.

② 乔小明. 现代企业伦理决策过程研究[J]. 南昌大学学报（人文社会科学版），2020，51（6）：61-69.

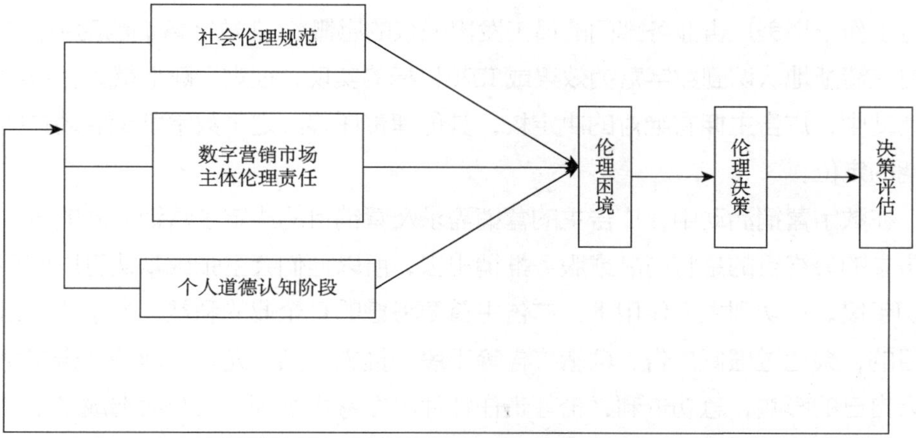

图 4–1 数字营销伦理决策模式

二、广告主是数字营销伦理的主导者

广告主是数字营销活动的发起者，没有广告主的需求，数字营销活动就无从谈起。在数字营销活动中，广告主作为主要的发起方与需求方，也是唯一的出资方，他的伦理态度直接影响整个数字营销活动的发展走向与趋势。数字营销活动的最初定位虽不是伦理活动，但作为社会活动的一部分，它必然蕴涵着一定的伦理关系和伦理问题。因此，每一个环节都渗透着数字营销伦理，广告主的每次决策都影响着数字营销伦理走向。

（一）广告主决定数字营销伦理的初始定位

数字营销时代，整个市场热衷于各种指标，广告主尤其重视 KPI 目标，而在正常情况下，一些广告主的 KPI 目标根本无法实现，但是广告主却十分执着，为了完成 KPI 目标而使出浑身解数。道德认知欠缺的代理商会通过数字造假来完成广告主的 KPI 目标。在 KPI 的风潮下，一些广告主在有限的预算里达到想要的 KPI，迫使代理商将 KPI 压给媒体去实现，媒体能做的是同造假公司一同针对客户的 KPI 量身定制一套方案。“广告的效果早在投放前已经设定好了。无论创意如何，最终必须达到的 KPI 是不变的。所以这项工作已经变得非常没有成就感了”。

一位工作于奥美广告业务部门的员工发出无奈的感慨[①]。在数字营销活动中，广告主应该清晰地认识到数字营销效果或 KPI 目标的实现，很难一蹴而就。在数字营销活动中，广告主拥有绝对的决定权，其伦理责任感决定了数字营销活动在初始时期的定位。

在数字营销活动中，广告主的营销需求及营销目的决定了营销活动的方式。广告主的最终目的是将商品或服务推销出去，所以他们会主张或默认可以使用的一切手段。在功利主义作用下，广告主首要考虑的是企业的利益，为了达到自己的目的，会通过虚假广告、欺骗广告等手段来推销产品。尤其是新的广告主急于扩大自己的影响，急功近利，伦理责任往往不在考虑之列，对社会造成了不良影响。因此，广告主的伦理标准和道德认知影响数字营销公司伦理决策整个过程，其中包括数字营销公司对伦理信息的选择与使用、伦理内容的创意与制作及相关媒体投放方案。

（二）广告主影响营销决策伦理走向

数字营销活动不仅是经济形态，同时也是社会文化形态的一种体现，数字营销效果包含经济效益和社会效益，广告主处于不同的发展阶段，对经济效益和社会效益两者的关系处理会有所不同。广告主对数字营销效果的认知与期望，也影响着整个营销决策伦理的走向。

作为一个消费信贷产品，花呗近两年的广告争议颇多，原因主要是借用亲情营销，传递一种可怕的观点：温情和亲情可以用超前消费买来。例如，2020 年的广告内容是施工队长用花呗为女儿过生日[②]。2021 年的广告内容是职场新人孙子用花呗分期为爷爷买按摩椅和手机[③]。作为金融借贷品牌，花呗理应树立正确的消费者观念，而不是滥用亲情营销，对用户进行道德绑架，或明或暗地误导用户，

---

① 搜狐网. 为你揭开在数字化时代营销效果造假的秘密[EB/OL]. https://www.sohu.com/a/161868902_465303，2017-08-03.

② 腾讯网. 花呗广告传递“扭曲”消费观？年轻一代千万别被超前消费毁了！[EB/OL]. https://new.qq.com/rain/a/20201006A04GT100，2020-10-06.

③ 杨阳. 2021 年上半年十大广告翻车案例，引以为戒！[EB/OL]. https://www.niaogebiji.com/article-73974-1.html，2021-06-08.

这也难免花呗这类广告引起网友的争议与吐槽。

在全球化时代，人们越来越意识到伦理会成为新的社会资本。社会效益与经济效益并不是背道而驰的，相反，遵守数字营销伦理的企业发展之路会越走越远。亲情营销是双刃剑，用得好能够在用户心中建立品牌的特定位置，赢得品牌好感度与忠诚度。国外品牌中最会讲中国故事的非百事莫属，从 2012 年至 2021 年，百事可乐成功地将“把乐带回家”的故事融入中国人的年度贺岁大戏中[①]。每一次“把乐带回家”都成功地诠释了每个人与“家”的亲情联结，千家万户团圆的背后蕴含着大情怀，使小家得到升华，正是体现了中国人的家国情怀。借助亲情营销，通过不同的故事的演绎，百事不仅激发了年轻人的热爱，也使其品牌 IP 个性更鲜明，从而牢牢占据市场，可以说是经济效益与社会效益的双丰收。

三、广告主伦理责任的构成

作为市场与用户连接的主体，数字营销的发展是其经济属性的内在要求，所以经济属性是其本质属性，它为经济的发展而服务。数字营销的内容表达方式与传播形式为社会公众带来了相关的感知和感受，在这一过程中无不体现其社会属性与文化属性，故而数字营销也应该承担社会精神文明建设的责任，不仅有义务传播正确的社会价值观，也有责任弘扬优秀文化。作为数字营销活动的发起者，广告主的伦理认知与伦理决策在数字营销活动中如影随形。因此，广告主的伦理责任同样具有经济责任、社会责任和文化责任三个方面。

（一）经济责任

数字营销的本质属性决定了其在社会经济发展过程中扮演着不可替代的角色，因为数字营销活动既有利于广告主建立自身品牌知名度，开拓市场，也有助于提升广告主品牌美誉度，建立品牌忠诚度，占据用户心智，赢得市场。因此，广告主的一系列数字营销活动主要是着眼于企业的长远发展。

广告主的经济责任体现在对数字营销活动的引导上，广告主的伦理决策符合

---

① 腾讯网. “把乐带回家”的第十年，百事把世情百态装进了“可乐罐”[EB/OL]. https://new.qq.com/rain/a/20201230A02IRP00，2020-12-30.

社会伦理规范，能够正向引导数字营销活动健康发展。广告主通过数字营销活动传播真实的商业信息，有利于用户及时了解市场，以及企业自身的经济发展，也有利于市场竞争秩序的健康发展，保证市场产品供给的有序发展。有时候，广告主为了达到实现经济利润，不惜利用一切可用的手段与策略，特别是虚假或违法数字营销不仅损害了用户的权益，也损害了数字营销市场的健康发展。例如，2020 年趣头条因虚假广告问题被曝光后，不仅直接影响了其股价，股价暴跌 23.04%[①]，网络口碑指数直接暴跌至 22.5，网络评价较差[②]。社会的发展一再证明，那些只关注经济利益而忽视社会效益的广告主终将被用户抛弃。

（二）社会责任

尽管企业社会责任必须在企业切实履行了法律规定的经济责任的基础上才有意义[③]，但是企业的长远发展离不开良好的社会环境。因此，企业在以经济发展为首要目标的同时，也要兼顾社会责任。企业的社会责任大的方面主要包括环境保护、公共利益，小的方面则主要包括安全生产、企业道德伦理等。企业社会责任在内可以增强员工的责任心与凝聚力，在外可以树立良好的社会形象，为企业品牌形象加分。

新时代以来，企业发展越来越重视社会责任，如大家熟知的阿里公益、京东公益与腾讯公益。因为企业意识到了社会责任有助于企业长期经济目标的实现。广告主通过社会责任不但展现自身品牌与民众同呼吸的形象，拉近企业与用户之间的距离，建立友好的品牌关系，而这终将反哺企业的经济发展。数字营销活动可以从用户的角度出发，借助社会主义义利观，关注社会公益，通过相关故事的叙述提升品牌形象。

蚂蚁森林自 2016 年关注低碳中国以来，通过虚拟能量与网友互动，参与植树造林活动；2021 年 9 月蚂蚁森林因其生物多样性保护的创新方式入选为“全球

---

① 砍柴网. 趣头条被 315 晚会曝光存在虚假广告，股价暴跌 23%[EB/OL]. https://baijiahao.baidu.com/s? id=1672433400659667566&wfr=spider&for=pc，2020-07-17.

② 搜狐网. 2020 年 315 晚会“趣头条虚假广告”问题曝光舆情监测报告[EB/OL]. https://www.sohu.com/a/408419518_533924，2020-07-19.

③ 陈伟. 企业社会责任对经济、社会和文化权利之保障[J]. 西北大学学报（哲学社会科学版），2020，50（4）：179-186.

特别推荐案例”[①]，同时入选的还有腾讯公司，企业的公益行为不仅增强了用户黏度，也有利于企业品牌形象的维护。2018 年腾讯公益关注偏远山区孩子上学途中的种种艰险，打造了国内首款公益主题的微信小游戏《灯山行动》，筹备得到善款 33 万元，足以让 5 个偏远村落得到帮助[②]。2021 年京东公益联合启动“童书乐捐”计划[③]，京东快递员根据实际需求将用户捐赠的书送到乡村小学。类似这种公益营销更要注重社会效果，关注社会公益，真正帮助更多有困难的人，使社会大众感受到品牌的力量，从而提升企业品牌形象。

（三）文化责任

数字营销内容的选择、色彩的运用与观念的传播，无时无刻不在传播某种特定的文化，不仅如此，不同的数字营销表现形式本身就是一种文化现象。因此，广告主在开展数字营销活动时也是在开展一种企业或品牌文化的传播。既传播产品或服务的信息，又传播特定的数字营销文化。数字营销文化是特定社会情感结构和意义世界的再现，是某一历史阶段社会关系和社会形态的反映[④]。因此，身为数字营销活动的主导者，在追求经济效益的同时，广告主还应担负起文化责任的重担，具体表现为传播优秀文化、引导良好社会风尚。

1. 传播优秀文化

作为中国优秀文化最重要的载体，传统文化浸透在人们生活工作的方方面面，直接或间接地影响社会大众的价值观念与道德情感。数字营销作品中的文字元素、色彩元素、图片元素与音乐元素，无不传达着某种特定的理念，社会大众根据这些元素进行中国式的解读，感知和感受广告文化。作为社会文化的一种，数字营销文化以其独有的创意和视觉冲击力吸引着受众，潜移默化地影响人们的生活观念与道德情操。在数字营销中融入传统文化元素，便于贴近观众的生活和心理，

---

① 财经头条. 全球“生物多样性 100+案例”，公布蚂蚁森林等项目入选“全球特别推荐案例”[EB/OL]. https://cj.sina.com.cn/articles/view/1642471052/61e61e8c020015inv？ autocallup=no&isfromsina=no，2021-09-28.

② 搜狐网. 2018 十大公益广告[EB/OL]. http://www.sohu.com/a/288289192_117194，2019-01-11.

③ 电商报. 京东公益联合启动2021年“童书乐捐”计划[EB/OL]. https://www.dsb.cn/news-flash/73358.html，2021-04-25.

④ 张殿元. 解蔽和重构：广告文化的批判性阐释[J]. 当代传播，2019，（6）：35-38.

有助于赢得广大用户的认同。百事十年坚守的广告主题“把乐带回家”[①]，就是成功地利用了中国文化元素，使受众在欣赏广告的过程中，细细品味并领悟其中的意义，从而使广告的诉求在不知不觉中被观众理解和接受。因此，在数字营销文化创意活动过程中应该传播优秀文化。

2018 年以中国国家博物馆为主的七家大名鼎鼎的国家一级博物馆，在博物馆日前夕集体推出“博物馆抖音创意视频大赛”[②]，博物馆通过短视频的方式，使中国传统文化插上短视频的翅膀飞到年轻人身边，让博物馆开口发声向年轻人讲述那些流传千年的文化故事，使年轻人感受到传统文化的精神魅力，从而喜欢并愿意守候和传承中国传统文化。

2019 年最引人注目的网红非李子柒莫属。李子柒的意外走红，成功诠释了中国传统文化的无穷魅力。正是中国传统文化使她的作品具有与众不同的 IP，在她的作品里，我们看到了中国美学的呼应，看到了山水田园梦的幽静，看到了中国美食的演绎。李子柒的作品无不散发一种原生态的美，淋漓尽致地将中国传统的思想价值观念隐藏在这种美的最深处[③]。在中国文化传播过程中，李子柒成功地完成了个人品牌 IP 的塑造，也必然注定其商业价值的不可限量。

2. 引导良好社会风尚

数字营销的作用不仅体现在经济发展过程中，也体现在传播特定文化时输出特定社会价值观念，参与社会精神文明建设。作为经济发展的产物，数字营销文化直接指向并影响社会消费观念，促使消费主义的壮大，以实现资本增值，所以数字营销在对社会文化、消费观念和社会权力的构建上也产生了重要的影响[④]。因此，广告主在数字营销活动传播过程中有义务引导良好的社会风尚，更要有道德自觉和文化自觉。对那些内容导向格调不高、低俗不良的消费文化，保持一种警醒的态度，不能因为眼前的利益而蒙蔽了道德之眼；在做好产品宣传的同时，引

---

① 腾讯网．“把乐带回家”的第十年，百事把世情百态装进了“可乐罐”[EB/OL]. https://new.qq.com/rain/a/20201230A02IRP00，2020-12-30.

② 中国台湾网．七大博物馆集体玩抖音 国宝文物变戏精圈粉[EB/OL]. http://culture.taiwan.cn/cul/201805/t20180521_11956771.htm，2018-05-21.

③ 搜狐网. 2019 玩转中国风十佳营销案例盘点[EB/OL]. https://www.sohu.com/a/364456600_120141915，2020-01-03.

④ 鞠惠冰，侯小天. 广告文化与消费主义勾连中的消费“异化”[J]. 艺术生活，2019，（3）：47-50.

导良好社会风尚，传播社会正能量，这样企业才可以拥有可持续发展的能量。

第二节 数字营销公司的伦理责任

尽管数字营销的一切活动以广告主的需求为核心，但是数字营销公司在活动过程中仍然发挥着重要作用。毫无疑问，广告主对伦理决策起主导作用，决定着数字营销活动走向，但作为重要的参与力量，数字营销公司同样值得关注。在马克斯·韦伯看来，责任伦理主要是指一种事先的行为选择，所以他认为履行责任伦理就是要选择一种恰当的手段或方式以实现或避免某种结果[①]。现代市场竞争已经不单单是一种经济行为，同时也是一种社会行为和道德行为，数字营销公司的一切活动不仅是一种营销决策的选择，更是一种道德行为的选择。

一、数字营销公司的伦理困境

数字技术的普及与发展，不仅改变了人们日常生活方式，也改变了人们认识市场的思维方式。企业在新时代继续获取新的发展动力，必须重新审视市场与用户，因为数字技术的日新月异同样改变着市场竞争格局。随着市场竞争压力加大，企业为了赢得市场，各种营销手段层出不穷，数字营销公司不得不陷入新的伦理困境。

（一）技术伦理困境

数字技术对信息的收集、选取与利用极大地提高了营销效率，数字营销公司可以充分利用数字技术的特性，借助平台很容易获取自己想要的消费数据，从而做到精准营销。但是，由于数字技术功能之强大，数字营销公司在利用数字技术获取相关市场信息时，尤其是用户数据，容易侵犯用户个人权益，主要包括两个方面。

一方面，网上注册的各种 App 都保存了用户较为详细的信息，有的数字营销

① 刘莹珠. 资本主义与现代人的命运——马克斯·韦伯和理性理论研究[M]. 北京：人民出版社，2014：234.

公司为了提供个性化营销，在没有经过用户同意的情况下，读取用户信息，监看用户行为，涉嫌侵犯了用户个人隐私权。2018 年 8 月 27 日，小红书因为“违反侵害消费者人格尊严、侵犯消费者人身自由或者侵害消费者个人信息依法得到保护的权利”，被上海市嘉定区市场监督管理局罚款 5 万元[①]。

另一方面，数字营销公司还可以通过用户浏览过的网页或相视频，定向给用户推送相关信息及广告，使用户容易形成信息茧房，妨碍了用户信息选择的主动权，同时还给用户生活带来了视觉和信息困扰。如何利用大数字技术提供便利的同时又保护好用户隐私，是当下数字营销公司不得不考虑的一个问题。

（二）商业伦理困境

面临激烈的市场竞争，数字营销公司为争得更多的生存空间与更好的发展前景，经常不得不陷入商业伦理困境之中。数字营销时代让数据成为最重要的生产要素，企业、媒体、用户等最先关注的都是数据。为了使数据看上去比较理想，数字营销公司为了在竞争中赢得市场机会，容易倾向做出有悖伦理的行为。2018 年 5 月陷入 Facebook 用户数据恶性泄露丑闻中的剑桥分析公司，宣布进入破产司法程序，结束营业[②]；2020 年 11 月央视披露，刷量人员在 1 小时内能新增 2 万观看量，集 15 万个赞[③]。面对市场的竞争，如何合理处理利润和伦理道德两者的关系是数字营销公司不得不面对的又一问题。

二、数字营销公司的伦理边界

在整个营销活动中，数字营销公司处于中介地位，发挥着中坚作用。根据广告主的需要，数字营销公司利用数字技术收集市场数据，分析用户市场，制定营销策略，制作创意内容；联系数字媒体，投放数字广告，制定数字公关

---

① 中国网. 广告违法侵犯消费者隐私 小红书 APP 屡遭处罚屡教不改[EB/OL]. http://jiangsu.china.com.cn/html/tech/rdzx/10619017_1.html，2019-03-06.

② 王超. 泄露门范围扩大！Facebook“大多数”用户数据遭殃[EB/OL]. https://www.sohu.com/a/227359015_313745，2018-04-05.

③ 网易视频. 央视曝光直播数据造假：53 元换 15 万点赞[EB/OL]. https://3g.163.com/v/video/VKROI1VH7.html，2020-11-30.

和社会化媒体营销策略。在此过程中，数字营销公司的伦理责任意识都在发挥作用。

（一）保护用户隐私

数字营销的前提是基于明确的用户数据，用户数据不但透露其消费偏好，而且数据中还含有用户个人隐私。数字技术本是中立的，但是数字技术一旦被用于社会实践便有了价值指向，因为技术的使用是基于某种目的，而有目的就会有是否合乎社会道德伦理之分，也即常说的“善”与“恶”、“好”与“坏”之分。数字营销公司应该尊重用户，在合法范围内合理使用用户数据，而不是以侵害用户隐私达到商业目的。

实际上用户隐私泄露情况近几年呈上升趋势。2022 年 3 月中国青年报调查表明，75.3%的受访者曾被算法推荐服务困扰，可见在未经用户许可的情况下，后台自动获取用户数据的情况还是很普遍的，存在过度收集信息的行为[①]。保护用户隐私是一个系统工程，需要整合社会各界的力量共同治理。

首先，健全相关法律法规。行业长远发展稳健基础的打造，离不开相关法律法规的健全。在《中华人民共和国网络安全法》（以下简称《网络安全法》）的基础上，《数据安全法》（2021 年 9 月）、《个人信息保护法》（2021 年 11 月）相继施行[②]。随着相关法律法规的健全，我国全面构筑信息安全的法律体系，将有效地保护个人信息，同时也保证了相关部门或企业对数据的合理有序的利用，共同为经济的繁荣助力。

其次，提高隐私保护意识。用户由于对个人信息敏感度不高，所以普遍自我信息保护意识较弱。例如，在进行网络交易的时候，往往先要注册个人信息，用户很容易写出真实的个人信息。又如，有的用户会为一些小小的好处，主动提供自己的微信号和手机号，导致信息泄露。最常见的是许多用户喜欢在微信上各种晒，却不知自己的信息早就被自己泄露了。所幸的是，随着社会信息保护意识的

---

① 王品芝，潘泽强. 75.3%受访者曾被算法推荐服务困扰[N]. 中国青年报，2022-03-24.

② 通信世界. 数字政府建设正酣，给数据安全治理体系“划重点”[EB/OL]. https://view.inews.qq.com/a/20220505A0AWET00，2022-05-05.

增强，用户的隐私保护意识也在增强。

最后，强化企业动态监管。数字营销行业健康有序发展，还需要加强对企业动态的监管。动态监管好比达摩克利斯之剑，使企业始终以高度负责任的态度认真对待伦理责任。这种动态监管同样需要社会力量的参与，包括工信、市场监管、文化、网安等有关部门，同心协力动态监管，并使这种监管方式常态化，用外在力量迫使企业养成遵守社会道德伦理规范。

（二）开展内容健康的营销业务

数字营销公司根据广告主的要求和品牌特点，结合消费市场的特性，制作内容，或制定营销策略与活动，但前提是数字营销内容要健康，传播的理念要体现社会正能量，但是一些企业只关注自己的钱袋子，借恶俗营销来吸引用户，严重败坏社会风气，毒害了用户心灵，影响十分恶劣。

椰树牌椰汁的“从小喝到大”的广告语，其营销一直打擦边球，让人厌烦。2021 年 3 月椰树牌（企业）在社交平台上发布招聘广告，其广告沿用之前夸张风格，美女帅哥加多金，违反《广告法》相关规定，被海南省市场监管局约谈，并被立案调查[①]。椰树牌这种恶俗营销方式，既涉嫌夸大宣传，又有违社会风尚，更没有体现出一个企业的社会责任感，自然受到社会非议，甚至处罚。与椰树牌不同的是，2020 年颐和园国货彩妆品牌卡婷的营销方式相当惊艳[②]，卡婷进行线上线下跨界合作，将传统与现代进行巧妙连接，借用社会热点点燃社交平台，收到极好的品牌效应，成功地将彩妆推出。

（三）明确营销行为的伦理边界

数字营销的所有创意、传播与销售都是在社会互动协同中完成的，在这一过程中数字营销公司的伦理责任意识起着重要作用。作为市场主体之一，数字营销公司的一切活动应该遵循市场规律，对广告主提出的广告诉求应该有理性的判断，根据市场的实际情况进行分析，专业眼光不能屈从于非专业眼光，无原则地帮助

---

① 潇湘晨报. 椰树椰汁“喝到大”商标被驳回，曾多次因低俗广告被罚[EB/OL]. https://baijiahao.baidu.com/s?id=1707796189266281141&wfr=spider&for=pc，2021-08-11.

② 搜狐网. 2019 玩转中国风十佳营销案例盘点[EB/OL]. https://www.sohu.com/a/364456600_120141915，2020-01-03.

广告主达到其想要的效果。有的时候数字营销公司为了获得广告主的青睐，进而占有市场，屡屡进行数据造假、虚假点击等。这种造假行为，不仅欺骗了广告主，也欺骗了用户，突破了营销伦理边界，破坏了数字营销市场秩序。因此，数字营销公司应该明确营销行为边界。

一些企业为了博取眼球，进行无底线营销，不仅激起了社会的反感，也反噬了自己的发展。例如，辣条本身技术门槛低、可替代性强，在产品上难以实现突破，厂家卫龙为了保持行业老大地位，2022 年 3 月便推出“低俗，打擦边球”广告，去迎合低俗文化，导致营销活动翻车①，证明了没有伦理边界的数字营销活动的危害所在。

明确营销行为的伦理边界，在营销活动过程中，数字营销公司首先应明确树立伦理责任意识，并且这种意识要贯穿整个营销活动中。其中包括营销理念不仅要着眼于经济效益，也应关照社会效益；其营销行为既要考虑广告主的要求，也要兼顾社会的伦理道德，在信息创意传播中守住伦理底线。其次，数字营销公司的营销方式与手段创新要符合社会伦理道德和大众审美习惯，不能以求新而忽略社会伦理道德，应该从民众的生活中汲取精神养料，推陈出新，构建和谐社会关系，营造多赢局面。最后，数字营销公司应加强对企业从业人员伦理素养的提升，使其清楚自己的营销行为可能带来的后果，并且全力阻止不好后果的发生，让营销行为符合经济社会的长远发展。

第三节　数字媒体平台的伦理责任

数字技术深刻地改变了媒体的信息传播结构和传播方式，也改变了人们对信息的接收与处理的方式。在新的传播环境下，数字媒体平台不仅要迎接新的压力与挑战，还要面对多对多网状结构带来的信息传播的不确定性，这在无形中增大

---

① 风暴眼．“童年回忆”居然也涉黄？卫龙们的低俗营销为何屡禁不止[EB/OL]. https://ishare.ifeng.com/c/s/v002xqmI5ey--P--nYJH3sU-_4N94lBeTfVUMgDHN40HcbN-_QU__，2022-03-30.

了数字媒体面临的伦理风险[①]。

一、数字媒体平台的伦理风险

不断发展的移动互联技术，不断创新与普及的穿戴类电子产品，成功地使数字媒体平台不断地蚕食个人的私人空间，成为人们社会交往的最主要途径。

（一）信息传播结构改变

从数字技术使多对多的网状传播成为现实之日起，就宣告传统的信息传播结构已是明日黄花。传统的信息传播结构中媒体是主体，掌握着信息的选择与传播方式，受众只是被动地接收信息，整个信息传播流动是单向的。数字媒体平台的交互性决定了数字媒体信息传播呈网状结构，信息的传播者和接收者的角色具有模糊性，信息的传播方向由单向转变为双向与多维。具体而言，每个社会个体同时扮演信息的接收者与传播者的角色，通过多元化的传播渠道，可以在短时间内产生海量信息，这种信息聚合的能量使数字媒体平台经常面临更大的伦理风险考验。

2019 年 6 月 11 日，“为芒果下跪”事件引起社会极大反响[②]，随着官微网民的加入，事件反转再反转。不论圆通快递员的言行是否正确，但从整个事件可以看出信息传播结构的改变，海量信息的瞬间爆发，不得不引起社会的广泛关注。因此，新媒体时代信息传播方式的变化，推动了大众传播向分众化、个人化方向发展，当个体面临的数字媒体选择空间越大时，其信息解读空间越大，同时也意味着数字媒体的伦理风险越大。

（二）传统“把关人”弱化

传统媒体时代，“把关人”掌握信息选择与传播的绝对主动权，其职能是对即将发布的信息按照一定的社会价值规范进行加工和整理。“把关人”是指具有让某一信息进来或出去之决定权的个人或团体[③]；传统的信息传播都要经过层层“把关

---

① 董庆文，贺鸣明. 伦理道德的十字路口：数字媒体的新挑战[J]. 河北大学学报（哲学社会科学版），2015，（ 5 ）：16-19.

② 凤凰网. 为芒果下跪真相是啥？警方公布执法视频[EB/OL]. https://news.ifeng.com/c/7nYb4W2JqL6，2019-06-16.

③ 黄旦. “把关人”研究及其演变[J]. 国际新闻界，1996，（4）：27-31.

人”的审核，其中主要包括报刊，电视台的编辑、总编等。因此，传统媒体把关的主体是机构和自然人，所以把关主体的专业性能够守住信息的真实性与专业性。

数字技术深刻地改变着媒体生态，主要表现在传统媒体将“把关”权力逐渐让渡给人工智能，形成“数字把关人”，与传统新闻机构、社交媒体共同形成新的把关格局[①]，数字媒体平台的把关紧密与算法相关。现阶段的算法新闻判断过度关注个人的个性化需求而导致其专业性、知识性和新闻价值的不足[①]，这无疑增加了数字媒体平台的伦理风险。

（三）媒体资源过剩

数字技术促使新兴媒介发展迅猛，人人都是自媒体，媒体资源过剩，数字营销行业的竞争白热化。一方面，激烈的市场竞争，挤压了数字媒体平台的生存空间，为了适应媒体市场的“丛林法则”，经济效益被放到首要位置，而社会效益则被置于次要位置。在生存面前，容易做出有利于自身而不利于社会的决策。另一方面，媒体资源过剩，导致媒体进入门槛低，于是数字媒体信息的真实性难以得到有效保证，数字媒体为了迎合用户的审美趣味，在信息的选择与呈现方式上就更倾向视觉冲击力，而忽视了这种行为可能引起的不良影响。

（四）管理体制滞后

数字时代的去中心化特征，对现行条块分割的行政管理体制提出新的挑战，需要行政管理体制随着数字媒体发展做出相应的改变。因为新的事物在发展过程中，难免会出现一些新问题，如何解决这些问题，就需要管理体制发挥作用。如果说传统媒体管理过严的话，数字媒体管理则过宽；那么，宽松的环境有利于数字媒体的发展与创新，失去了体制约束的数字媒体更容易“放飞自我”，弄出一些鱼目混珠、弄虚作假的“把戏”。尤其是一些数字媒体为了生存，在义与利的冲突下选择了后者。

在数字经济提升的同时，人们的思想观念、价值导向也发生着变化，这在数

---

① 刘海明，杨琦钜. 位阶与底线：人工智能时代数字新闻把关人的伦理探究[J]. 现代传播（中国传媒大学学报），2021，43（1）：81-86.

字媒体环境中成长起来的“00”后身上表现得最为明显。“00”后一代被称为“数字原住民”或“网络原住民”，他们血液中流淌的是数字基因或网络基因，其社会化过程是与数字媒体相伴随的。如果现行的管理体制再滞后下去，不能很好地“管住”数字媒体平台，形成良好的数字媒体生态，那么，他们在数字媒体上进行社会化交往所暗含的伦理道德风险将被无限放大。因此，行政监管部门和数字媒体平台都需要为此做出改变。具体做法如下：一是行政监管部门应该顺应新形势，想出新办法，在监管创新上有所作为，治理好数字媒体平台。二是数字媒体应该根据新情况对社会的呼吁和需求做出回应，努力将平台自治做好，让数字媒体平台朝着健康的方向发展，为用户提供健康的交流平台，营造和谐的传播环境。

二、提升数字媒体伦理责任的有效途径

我国的社会性质决定了我国传统媒体同时兼具政治属性和社会属性。数字技术深刻地改变着媒体的发展方式，数字媒体不仅具有政治和社会两大属性，同时还具有经济属性。如何提升数字媒体伦理责任，使在合乎伦理道德规范下做到经济效益与社会效益的统一，这是新时代赋予数字媒体的伦理使命。

（一）重新角色定位

在激烈的市场竞争中，企业为了自身生存，往往会不自觉地模糊自己的角色，这在数字媒体的竞争中表现得尤其突出。放眼望去，国内数字媒体平台经营大多跨越多个领域，基本都形成跨界经营，同时扮演着多个角色，数字媒体的这种多角化经营逐渐模糊了其单纯作为媒体角色的定位[①]，从短期来看无疑有助于其较快取得市场业绩，但角色定位的模糊必然影响其对社会伦理的认知，所以数字媒体平台应该重新进行角色定位。

第一，服务于社会发展与民族复兴伟业。与传统媒体机构不同的是，数字媒体平台的信息传播结构与方式发生了变化，但并不是表明它不再需要社会伦理的引导，恰恰相反它更需要主流价值观的指引。因此，数字媒体首先要有大局意识，

① 张志弘. 数字媒体时代——角色定位模糊的时代[J]. 互联网周刊，2010，(15)：71.

其信息选择与传播应该立足并服务于社会发展和民族复兴。其次，数字媒体平台应主动摒弃一些不良信息，为用户提供一个健康有序的传播环境。最后，数字媒体平台的市场行为不应只追求经济利益，还要关注社会效益，为自身的可持续性发展夯实基础，做一个负责任的“地球公民”。

第二，服务于经济建设。数字经济时代，数字媒体平台在本质上具有经济属性，所以服务于经济建设是其基本职责，社会效益的实现必须建立在一定的经济基础之上，从这一层面上讲，发展经济是数字媒体平台伦理责任的重要体现。面对新的环境，在责任伦理原则下，数字媒体平台理应关注社会效益，做一个社会效益与经济效益的联合体。数字媒体平台首先根据自己市场定位，结合用户的喜好，在社会伦理原则引导下，有创意地进行信息交流沟通，并充分利用自身优势，在社会伦理建设和社会价值取向方向发挥作用。其次，数字媒体平台积极探索高质量发展之路，不断提升传播效能，为经济发展助力。最后，数字媒体平台要整合社会资源，走创新之路，实现经济效益与社会效益的双丰收。

（二）强化“把关人”

尽管数字媒体时代传播结构的改变，严重弱化了“把关人”作用，但并不代表“把关人”不重要。信息传播不是“镜子式”的反应，而是“环境再构成作业”，在这一过程中，“把关人”仍然发挥着重要作用。数字时代海量信息的生产，各种声音充斥其中，当社会出现大量的伦理失范信息时，强化“把关人”显得尤其迫切与重要。

1. 增强主体意识

以前传统媒体主体意识强，始终坚守新闻专业主义，信息的选择与传播通过层层把关，所以能够发挥好主流舆论导向作用。数字媒体时代，社交媒体的便捷、信息传播结构与方式的变化，致使数字媒体平台主体意识较弱。数字媒体平台多半根据算法来选择和推送信息，而智能算法只关注信息的热度和广度，不关注信息的真实度，因而在这一环节数字媒体平台明显主体意识薄弱。同时负责内容生产的社交媒体，只根据用户的喜欢来进行定制，因为用户喜欢的内容容易形成热点，热点会带来流量，而流量与利润的高转换又反过来促使社交媒体愿意跟市场保持一致，其主体性根本没有太多机会展现，除非信息已受到了社会或有关部门的惩罚，才会发挥主体能动性，急匆匆地人工处理，但是造成的消极影响却难以在短期内消除。

数字媒体平台需要增强主体意识，事先主动地审查相关信息，增设不同层级的“把关人”，并根据社会伦理原则选择信息进行传播。一方面净化传播环境，传播社会正能量，用中国方式讲好中国故事，引导社会公众向真向善向美方向发展；另一方面强化文化安全与网络安全意识，从经济社会的大局出发，做好信息的“把关人”。

2. 优化智能算法

作为社交网络服务与互联网深度融合的产物，社交媒体平台成为现代社会的宠儿，不同的媒体机构，不同行业的企业，不同爱好的人们，都可以在社交媒体找到属于自己的存在，各种声音都有忠实的信徒和“粉丝”。人们在充分享受着信息自由，但这些信息传播者道德伦理层次不同，水平高低不同，所以信息的真实性难以保证。因此，社交媒体平台应该继续强化“把关人”意识，提升社交媒体平台的伦理意识，使每个信息的发布者在兼顾信息自由时不能伤害社会伦理原则。

人工智能的发展使人机交往变成现实；数字把关即以智能机器为把关主体、以人机交往为具体形式进行信息的生产与传播①。数字把关人通过算法快速获取用户信息，并精准推送相关信息，至于信息的真实与否、内容违背社会道德伦理与否，则不是其考虑的范围。因此，应该运用数字技术，将社会道德伦理因子嵌入其中，使数字把关人成为具有一定道德敏感性的智能机器②，不断优化智能算法，使数字把关人在进行信息选择与传播时也兼顾到社会伦理责任。当然，智能算法的优化必须由算法设计者去完成，其伦理素养的高低直接决定了所设计产品对社会的友善与否。因此，智能算法的优化前提是提高算法设计者的伦

① 叶升梁，叶立. 人机·交往·重塑：作为“第六媒介”的智能机器人[J]. 新闻与传播研究，2019，(10)：87-104，128.

② 刘海明，杨琦钜. 位阶与底线：人工智能时代数字新闻把关人的伦理探究[J]. 现代传播（中国传媒大学学报），2021，43（1）：81-86.

理素养。

（三）提升媒体人的职业素养

在激烈的市场竞争环境下，许多数字媒体人为了求得自身的生存空间，选择性忽略了作为数字媒体工作者应有的职业素养，在市场利益的引诱下，被动地卷入或主动地参与虚假信息或恶俗新闻的生产与传播，导致数字媒体平台道德失范的现象大量出现。因此，提升数字媒体人的职业素养已是当务之急。

其一，加强数字媒体人职业道德教育，并形成学习的长效机制，提高数字媒体人伦理责任意识。职业道德的学习最终是要付诸社会实践，在实践中有意识地增强自身职业道德，并指导自己的工作。一些数字媒体人由于职业道德欠缺，一味地追求点击量和流量，选择忽视信息的真实性，给社会造成了不良影响。例如，前几年包括今日头条与凤凰新闻在内的多家数字媒体，盗用新华社名义发布虚假新闻，以致新华社通过其微博予以谴责[①]。

其二，完善数字媒体平台管理机制。数字媒体平台的伦理失范与数字媒体管理机制的滞后不无关系。因为数字媒体时代，数字媒体平台结构已发生变化，传统的媒体管理机制已经难以服务于数字媒体平台。因此，完善数字媒体平台管理机制，为数字媒体平台健康发展提供制度保证。第一，建立数字媒体人准入机制。以提高数字媒体人专业素养，增强专业意识，提高分辨信息真伪的判断力。第二，建立数字媒体内容审查制度，改变目前数字媒体内容“先发后审”的局面。数字媒体平台为追求流量，往往根据智能算法选取内容进行推送，这种形式容易给劣质信息以可乘之机，难以保证内容质量。

第四节　用户的伦理责任

得益于数字技术的赋权，信息生产不再是媒体专利，而是每个社交媒体平台

① 澎湃新闻. 2019 年虚假新闻研究报告：专业媒体仍在持续生产错误信息[EB/OL]. https://www.thepaper.cn/newsDetail_forward_5524167，2020-01-15.

用户都可以享有的权利。数字媒体时代，每个人既是信息的接收者也是信息的传播者，甚至是信息的生产者。用户在信息传播过程中不是消极被动，而是积极的重要参与者，每天每时每刻，用户之间的交流沟通不断形成新的内容。网络空间的发展放大了网民的声音、丰富了网民的精神世界，网络舆论的发酵也在一定程度上引发了一些新闻传播及社会治理的问题[①]。作为影响网络信息传播主体之一，用户的传播实践也就具有伦理意义上的权利和责任。

由于数字媒体的特性，曾经被动地接受信息的用户一去不复返了，取而代之的是一群具有主体地位的用户，他们可以根据自己的喜好选择信息、传播信息、创造信息。权利与义务是一体两面，一些用户往往只享受自己的自由权利，而忽视了自己应该承担的义务，于是在某种利益或需求的引诱下，自然就会出现伦理失范问题。因此，作为数字营销主体之一的用户应该履行自己的责任，才有可能营造一个健康有序的数字营销环境。

一、传播真实信息

数字经济时代，几乎每个人和每件事都成了评分的对象。社会之所以如此看重用户评分，主要是因为用户的评分数据具有强大的市场导向作用，网络口碑有时直接会影响到一个品牌的兴衰。从评分可以看出用户的反馈信息在整个数字营销过程的作用，所以无论是从保护用户权益，还是从构建健康的市场秩序出发，用户都有义务传播真实信息。

（一）确保分享信息的准确性

作为产品和品牌的重要传播者，用户的口碑在很大程度上成就企业的丰碑，在数字营销时代，用户的这种作用更加突显。当前用户结构已悄然发生变化，一是逐步富起来的主导消费群“90”后，二是正在成长的消费群“00”后。这两大新崛起来的消费群，是在数字媒体社会化环境下成长的，他们更乐于通过社交媒体获取信息并传播信息。社交媒体上各种信息鱼龙混杂，真假难辨，一些虚假信

① 澎湃新闻．2019 年虚假新闻研究报告：专业媒体仍在持续生产错误信息[EB/OL]．https://www.thepaper.cn/newsDetail_forward_5524167，2020-01-15.

息借助用户的传播而广而告之，以致近年来网上时常有反转甚至不断反转事件的发生，不明真相的用户在网上自由分享这些信息，却不知道这不仅对相关品牌造成伤害，还给用户自身带来一定程度的困扰，由此可见用户分享准确信息的重要性。

（二）给出真实的体验评分

鉴于数字媒体交互性和匿名性的特点，用户在数字媒体平台上可以随意发布消息，发表评论，并表达与分享自己的观点，尤其是自己的消费体验。真实的消费体验分享，既可以为潜在用户提供可靠参考，还可以为商家进一步提高服务提供依据，这无疑有利于数字营销的健康发展。实际上，用户的评论大多随意而发，评分也带有较强的主观性，甚至有的评分是在商家的利诱下给出的，所以用户的体验评分的真实性无法辨识，这在一定程度上不利于用户利益。因此，给出真实的体验评分是每位数字媒体平台用户的责任。

二、提高自身伦理素养

当数字媒体平台上出现一则报道，在没有确认真实性的情况下，网民受感性思维主导，容易情绪激动，被情绪感染，最终产生病毒式、爆炸式传播，甚至还可能出现道德绑架。这不仅浪费社会资源，还容易引发舆情。作为个体参与者的用户理应不断提升自身伦理素养，遵守社会伦理规范，积极为社会道德建设做贡献。

（一）增强责任意识

根据权利与义务的对等原则，权利越多，义务就越多，责任意识就越强。在数字营销时代，用户拥有前所未有的信息传播自由，意味着用户需要有更多的责任意识。用户增强责任意识，离不开以下几个方面的内容。

首先，将责任意识贯穿到自己网络生活中去。在现实生活的熟人社会里，用户清楚自己的社会身份，会主动地去避免不好的言行，以树立良好的个人形象，所以用户一般具有较强的责任意识。在数字媒体的虚幻世界里，网络的虚拟性与匿名性使用户容易放松对自己言行的约束，甚至放纵自己的言行，造成不良影响。

正确的做法是，用户应该认识到自己在数字媒体平台上的言行，如同线下现实社会一样会产生一定的社会影响，所以一定要增强责任意识，否则会成为一个不受欢迎的数字人。

其次，用户要学会辨别信息真伪。数字媒体平台上海量的信息，让人应接不暇，同时又真假难辨。用户需要有一双慧眼学会辨别信息真伪：对于真实的信息可以利用，也可以进行信息分享，而对于虚假信息则要主动摒弃。这样既保护自己，又为网络环境的净化做出一份贡献。辨别信息的真伪需要用户认真学习相关技术，从信息的发布平台或追溯信息源，从源头上探究信息的真伪。

最后，用户要学会保护个人数据隐私。数字媒体为用户提供了沟通的平台，用户在上面自由沟通各种信息，晒出各种图片，无意中暴露了个人隐私，有的用户还故意暴露他人隐私。这些行为为网络犯罪提供了绝佳的机会，不仅伤害了自己，损害了别人，还破坏了网络安全。因此，用户要加强责任意识，提高隐私保护意识，保护个人数据隐私。

（二）提升媒介素养

虚拟世界的到来，“人人都是麦克风”已然成为现实，网上公共伦理空间越来越受到社会的关切。充斥着各种信息的网络世界，既放大了人性的善也放大了人性的恶，在这两极的网络环境下，如何传播社会正能量，引导社会向善发展，不仅是媒体机构关注的重点，也是网络主体之一用户应该思考的问题。当下用户媒介素养参差不齐，让虚假信息找到了生存的土壤，所以提升用户媒介素养刻不容缓。

首先，用户通过相关学习，提高自身媒介素养，提升信息识别技能。面对数字媒体平台的海量信息要能够冷静分析、辨别真假，不能人云亦云，随波逐流，应该秉持正向的舆论导向，促进数字营销市场的健康发展。其次，提高信息处理能力，当看到网上信息时，学会追踪信息源，以辨别其信息源的可靠性。在讨论热点事件时理性参与，不盲目跟风，自觉恪守现代公共生活的道德底线，遵守公共舆论领域的秩序与规则。最后，提高信息分析能力，现在数字技术的发达，使得一些视频和图片都带有加工的痕迹，“有图有真相”已是过去时。当用户面对这类信息时，要提高警惕，认真分析信息的逻辑结构，避免陷入虚假信息的陷阱。

（三）加强道德修养

在人人都是自媒体的时代，个人的道德修养水平直接影响其所生产信息的质量。加强个人道德修养既符合个人自我发展的主观愿望，也符合净化网络环境的客观需求，还符合主流社会伦理规则。用户加强道德修养，首先要使自己的价值观符合社会的主流价值观和道德取向，在正确的道德价值观的指引下进行网络实践。其次，数字媒体用户要提高自身道德水平，以高水平要求自己对生活的追求，对一些低俗的信息要主动摒弃。因为数字媒体平台的智能算法会根据用户的喜好来精准推送信息，如果用户审美趣味低下，那么就容易接收到这类信息，而且审美趣味低下的用户也喜欢分享这类信息，进而影响网络环境的建设。最后，用户要不断修正和约束自己的网络行为，以社会伦理规范为准则。伦理道德具有内省特点，如果个体不主动让内在的力量进行自我调节，道德自律就形同虚设。因此，用户应该为不断加强道德修养做出合乎道德的选择，实现从道德他律向自律转化，以自律引导正确的道德评价。

第五节　数字营销利益相关者的伦理责任

数字营销时代，营销环境的改变，传统营销体系已被解构[①]，企业处于更加错综复杂的市场关系之中，数字营销利益相关者的伦理责任毫无疑问地影响企业伦理决策。企业的数字营销活动，即企业与利益相关者的互动过程，其中包括广告主、用户、数字媒体平台、竞争对手、分销商和员工等。在这一互动过程中任何利益相关方的伦理责任出现了问题，都会影响整个数字营销活动的质量。数字营销利益相关者还直接或间接地影响数字营销伦理决策，因为数字营销伦理决策与他们的利益密切相关，所以数字营销利益相关者在享受数字营销伦理决策所带来的权益时，也应该相应地承担伦理责任。

---

① 黄升民，刘珊. “大数据”背景下营销体系的解构与重构[J]. 现代传播，2012，(11)：13-20.

一、合理利用数据

数字营销时代，营销最为关键的武器便是数据，谁掌握数据谁就能胜出，于是催生了许多数据挖掘和分析公司。作为数字营销利益相关者，应该尊重用户个人隐私，合理使用用户数据。在大数据时代，隐私是人们自主决定是否把他们的思想、情感、情绪等信息传达给他人的一种正当权利[①]。从法律角度来看，没有经过用户同意便使用其数据是侵犯用户隐私的侵权行为；从伦理道德来看，没有经过用户同意擅自使用其数据有违道德规范。因此，数据使用、存储、分析应该遵循不伤害原则和正义原则，应合理使用用户数据，不能侵犯用户的隐私。

（一）不伤害原则

不伤害原则最早是由古罗马时期的西塞罗提出的主张，认为不能为自己的利益而伤害他人[②]。密尔不伤害原则的确立，意味着其思想由个人本位向社会本位的转变。这种转变实际上表明不伤害原则确立个人自由和社会自由的合理性限度。具体而言，对个人而言，个人自由的实现以不能伤害他人或社会整体的利益为前提；对社会来说，政府不能任意干涉个体行为，同时兼顾社会公平。

不伤害原则作为应用伦理领域的基本原则，几乎被看作解决所有伦理问题最为核心的规范原则。在大数据技术背景下，“伤害”被理解为个人数据的使用后造成的直接伤害（生理、心理、社会、经济等）[①]。数字营销关系者应该本着不伤害原则来进行数据分析与挖掘。例如，2017 年 12 月天猫发布的《隐私权政策》明确指出，天猫在共享、转让用户个人信息时将先获取用户同意[③]。作为国内最大的电商之一，用户害怕个人隐私得不到保护，天猫这一政策的发布无疑给用户吃了颗定心丸，同时也增强了用户对天猫品牌的好感度。一项政策发布的效果相当于一场成功的营销活动效果，原因在于其坚守了不伤害原则。

---

① 王绍源，任晓明. 大数据技术的隐私伦理问题[J]. 新疆师范大学学报（哲学社会科学版），2017，（4）：93-99.

② 西塞罗 M T. 论义务[M]. 王焕生译. 北京：中国政法大学出版社，1999：265.

③ 搜狐网. 新政策：天猫发布隐私权政策共享个人信息先获取同意[EB/OL]. https://www.sohu.com/a/213574762_420580，2017-12-29.

（二）正义原则

随着数字技术发展和人工智能的广泛应用，人们在享受数据社会的种种自由时，也多了一份担忧，即在接收信息与利用数据时如何才能做到公平正义。数字时代的正义原则，主要是指把个人或团体中的机会、权利、商品的片段作为数据挖掘的目标，公平对待所有社会成员[①]。口碑经济时代，面对强大的竞争压力，企业可能在利用数据时更多地考虑自己需要，而忽略了用户或社会需求，正义原则难以实施。

数字营销利益相关者应该尊重用户的信息知情权，尽管数字技术赋权用户，但是用户是难以辨别一些数据造假情况的。因此，数字营销利益相关者应该客观公正地提供准确的数据信息，不干扰用户的选择。数字技术的发展在一定程度上带来了新的数字鸿沟，伴随着数字技术的深入发展，互联网技能和使用类型的二级数字鸿沟在继续扩大[②]。

数据分析应该秉承正义原则与社会共享数字技术发展的成果。一是关注未来新的贫困群体，新的贫困群体是指由地域、年龄、职业等原因而不懂得使用网络技术而不能加入数字世界中来的群体。二是数字媒体平台应该坚持正义原则，增强社会责任感，积极引导平台文化生态建设、信息推送与内容生产，坚持人工把关与智能算法相结合，自觉过滤虚假低俗信息，负责任地进行信息发布和再传播等，积极营造健康向上的平台生态，真正做到信息共享。

二、关注社会效益

随着经济的不断发展，物质财富的不断增强，利益相关者对企业的期望已经从避免为社会带来负面影响演进为主动积极解决社会问题，关注社会效益[③]，保护每个人的生存空间。数字营销时代，作为数字营销伦理的重要构成主体，数字利益相关者必须意识到关注社会效益是时代发展的必然，也是时代赋予的使命。

---

① 王绍源，任晓明. 大数据技术的隐私伦理问题[J]. 新疆师范大学学报（哲学社会科学版），2017，（4）：93-99.

② 张力. 再议数字鸿沟：网络社会的边缘群体[EB/OL]. https://www.163.com/dy/article/FHJ50GVM05346936.html，2020-07-15.

③ 林洁珍，黄元山. 从企业社会责任到社会创新：发展和伦理问题[J]. 伦理学研究，2018，（6）：92-97.

首先，完善市场考核标准。数字营销利益相关者将保护公众利益和社会整体利益作为自己市场行为考核的一个重要指标，其市场行为一般不会违背社会道德伦理。例如，2017 年新华网络电视推出关注脊髓损伤患者群体节目，关注他们的生存现状，使其生命更有尊严[①]，新华网络电视通过此次公益活动，无疑会增强用户的品牌好感度和品牌黏度。

其次，关注数字媒体贫困群体。随着互联网技术的发展与普及，我国网络建设体系相对完备，边远地区也接通了互联网，但是由于受教育程度的影响，一些人的信息接收能力较低。老年人由于年纪原因，跟互联网技术有较远的距离，也不会利用网络接收信息。因此，对于这类数字媒体贫困群体，数字利益相关者应该提供一定的学习机会，提高他们的信息接收能力，使他们能够共享数字经济的福利。

最后，提升公众数据处理能力。处在信息大爆炸时代，人们每天面临海量的数据，其中有的数据是优质的，有的数据是劣质的，但作为普通的网民，数据处理能力相当有限。数据在人们生活中充当了一个不可或缺的角色，无时无刻不在影响着人们的生活，所以如果人们将劣质的数据当作参考依据，去购买劣质产品，不仅会给自己的生活造成麻烦，最终可能形成劣币驱逐良币，损害市场的健康发展。数字营销利益相关者拥有专业的信息处理能力，能从优质的数据获取价值，故而应该站在市场发展的大格局上，提升公众数据处理能力，共同为数字营销市场的健康发展做贡献。

三、推进数据共享

数字营销时代，数据的价值越来越受到关注。作为一种战略经济资源，企业掌握的数据越多，就会赢得更多可能的市场生存空间；用户掌握的数据越多，用户的选择主动权就越大。然而并不是所有人或企业都享有同等数量的数据，尽管数字经济理论上是共享经济，其共享的基础就是数据。在数字化进程中不同地区、行业、企业、人群之间，因对数据获取的途径与方式有异，拥有数据的数量与质

---

① 中国青年网. 腾讯公益“数字人才开放计划”首期课程结业 逾 300 名慈善组织骨干参加培训[EB/OL]. http://news.youth.cn/hotnews_41880/202208/t20220826_13952062.htm，2022-08-26.

量也就不同，因而存在信息落差而形成数字鸿沟，并且随着技术的成熟，数据鸿沟还有加大的可能。关键是如果重要的数据被少数企业所掌握，就会形成新的垄断——数据垄断。垄断一定会损害市场公平竞争原则，从长远来看不利于数字经济的发展。因此，数字营销利益相关者应该积极推进数据共享，以及数据资源的优化配置。

第一，增强公众数据共享意识。尽管现在用户乐于在网上分享自己的消费体验，但由于用户的体验观点多是有感而发，尽管其他用户可以看到并跟帖，但从根本上看，用户从理念上还没有形成数据共享意识。因为他只是发布自己的感觉而已，感觉是非理性的，有可能是对的，也有可能是错的，而共享意识的本质是分享好的精神或东西。增强公众数据共享意识，是使公众共享真实或有价值的信息，从而在用户层面杜绝虚假信息的传播。对企业而言，传播真实或有价值的信息，减少虚假信息对用户的干扰，节约了用户购买的时间成本，提高了购物体验，同时也保证了市场的健康有序发展。

第二，打造信息公平传播平台。虽说人人都是自媒体，企业都有公众号等，但并不是所有真实或有价值的信息都能够在专业数字平台进行传播。因为专业数字媒体平台的信息选取主要是根据智能算法的结果。智能算法则根据用户的偏好来进行抓取信息，用户的伦理水平参差不齐，其偏好有好有坏，信息内容的质量难以保证。再者，智能算法只根据用户的喜好推送新闻，容易使用户形成信息茧房而剥夺用户的自由选择权。另外，微小型企业的信息因其品牌知名度不高，难以形成某种热点，所以用户也少有关注，它们的信息也难以传播。因此，打造信息公平传播平台，主要目的是让有价值的信息得以传播，打破信息茧房，使整个数字市场自由公平地竞争。

当然，推进数据共享需要整合社会的力量，数字营销利益相关者的努力虽必不可少，但真正的助力还需要相关法律法规的完善。目前我国已有《数据安全法》和《个人信息保护法》，其中都重点关注数据的使用方式，但有关数据以什么样的法则共享还没有得到重点关注，不过这也说明了数据的重要性。正基于此，才更有必要充分发挥数据的作用，为数字营销的可持续发展保驾护航。

第五章　数字营销伦理体系的构建

无数商业案例表明，坚持社会公益战略的企业，在激烈的商战中拥有更大的竞争优势，其经济增长也更持久。华为 2018 年度公益广告《点亮你的世界》，在圈粉的同时成功地传递了品牌形象。异国他乡 17 年，华为心里有的不仅仅是技术层面的突破，还有改善当地人民生活水平的信念，是一份沉甸甸的社会责任感①。华为以文化传播的形式，不断通过自身的价值观聚拢用户，形成持久的品牌影响力。市场经济从本质上讲是法治经济，但也是道德经济，因为伦理道德给企业商业活动提供了长效支持机制。因此，数字营销伦理体系的构建，既促使数字营销行为合乎社会道德伦理，又为数字经济发展提供了长效支持机制。

第一节　数字营销伦理体系构建的意义

数字营销时代，在企业利益至上的驱动下的无底线营销手段，严重破坏了本应合理有序的市场经济秩序。因此，构建数字营销伦理体系不但是时代发展的必然要求，而且是企业可持续性发展，建立健康有序的市场秩序的必然选择。

① 搜狐网. 华为公益广告《点亮你的世界》，品牌价值观成就市场致胜之道！[EB/OL]. https://www.sohu.com/a/256096901_643194?_trans_=000019_wzwza，2018-09-25.

一、建立良好的数字营销市场秩序

市场秩序是市场内在规则的外在体现，其中公平竞争是基本原则，所以市场秩序是市场机制正常运行的保障。当前数字营销市场发展迅猛，与之配套的内在规则或伦理原则和企业的意识理念都没有跟上来，一时之间数据造假乘虚而来，严重破坏了公平竞争原则，违背了营销伦理规范，这不利于数字营销市场秩序的健康发展。数字营销伦理体系的构建促使企业一方面提升伦理责任意识；另一方面自觉遵守公平竞争原则，主动约束自身行为。

（一）提升企业伦理责任意识

数字营销市场秩序的建立当然离不开相关法律法规的建设，需要政府及相关职能部门制定行之有效的市场制度和规则。市场秩序也是社会秩序的一种，其中的各种市场行为都具有道德伦理意义，法律兼容的是社会最基本最普遍的道德伦理，企业越发展对其的道德伦理要求就越高，就越需要提升其伦理责任意识。企业伦理责任意识的提升，除需要相关法律法规的保障外，还需要发挥数字营销伦理评价的作用。与法律的宏观把握不同，数字营销伦理体系从微观角度以软性条款的形式督促企业将伦理责任意识外化在市场行为中。

企业伦理责任意识反映的是企业伦理价值观，在一定程度上决定了企业营销意图的边界。所以提升企业伦理责任意识，就会使企业在内部形成一个相对稳定的道德信息，明确自己的社会责任，由他律转向自律，实现企业、社会与用户利益的和谐统一，从而促使良好的数字营销市场秩序的建立。

（二）自觉遵守公平竞争原则

企业责任伦理意识提升了，自然重视营销伦理建设。营销道德一旦内化为企业伦理责任，企业就会自觉遵守公平竞争原则，数字营销行为就有了边界，知道什么方式可以使用，什么手段不能采用，就会注重品牌形象的维护，自觉约束企业行为，使社会成本最小化和交易和谐化，可以减少信息的不对称，营造公平竞争的市场环境。经济的根本特征就是供求机制、价格机制和竞争机制三大机制的有效结合，公开透明的营销环境，有利于市场供求机制的有效运行，而数字营销市场供求机制的有效运行，可以调节和分配社会生产要素，合理配置各种资源，形成良好的数字营销市场秩序。

二、确保用户的合法权益

作为市场行为主体之一，用户的合法权益如果得不到保障，最终受损害的不仅是用户，还有企业。因此，数字营销伦理体系构建必设用户这一维度，必须保护用户的合法权益。

（一）保护用户隐私

在数字营销时代，用户个人信息是各大商家必争的战略性资源，因为从用户的数据中可以分析出最有价值的市场信息，帮助企业有针地制定营销策略和竞争策略，从而占领市场高地。在这种市场竞争环境下，用户个人信息极易成为一种商品被交易，于是各大公司运用数字技术获取用户行为数据。在整个信息收集过程中用户完全不知道，因为公众的市场消费行为在电子商务中变得毫无隐私可言[①]。将数字营销伦理体系引入企业管理，并内化成一种企业共识，企业的任何决策就会兼顾经济效益和社会效益。企业的内在伦理道德会使其更加慎重地在合法范围内使用用户数据，从而保护用户隐私。

（二）满足用户需求

按照马斯洛的需求理论，人的需求从低到高的方向，共有五个层次。就其本质而言可以简化成两大需求，即物质需求和精神需求。当企业在伦理责任的指引下，会根据消费者的真实需求提供合格的产品或服务，并且保障产品或服务的安全。另外，企业在进行数字营销时更倾向传播社会正能量，使消费者接触到健康文明的营销文化，在一定程度上满足消费者的精神需求。例如，欧派没有运用其他夸张的创意吸引，而只用“有家有爱有欧派”这句广告语，就让普通厨房变成连接家庭情感的纽带，用温情点亮美好生活，潜移默化地会影响消费者对家的关

① 李锐锋，杨娜新. 技术化生存与透明化生存——关于隐私丧失的哲学思考[J]. 科学技术与辩证法，2003，（5）：38-41.

怀与爱，提升了消费者的精神需求。

（三）降低消费者成本

唯利润导向下的企业，不是认真做产品，而是花钱进行假大空的数字营销，轮番数字轰炸后，将这些成本最终转嫁到用户身上，增加用户的购买成本。在企业伦理责任导向下，企业自觉遵守市场秩序，不生产假冒伪劣产品，不做虚假宣传，不进行恶意竞争，自觉营造良好的市场氛围，用户不会花太多时间去伪存真，大大减少了用户的时间交易成本。同时，用户可以拥有更多更好的选择，不会为广告主过高的营销费用买单，从而节省了用户的购买成本。可见，企业伦理责任的提升可以降低用户成本。

三、促进数字营销市场健康发展

当下，数字营销伦理失范行为，从社会角度来看，败坏社会风气；从经济角度来看，增加了消费成本，损害了用户合法权益，阻碍了市场信息的正常传播，甚至出现劣币驱逐良币现象。在数字营销伦理体系的约束下，企业会更注重企业伦理责任建设，由内而外地构建，不断加强企业内部的伦理建设，提升品牌形象，有利于企业健康发展。企业不断提高数字营销人的伦理水平，促使数字营销人的营销行为更容易做出合乎伦理原则的决策，减少恶意竞争行为的发生，从而有利于降低社会交易成本。因此，数字营销伦理体系的构建有利于促进数字营销市场的健康发展。

（一）有利于企业可持续发展

据统计，优秀的企业都注重伦理责任，2006 年我国企业没有一个进入世界 500 强，其重要原因是忽视了社会责任。松下幸之助认为企业的社会责任应成为其所有活动的核心[①]，企业与社会保持良好联系，参与较多社会公益活动，一定能创造出更大的经济效益。因为负有社会责任意识的企业，其发展格局不囿于一块小市场，而是站在社会发展的大格局上谋划企业未来，具有明确的发展方向和目

① 松下幸之助. 经营人生的智慧（上）[M]. 延吉：延边大学出版社，1996：85.

标，通过社会义务能够使社会对其更容易产生信任。市场经济也是诚信经济，因为诚信是市场竞争的原则之一，社会公众的信息使企业拥有更高的诚信力，诚信力可转化为声誉，声誉是企业发展的无形资产。这就不难理解为什么国内电商巨头阿里、京东都专门设有公益部门。企业通过营销伦理的实施，将营销伦理贯穿于整个数字营销活动中，以伦理道德准则进行自我约束，维护品牌形象，提升品牌声誉，最终实现经济利益和社会利益相统一，有利于企业可持续发展。

（二）有利于降低社会交易成本

数字技术使数字营销活动在线上运作，降低了社会交易成本，实现供应商、代理商和用户的多赢。对供应商而言，通过相关数据分析可以解决问题；对于代理商而言，利用掌握的第一手用户数据，可以同时与厂家进行共享，根据市场真实需要生产市场受欢迎的产品；对于用户而言，代理商减少了库存成本，减少了中间渠道，商品又有价格优势，在网上支付后，可享受到送货上门的服务，降低了实体购物带来的各项支出成本。

以上种种只是在公平竞争的环境下才会发生，如果市场竞争环境恶劣，企业之间恶意竞争，用户与企业的信息不平等加剧，则会增加社会交易成本。如果企业具有社会伦理责任感，自觉遵守公平竞争原则，那么降低社会交易成本又会变成现实。数字营销伦理体系构建的终极目标是实现数字营销公平竞争，提升企业伦理责任意识，使企业共同遵守并维护公平竞争，平等对待不同供应商，为用户提供优质产品和服务，最终大大减少经济交易中的各种摩擦，从而降低社会交易成本。

（三）有利于良好营销环境的构建

数字营销时代一个显著的特征是信息共享，共享经济时代，尤其要重视数字营销伦理体系的构建。构建数字营销伦理体系能够促使企业增强伦理责任意识，重视内外部的伦理环境建设，在追求利润的同时，也注重社区公益，注重社会正能量的传播，合理进行资源配置，实现帕累托最优（Pareto optimality），必定有利于良好营销环境的构建，促使数字营销市场的健康发展。例如，小米为国内山区和牧区的孩子们建立小米图书馆[①]，助力山区的不断发展。小米的公益既提升了小米的品牌美誉度，也增强了品牌好感度，开拓了企业新市场。可见，共同遵守市场规则和道德伦理，有利于数字营销市场健康发展。

第二节 数字营销伦理体系的构建原则

数字营销伦理体系的构建，是一项复杂的系统性工程。数字经济本质上是共享经济，数字营销伦理体系应充分体现这一特点，并能助力公平竞争的营销环境的形成，推动数字经济健康发展，综合这些考量因素，将诚实守信原则、公平合理原则和合乎道德原则作为数字营销伦理体系的构建原则。

一、诚实守信原则

中国古代就有“人而无信，不知其可也”的古训，诚信不仅在古代社会发挥重要作用，其价值在现代社会中仍然得到高度肯定，甚至是现代经济活动中不可或缺的一个基本原则。市场经济是信用经济，诚实守信是赢得市场的关键。因为市场经济推崇自由公平竞争，信用是其中必须包含的基本要素。如果市场经济中缺乏诚信，整个市场的信用体系必将崩溃，市场秩序也会遭到破坏，市场经济将得不到健康发展，而作为市场经济中的一个新形态，数字经济的行为与诚信更是紧密相连，所以数字营销伦理评价必然包含诚实守信原则，它主要体现在企业的理念与市场行为上。

（一）树立诚实守信理念

技术、制度可以学习和模仿，制度可以制定，但是企业核心理念这种伦理层面的东西却很难被模仿。数字营销时代，各种技术和营销方式不断创新，并且创新周期越来越短，使得竞争愈发激烈，这时候企业核心理念的作用就体现出来了。如果企业没有树立诚实守信理念，缺乏必要的责任伦理意识，势必影响数字营销

---

① 汤馨怡. 小米的“公益三计”[EB/OL]. http://www.fgdjw.gov.cn/sq/fgqy/201806/t20180613_7534924.shtml，2018-06-22.

行为。无视诚实守信原则，只追求自己的利益的企业，最终会被市场所抛弃。

诚实守信理念在企业内部主要表现如下：其一，企业各级部门之间能够以诚相待，同心协力处理市场问题。其二，数字营销人员之间的沟通应该真诚，能够共同分享市场信息，增强工作中的默契度，从而更好地实现营销目标。企业的核心理念外化为品牌形象，品牌形象具有稳定性，所以企业树立诚实守信理念，就能够提高其品牌形象，形成竞争差异，赢得属于自己的利基市场。

（二）诚实守信经营与合作

产品是企业营销活动的基础，没有合格的产品，一切皆是无本之源。诚实守信经营，要求企业在生产产品时，一是满足消费者的需求，二是考虑到社会发展的要求，要兼顾到社会利益，生产出好的产品，以此来获得用户的好感，进而提升品牌的声誉，为企业的长远发展打下坚实的基础。

企业在营销过程中，不欺诈，不蒙骗用户，不侵犯用户隐私，对用户许诺的产品质量和服务应名副其实。企业之间不能为了竞争而弄虚作假，恶意竞争，破坏正常的行业规范。少数企业的无信用行为应该受到惩罚，以保证市场健康发展。

企业在同供应商和经销商合作时应本着诚实守信原则。企业与供应商诚信合作可以减少生产成本，与经销商诚信合作可以减少销售成本。做好诚信合作，企业可以通过经销商了解到用户的需求，从而生产出用户喜欢的产品；经销商可以帮助企业与用户进行友好沟通，进而增加用户对品牌的好感度，否则将对企业的整个营销活动造成不利的影响。2022 年 8 月，格力河北总经销“倒戈”飞利浦，其主要原因在于董明珠开始线上直播之后，经销商的利润空间严重被压缩；之前，为确保各级经销商利益，格力采用“专卖店+股权捆绑模式”①。直播营销兴起之后，格力的营销变革难免不充满变数，不管营销环境如何变化，企业与经销商的信任基础是建立在对市场利益的共享之上的，否则信任将无从谈起。

---

① 腾讯新闻. 格力大将“倒戈”，董明珠行业地位不保？关键时刻又是刘强东出手[EB/OL]. https://view.inews.qq.com/qr/20220922A02U5700，2022-09-22.

二、公平合理原则

如果要问市场中最重要同时又是最基本的原则是什么，那一定非公平合理原则莫属。公平从本质上讲是对社会资源分配状况所做的道德评价，而合理则是对企业市场行为所做的理性判断。正是基于道德评价与理性判断的考虑，全面促进企业营销行为的规范，数字营销伦理评价才引入公平合理原则。一般来说，在数字营销时代，社会资源与信息资源的分配最能体现公平合理原则。

（一）社会资源分配公平合理

在社会资源分配方面，公平合理的原则要求机会均等，企业之间公平竞争，实现市场资源合理配置。用户应有均等地获得产品和服务的机会，数字营销应该提供公平的环境，使用户能够获取自己想要的产品和服务，不能有垄断和价格欺诈行为。价格制定要体现公正合理原则，同款产品同时段用户应该享受同等价格待遇，但现实生活中难免遇到价格歧视，使得用户很受伤。例如，2018 年联想同款产品价格被用户发现内外有差，国内价格高，国外价格低，一时引起社会反响，尽管联想后来做了回应，但显然用户并不满意[①]，这或多或少地会影响到联想的品牌形象。

市场供应者应有均等提供货源的机会，杜绝地方垄断，同行应该有均等的竞争机会。公正合理原则还体现在企业内部资源的合理分配方面。能否公平合理地分配各种利益，直接关系到员工工作的积极性。如果员工处在一个公平公正的环境中，会更容易产生对企业的认同感和信任感。企业在职工精神利益上的公平，赏罚合理，可以实现员工的职责分配公正、晋升机会公正，从而实现人际关系的和谐，提高工作效率。如果数字营销人劳动价值得到充分肯定和保障，也会激发他们开发市场的潜力。

（二）信息资源分配公平合理

信息时代，人人都是自媒体，社会对信息资源的公平合理分配提出了新的要

---

① 环球网. 国内价格为何高于国外？联想回应称国内外提供服务有所差别[EB/OL]. https://baijiahao.baidu.com/s?id=1617420739997987313&wfr=spider&for=pc，2018-11-18.

求。在合法的前提下，企业都有机会渠道发布信息的自由，用户可以随时随地了解企业及其竞争对手的相关信息，企业应该真诚地对待用户关于社会生活的意见和自身利益诉求。对于不利于企业的声音，企业不能封锁信息，而应开诚布公地与用户沟通；应该开通发声渠道，让用户表达消费诉求。

数字媒体时代，信息内容的选择与传播主要依赖智能算法，而智能算法则根据市场的热度和用户的喜好来选取信息。在这种情况下，信息资源的分配显然违背了公平合理原则。只有信息资源分配公平合理，不同的利益主体在经济交往中才能达成共识。良好的市场秩序依赖市场规则来维护，公平合理则是市场规则一个重要体现。公平合理的竞争才会让市场机制发挥作用，由此健康的数字营销市场才能建立。

三、合乎道德原则

作为经济人，企业必须追求经济利益，承担着社会经济发展的使命；作为道德人，企业也要追求社会效益，承担着社会精神文明建设的义务。市场经济的本质属性决定了企业的市场行为必须合乎道德原则，所以数字营销伦理评价引入合乎道德原则是由数字营销伦理的内在规定性决定的。在数字营销活动中合乎道德原则体现在重视人本关怀与关注整体利益方面。

（一）重视人本关怀

伴随互联网时代到来，人们日常生活时间更多地用在数字媒体上，在信息大爆炸的网络世界里寻找自己的所想。用户的网络浏览踪迹和关注兴趣都变成了数据，成为数字营销人攻城拔寨的利器。在营销活动中数字营销人不应该将用户看成一串冷冰冰的数据，而应该尊重用户，在营销活动创意中重视人的尊严，体现出对个体生命的尊重。因为人是目的，不是手段，只有出于责任的行为才具有道德价值[①]。这就意味着合乎道德原则应该要求每个个体尊重自己和他人，对自己和他人尽义务。

重视人本关怀，在营销伦理里主要体现为以用户为中心，关注用户实际需求，

① 康德. 道德形而上学原理[M]. 苗力田译. 上海：上海人民出版社，2002：16.

引导用户树立正确的消费理念，而不是以利润为中心，引诱用户冲动消费，用恶俗的营销方式，吸引用户的关注。因为企业营销伦理其实就是一种符合道德要求的营销方式[①]。

重视人本关怀还体现在营销管理上，任何时候人力资源都是企业持续发展的最关键的核心资源，是企业长久生存和发展的重要保证。企业营销管理应该尊重关怀每个数字营销人，在设计考核目标时不能只关注数字营销人创造的经济利润，还要看到数字营销人创造的社会效益。只有这样，数字营销人才会始终将自己的目标和企业的目标相结合，建立共同的发展愿景。

（二）关注整体利益

市场经济环境决定追求利润最大化是每家企业的最高目标，但道德力量是营销活动顺利、健康、持续发展的有力保证，合理的道德原则应该服务于人们共同持有的利益[②]。在数字营销活动中，企业往往为了自己的利益，采用虚假数据扰乱市场，或者恶意暴露竞争对手数据，破坏公平竞争原则，公然践踏社会伦理规范，破坏社会竞争法则，从长远来看对企业是有害而无益的。注重整体利益，要求企业在数字营销活动中，增强伦理责任意识，做到企业、用户、社会发展的统筹兼顾，既注重经济效益，也关注社会效益，实现多方共赢，为数字营销建立良好的市场秩序。

第三节　四维构建数字营销伦理体系

任何现象的产生必定有其滋养的土壤，当前数字营销中出现的信用缺失、是非模糊、恶意营销等现象，主要原因是社会伦理道德建设无法跟上数字技术发展的速度，伴随旧的伦理道德规范被破坏，数字营销伦理失范必然发生。社会伦理道德建设除了完善相关法规外，也需要企业将道德建设内化成伦理责任意识，而

---

① 易开刚. 营销伦理学[M]. 杭州：浙江工商大学出版社，2010：78.

② 霍尔斯特 N. 何为道德：一本哲学导论[M]. 董璐译. 北京：北京大学出版社，2014：69.

数字营销评价体系的构建则是促进企业完成这一内化过程的必要环节。因此，构建数字营销伦理评价体系显得尤为迫切与重要。

一、数字营销伦理体系的考量因素

市场环境复杂多变，市场营销组合随着竞争环境的变化而变化。21 世纪的数字经济，市场竞争更加激烈，数字营销的制约因素并未减少。一方面由于技术赋权，用户主体的觉醒；另一方面占有数字技术制高点的一方，随时干扰数字营销生态。所以数字经济健康的发展离不开政府与社会的积极参与。大名鼎鼎的市场营销学家菲利浦·科特勒教授在 1986 年提出了大市场营销策略，他在原 4P 组合的基础上增加了两个 P，即政府权力（power）策略和公共关系（public relations）策略，简称 6PS[①]。为了数字经济健康的发展，充分发挥数字经济的作用，政府与社会都应该积极参与其中。为此，我们尝试以菲利浦·科特勒的市场营销 6PS（产品、价格、渠道、促销、权力、公共关系）为评价对象来构建数字营销伦理评价体系。

在设计评价体系时，由于评价对象的重要性不同，相应的设置权重就会有所不同。在现代营销观念中，无论是市场营销还是数字营销，都离不开 4P（4P 是基础），所以在评价对象的权重设置中，将产品、价格、渠道、促销都设置为 20%，权力、公共关系则均设置为 10%。

一个评价体系建立的关键不仅在于评价对象的选定，还在于确定科学合理的评价指标。我们按照企业社会责任的内涵要求作为参考对象，同时兼顾评价对象本身的特点，挑选出能够反映数字营销伦理的 34 个评价指标，其中产品伦理共 10 个评价指标，价格伦理、渠道伦理与权力伦理各 4 个评价指标，促销伦理共 7 个评价指标，公共关系伦理共 5 个评价指标。每个评价指标都有子项得分，评价主体根据评价指标给评价对象子项打分，将每个子项总分相加，则是最后得分，根据最后总分评出相应等级：优为 90~100 分；良为 80~89 分；中为 70~79 分；合格为 60~69 分；不合格为 60 分以下（表 5–1）。

---

① 梁惠琼，余远坤. 市场营销[M]. 北京：清华大学出版社，2010：19-20.

表 5-1 数字营销伦理体系

评价对象	权重	评价指标	子项得分	子项总分
产品伦理	20%	产品抽样合格率（0~10 分）		
		产品服务投诉率（0~10 分）		
		产品设计安全可靠系数（0~10 分）		
		产品包装信息的真实性与全面性（0~10 分）		
		产品包装对环境的污染程度（0~10 分）		
		产品生产过程中对环境的污染程度（0~10 分）		
		产品使用过程中对环境的污染程度（0~10 分）		
		产品回收利用率（0~10 分）		
		产品质量问题投诉率（0~10 分）		
		产品使用体验好感度（0~10 分）		
价格伦理	20%	价格欺诈程度（0~25 分）		
		价格垄断程度（0~25 分）		
		定价串谋程度（0~25 分）		
		价格歧视程度（0~25 分）		
渠道伦理	20%	渠道友好便利（0~25 分）		
		遵守承诺的交易条件（0~25 分）		
		如期交付商品（0~25 分）		
		保护消费者隐私（0~25 分）		
促销伦理	20%	广告信息真实没有虚假违法（0~20 分）		
		广告信息友好无关情色暴力（0~10 分）		
		比较广告适当，没有恶意攻击竞争对手（0~10 分）		
		广告传达社会正能量（0~10 分）		
		促销过程无商业回扣（0~10 分）		
		促销过程无商业贿赂（0~20 分）		
		绿色促销，不搞噱头（0~20 分）		
权力伦理	10%	不纵容企业不道德行为（0~25 分）		
		尊重消费者的主体权力（0~25 分）		
		无技术霸权思维与行为（0~25 分）		
		保护消费者隐私（0~25 分）		
公共关系伦理	10%	真诚地与社会公众进行信息交流，不自吹自擂（0~20 分）		
		重视企业道德形象的塑造（0~20 分）		

续表

评价对象	权重	评价指标	子项得分	子项总分
公共关系伦理	10%	没有雇用账号发布文章攻击竞争对手（0~20 分）		
		没有利用大数据做假，形成公共关系舆论，欺骗社会与消费者（0~20 分）		
		重视行业生态的建设（0~20 分）		
总分	评价等级：优为 90~100 分；良为 80~89 分；中为 70~79 分；合格为 60~69 分；不合格为 60 分以下			

二、数字营销伦理体系的构成维度

健康的数字营销伦理体系必定与数字营销市场主体的具体伦理表现紧密相关，其中既有广告主注重伦理道德建设，又有数字营销公司遵循伦理规范和数字媒体回归伦理舆论导向，还有用户遵守社会伦理道德。数字营销伦理体系的构建离不开数字营销主体自身伦理素养的提升，离不开市场监管机关的监管，是自律与他律共同作用的结果（图 5-1）。

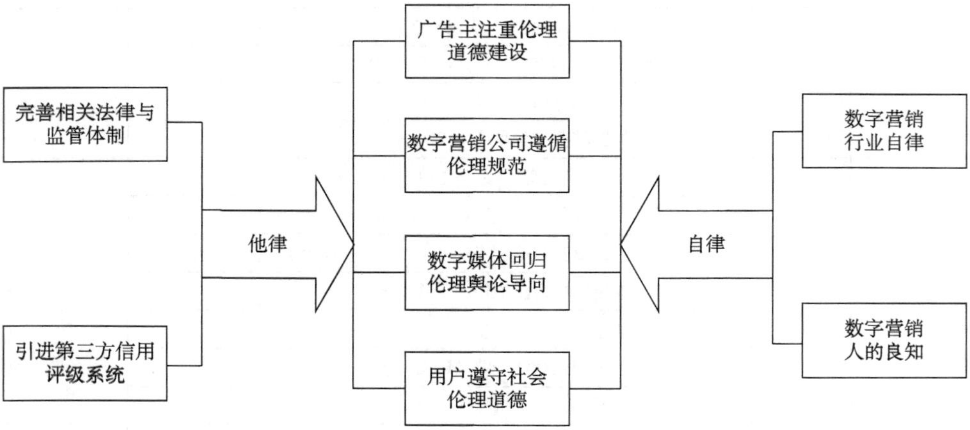

图 5-1　数字营销伦理体系的构建

（一）广告主注重伦理道德建设

广告主的舆论传播对用户意见的形成起着决定作用[①]，其伦理责任意识和伦理

① 杨海军. 广告舆论研究探析[J]. 新闻与传播研究，2011，19（5）：64-72，110.

决策直接影响整个数字营销活动的伦理走向。从这一层面来看，广告主伦理责任意识是数字营销伦理防范机制的基础。因此，广告主加强道德伦理建设，提升自身伦理素养，有助于数字营销整体伦理水平的提高。作为数字营销最大的推动者，广告主应该注重伦理道德建设。

1. 确立诚信经营理念

作为市场经济的基本机制之一，竞争机制在客观上不断刺激企业参与市场竞争，以增强其竞争力，而企业的经营理念直接影响企业的市场竞争力。竞争机制正常发挥作用的前提是企业之间信守契约公平竞争，因此企业确立诚信经营理念对企业的发展至关重要。在激烈的市场竞争压力下，广告主主动发起数字营销活动，其诚信经营理念直接影响整个活动的最终走向。因此，为了企业拥有持久的竞争力，广告主应该确立诚信经营理念。

数字媒体时代，用户更懂得信息的选择与处理，拥有更多的市场选择，并且喜欢追求新事物，企业面临的市场竞争更加激烈。这似乎给企业造成一种错觉，用户喜欢新奇的，于是在数字营销方式上用尽心思，各种花样营销粉墨登场。最近两年火热的直播营销收获了不少的人气，一些广告主没有坚守诚信底线，不在产品或服务上下功夫，只想通过直播营销带来超额利润，而结果却事与愿违。因为直播是形式的变化，最终要回归到制造，也就是产品本身，没有好的产品，无论表现方式如何，最终都会失去根基①。所以新消费模式的涌现同时考验着企业的诚信。广告主只有树立正确的竞争理念，遵守诚信原则，以过硬质量的产品或服务才能赢得市场。

2. 兼顾义利统一原则

广告主作为一个社会经济单位，追求经济利益是其发展的内在要求，注重社会利益是其长远发展的保证，所以对于广告主而言，义与利并不相悖，反而可以统一在企业经营理念与市场行为中，发挥二者作用可以为企业的可持续性提供强劲动力。因此，广告主兼顾义利统一原则，辩证地看待义与利的关系，企业伦理

① 搜狐网. 董明珠快手首秀火了！3 小时销售 3.1 亿！她说：直播不是为了要带货[EB/OL]. https://www.sohu.com/a/394592497_673640，2020-05-12.

责任意识才能真正落到实处，并且渗透到企业数字营销活动的每个环节。

广告主在追求“义”时，自觉遵守市场法则，使自己的市场行为合乎社会伦理原则，多做有益于推动社会文明进步的工作，塑造企业良好的道德形象以减少竞争中的摩擦与阻力。在追求“利”时也要注重企业的发展基础，只有企业有了较强的经济实力，才可能有更多的机会参与社会公益，实现“义”。例如，华为有个数字公益口号是“不让任何一个人在数字世界掉队”[①]，华为利用自己在信息技术的优势，充分发挥当地人的主动性，增强彼此之间的沟通，华为既是在做公益活动，同时也是在整合资源助力华为发展。由此可见义利统一是市场经济活动中企业的终极目标。

3. 重视伦理素养培养

一个负责任的企业，一定要重视伦理素养培养，提高企业员工道德伦理水平。在数字时代，竞争的白热化，企业的绩效导向驱动了员工的内在潜力，但如果只关注员工的绩效而忽视或轻视员工的道德伦理建设，会为企业未来的发展留下隐患。因为在用户看来，员工代表了企业，员工的个人行为在很大程度上贴上了企业的标签。因此，广告主要重视企业道德伦理建设，提高企业员工伦理素养。10 年前，马云“挥泪”斩卫哲，就表明了自己对员工的态度。无论功劳多大，能力多强，道德标准永远是底线[②]，所以企业既要关注员工的成长，也要关注员工的伦理素养水平。广告主关注最重要的一个议题就是“品牌年轻化”，它决定着广告主基业长青如何实现。如果广告主只注重企业利益，不关注用户的想法与感受，不考虑社会的伦理道德，那么就难以获得用户的支持，进而失去市场。

（二）数字营销公司遵循伦理规范

数字经济时代，数字营销是使用数字传播渠道来实现营销目标的一种营销方式，贯穿了现代营销的各个环节，数字营销公司借此可以一展身手。在数字营销

① 腾讯网. 目的型企业：“华为”是如何践行商业向善的？[EB/OL]. https://new.qq.com/rain/a/20220713A04R7P00，2021-04-05.

② 投资界. 市值跌去近 500 亿！阿里动刀：正式调查蒋凡，2020-04-21.

活动中，数字营销公司的作用难以替代，因而其是否遵循伦理规范将对整个活动产生重要影响。数字营销公司遵循伦理规范，具体表现为尊重用户隐私权、自觉抵制不道德行为和树立社会公德意识，这不仅有利于自身发展，也有利于构建数字营销伦理体系。

1. 尊重用户隐私权

数字营销时代，用户的数据是企业最重要的资产之一，但是用户者个人信息却被以最简单最粗暴的方式处理。例如，用户在电商平台上的浏览记录与消费信息，用户微信上的图片文字与支付记录等都被网络软件记录和存储下来，并且这些信息的使用也未告知用户，这些行为明显侵犯了用户隐私。数字营销公司拥有强大的信息收集和处理能力，在使用用户数据时，应该以尊重用户隐私为前提，并征求用户的意愿，而不是凭借自己的平台和技术优势为所欲为，以破坏公平竞争法则获取利益。作为数字营销市场主体，数字营销公司应该遵循伦理规范，尊重用户隐私，维护数字营销生态健康。

2. 自觉抵制不道德行为

近年来，如火如荼的直播营销突破了传统营销模式的种种限制，不仅为企业开启了视频直播营销的全新思路，也让企业可以更为全面地展示产品和传播品牌服务，从而更好地带动企业的发展。与此同时，也有一些企业自我伦理责任意识不强，只想借直播营销的东风，获取超额利润，导致其出现了营销伦理失范问题。例如，2020 年罗永浩因直播带货翻车成典型案例，罗永浩带货的鲜花出现质量问题①，引起用户的不满。

事实上，企业的道德水平高低决定了其生存时间的长短。因此，数字营销公司应当自觉抵制不道德行为，不断提高企业伦理责任意识，将伦理的种种规范和理念变成具有可操作性的制度和标准，形成企业核心价值观。在数字营销活动中，各种创意活动要遵守道德伦理规范，合乎社会大众审美心理和社会习俗，谋求用户利益、企业利益和社会利益的和谐统一。

---

① 华商网. 直播带货卖鲜花却出现部分产品品相不佳 罗永浩连发微博道歉[EB/OL]. http://news.hsw.cn/system/2020/0521/1186825.shtml，2020-05-21.

3. 树立社会公德意识

作为社会生活中最普通的行为准则，社会公德是社会公众在社会交往中应该遵循的行为准则。从企业角度看，公德意识是企业综合素质的体现，其公德意识的强弱，体现的是该企业综合素质的高低。数字营销公司在进行营销活动时如果违背社会公德，则会受到用户的反感与厌恶，进而对其综合素质产生负面印象，不利于其长远发展。所以，数字营销公司应该树立社会公德意识，树立起正面的形象。

每到节假日，尤其是电商造节日，各种营销活动铺天盖地而来，让人应接不暇。在眼球经济时代，数字营销公司为了达到自己的营销目标，在创意设计上挖空心思，想方设法来吸引用户的眼球，其中有的信息内容打擦边球，有的视频少儿不宜，完全不顾及自己身边和周围人群的感受。在价格设计上，有的先提价再打折，看似折扣高实际优惠很少，更有甚者价格比平时还高。在产品服务上，超值的商品一直显示缺货，并且使用返券限定条件多等问题，有的商家以次充好、赠品的品质无保障等问题层出不穷。这些问题之所以会产生，与数字营销公司缺失社会公德意识紧密相关。数字营销公司只有树立社会公德意识，才有可能树立职业道德意识，进而坚守自身的职业操守，在营销活动中提供优质的服务，满足用户的真实需求，最终使自身不断受益。

（三）数字媒体回归伦理舆论导向

在数字媒体传播的环境下，由于数字技术的助力，传播结构由传统的单向转为互动，由一对多变为多对多，由地域化传播转向全域化传播。这些特性无形中增大了数字媒体平台所面对的伦理道德风险[①]。截至 2022 年 6 月，我国网民人均每周上网时长为 29.5 个小时[②]，数字媒体平台成为社会个体与现实世界间的中介[①]，由此，社会个体在数字媒体平台的社会化过程中伦理道德风险被放大。数字

---

① 董庆文，贺鸣明. 伦理道德的十字路口：数字媒体的新挑战[J]. 河北大学学报（哲学社会科学版），2015，（5）：16-19.

② 中国互联网络信息中心. 第 50 次《中国互联网络发展状况统计报告》[EB/OL]. http://www.cnnic.net.cn/n4/2022/0914/c88-10226.html，2022-08-31.

媒体平台在竞争过程中为了赢得生存空间，忽视了伦理舆论导向，使网上的信息鱼龙混杂，影响了自身的公信力。从以上分析可以看出，数字媒体平台回归伦理舆论导向，既是社会客观发展的要求，也是其自身发展的内在需要。

1. 重视伦理舆论的导向作用

尽管作为一个特殊的经济单位有追求经济利益的权利，但作为媒体平台，其内在特性也决定了要承担舆论引导和舆论监督的职能，同时这也是我国精神文明建设的要求。因此，数字媒体平台要发挥“把关人”的作用。目前数字媒体平台的信息一般是先发后审，与传统媒体的先审后发刚好相反，说明数字媒体平台没有重视“把关人”的作用。当然，这可能与当下的眼球经济有关。如果数字媒体平台信息出现了伦理失范问题，必然引起用户的批评，进而引起相关职能部门的关注，再又引起用户的关注，如此循环往复，数字媒体平台的曝光度就会提高，流量的增加意味着利润的增加，但此举不利于企业的长远发展。因此，在追求经济利益的同时，数字媒体平台应该重视伦理舆论的导向作用，塑造良好的社会形象。

2. 引导科学合理的消费观念

作为社会化生产的最终环节，消费虽是一种经济行为，但在消费过程中却真切地体现了用户的个人欲望和社会分配原则，而它们则都从侧面反映了社会伦理文化。消费需求不足，经济发展就缺少强劲的驱动力，社会个体的生活尊严也会被践踏；过度消费，使人陷入欲海之中，既腐蚀个体的道德素养，也败坏社会的伦理建设。因此，科学合理的消费观念不仅影响经济生产，也影响社会伦理文化方向。在激烈的竞争压力下，数字媒体平台充斥着消费主义，极力彰显物欲，形成社会攀比之风，严重阻碍了社会伦理建设，也破坏了正常的数字营销市场环境，还败坏了数字媒体自身形象。数字媒体平台应该引导科学合理的消费观念，将经济发展和道德建设统一起来，引导大众理性消费，正确处理物质追求和资源节约的关系，实现绿色消费的社会风尚，最终实现人与自然和谐发展。

3. 倡导文明健康的社会风尚

数字媒体时代，媒介已成为人们社会交往的场域，虚拟世界使人们尽情地释放情绪，真实地冲击着现实社会。人们在虚拟世界的社会交往存在着巨大的伦理风险，但是不少数字媒体平台却忽视了自身伦理责任，加入物欲的狂欢之中。此时数字媒体平台更应该倡导文明健康的社会风尚，引导用户树立正确的价值观，为社会伦理规范建设贡献力量。2019 年旺旺联合天猫“国潮来了”活动，推出了 56 款民族罐，盲盒的创新购买模式，不仅吸引了喜欢新鲜玩法的年轻人，还刺激了具有收集癖的用户的购买欲，更重要的是将传统文化融入产品之中，其背后折射出的是我们逐渐崛起的民族文化自信[①]。

（四）用户遵守社会伦理道德

数字经济时代，用户的地位发生了变化。以前，商家提供产品或服务，通过广告营销活动，促使用户产生消费行为；现在，企业为了突出精准营销，根据用户的偏好推送信息，按照其需求私人定制。这一切说明用户的主体性增强，但同时也蕴含着伦理陷阱。在利益的引诱下，用户容易成为企业的水军，形成虚假口碑。因此，用户应该遵守社会伦理道德。

首先，用户应提升自己的伦理道德水平，主动抵制一些不良信息的腐蚀。其次，用户应真实地发布自己的消费体验，不能为了个人小利而充当水军，制造虚拟化传播，对于不确定的信息不能随便分享。再次，当用户参与制作信息时，信息内容与传播方式要符合社会道德伦理规范，不能为了吸引别人而用恶俗手段。最后，用户应提高自己的审美趣味，分享真善美的内容，形成良好的传播习惯。

三、数字营销伦理体系的四维构建

数字营销伦理的生态健康有利于市场竞争的有序进行、社会伦理道德建设，以及社会和谐发展。构建数字营销伦理体系是一项系统工程，需要从多方面入手，其中主要包括数字营销行业自律、数字营销人的良知、完善相关法律与监管体制及引进第三方信用评级系统四个方面。

---

① 搜狐网. 2019 年上半年八大经典广告案例，你值得拥有！[EB/OL]. https://www.sohu.com/a/323382010_120171002，2019-06-28.

（一）数字营销行业自律

在康德看来，自律是指意志自我立法和守法的属性[①]，可见自律属于一种道德概念，它是社会个体内心认同，并用自我意志约束的准则，将它实践于现实生活中能有效提升整个社会道德水准。市场经济强调契约精神，契约的正常运行离不开相关法律法规的约束，但是法律并不能解决所有问题。市场经济的健康发展不仅需要来自法律的他律，还有来自内在的相关行业自律，同样，数字营销市场整体道德水平的提升离不开数字营销的行业自律。

1. 细化数字营销行业伦理规则

行业自律不但需要宏观上制定大的方向，而且需要从微观上细化规则，才能落实到具体工作之中。所以细化数字营销行业伦理规则，就是让伦理建设有具体的参考。2020 年中国广告协会发布的《网络直播营销行为规范》，可以当作建设规则的一个参考，其使建设规则更具科学性和可行性，也容易将工作落到实处，推动数字营销行业伦理建设。总之，聚集行业力量，优化市场环境，细化相关的伦理规则，创造公平有序的竞争环境，将是推进数字营销伦理体系构建的重要举措。

2. 加强数字营销人的道德教育

自律意识的养成是环境教育和个人素养长期影响的结果。苏格拉底曾提出“德性是知识”，人们犯错是因为没有掌握关于道德的知识[②]，所以行业自律应该加强数字营销人的道德教育，通过举办一系列培训活动，以增强数字营销人伦理道德水平，提高他们的伦理责任意识。另外，还要加强准数字营销人的道德教育，即应该在高校营销人才培养方案中加入营销伦理方面的课程，培养学生的伦理责任意识，为今后的工作打好基础。

（二）数字营销人的良知

“良知”出自《孟子·尽心上》，“人之所不学而能者，其良能也；所不虑而

① 李秋零. 康德著作全集（第 5 卷）[M]. 北京：中国人民大学出版社，2007：5.
② 姚云. 合理的道德原则何以可能[J]. 哲学动态，2019，(3)：120-126.

知也，良知也”[①]。孟子的良知主要指天赋的道德观念，与其性本善的观念相近。王阳明在孟子的基础上将良知提高到本体的高度，在他看来，道德理性潜藏其中的良觉，才是良知[②]。对社会个体来说良知是自我的道德自觉，在这一层面王阳明与孟子相近，都强调良知行事与个体利益没有关联。一般认为良知是人们内在的道德自觉，良知是道德辨识能力，良知是应然的，对社会来说具有普遍性意义。良知是内蕴着德行的必然，是一种道德行为能力[③]。社会个体的良知则是人们对自身行为内在的一种道德自觉，所以良知可以弥补制度调节的不足。数字营销人只有在内心深处树立良知的道德信念，才能从根本上杜绝营销失范行为。当然，良知的激发是需要多方面共同努力的结果，其中主要包括社会和个人两个层面。

第一，社会要重视伦理道德建设。数字营销人面对市场中的各种诱惑，都应该做到心中有“数”，这个“数”是向“善”还是向“恶”，主要依赖其良知如何做出选择。尽管人的良知是内心深处的道德信念，它的确立与社会大环境密切相关，但是社会整体上重视伦理道德建设，形成良好的伦理氛围，必然会影响到个人良知乃至做出的选择。相反，如果整个社会都不重视伦理道德建设，甚至忽视伦理道德的作用，那么社会将充斥着物欲横流。表面上每个人都在享受物质的丰富，实则人的生命尊严被物化，容易形成极度膨胀的物质主义，而这又会反过来影响到社会的健康发展。因此，社会要重视伦理道德建设，为公民营造一个良好的道德伦理氛围。

第二，数字营销人要重视个人的道德修养。在同样的环境里，不同的人会有不同的伦理选择，究其原因是有的人重视个人修养，通过学习来提升自己的道德水平，有的人则随波逐流。所以数字营销人要重视个人的道德修养，不断激发自己的良知。作为企业也应该为数字营销人提供学习的机会，有意识地培养他们的伦理素养，引导他们形成良好的道德良知。因为数字营销人在市场实践中面临着更多的诱惑，如何平衡现实与理想，这时良知就要发挥作用。如果良知不能起作用，数字营销人更可能倾向做一些有利于自己但可能有违社会伦理规范的事情；

---

① 方勇译注. 孟子[M]. 上海：中华书局，2010：256.

② 刘悦笛. 良知与良觉，性觉与心觉——兼论王阳明思想的儒佛之辨孔[J]. 孔学堂，2022，9(2)：92-101，189-200.

③ 吴瑾菁，刘光华. 作为能力的道德良知[J]. 江西社会科学，2020，(6)：42-50.

如果数字营销人具有良知，不仅能够规范自己的行为，甚至可以为企业的一些市场行为提前纠错，既有利于企业的健康发展，也有利于整个数字营销市场的正常运行。

（三）完善相关法律与监管体制

随着社会发展的需要，我国广告法律法规有了长足的进步，互联网相关法规也陆续出台，但仍难以跟上数字营销市场发展的步伐。数字营销伦理失范的原因是多方面的，究其根源在于目前我国相关法律与监管体制的不完善。

1. 完善相关法律法规

目前与数字营销相关的法律法规主要有《广告法》、《中华人民共和国反不正当竞争法》（以下简称《反不正当竞争法》）、《消费者权益保护法》、《中华人民共和国食品安全法》、《中华人民共和国药品管理法》、《网络安全法》、《电子商务法》、《数据安全法》和《个人信息保护法》等，与数字营销相关的部门规章和行政法规主要有《互联网信息服务管理办法》《互联网等信息网络传播视听管理办法》《网络直播营销行为规范》《关于加强网络直播营销活动监管的指导意见》等。可以看出，政府在这方面的确下了很大的功夫，相关治理也取得了不错的效果。但是，监管互联网的有关法律依然存在涉及数字营销的条款过少、过窄的问题，相关规制不够具体、完整，且部分内容存在滞后性的问题。这就需要相关职能部门在完善相关法律法规上多下功夫。

其一，经营主体的确认问题。随着直播营销的迅猛发展，粉丝经济蔚为大观。一旦直播里涉及虚假宣传或伪劣产品，如何界定经营主体则是一个复杂的问题。偶像或主播是不是经营主体？社交媒体平台是不是经营主体？偶像背后的经纪公司是不是经营主体？或者三者都是经营主体？如果都是的话，具体责任如何界定？这些问题都有待明确、细化。如果这些问题没有明确、细化，就会给网络直播的伦理失范提供操弄的机会。

其二，用户权益保护问题。我国尽管有《消费者权益保护法》，但在具体施行过程中对用户而言还是有一定的难度。例如，在粉丝经济中，粉丝的打赏行为如何界定，如果这种行为不是交易的话，那么粉丝因此而损失的权益就无法维权；

如果这种行为是交易的话，用户如何取证也是个问题。另外，相关的救济体系也欠完善，以至于用户维权难度较大。总之，相关法律法规应该进一步细化，明确数字经济各方的权利义务，通过法律手段限制企业利用技术的权限，让企业不再将技术工具方法论作为“理所应当”的牟利工具，平衡企业和用户在数字消费过程中的权力和地位[①]。

2. 理顺相关监管体制

我国目前的监管体制效用有限，主要依赖市场监管部门的行政监管，相关监管体制尚需理顺。数字营销时代，监管环境变得更为复杂，市场监管部门的正常运行，不仅需要从外部发挥行政监管的作用，还要激活体制内其他部门的力量，从内外两方面形成合力，共同维护数字营销市场秩序，保证其健康发展。

（1）发挥市场监管部门的主导作用。

针对数字营销环境的复杂性，市场监管部门应该在数字营销监管上扮演主角，发挥主导作用，尽力做到专业性和权威性并举，这样才能制定出既科学合理又深具操作性的监管策略，在开展数字营销监管业务时才能做到得心应手而又游刃有余。

首先，制定高效可行的社交电商法规。任何法律法规的制定不是凭空而作的，需要以现实为依据，所以主管部门应该做好数字营销市场调研，根据市场的第一手资料，结合我国经济社会发展的特点，制定高效可行的社交电商法规，从而使执法有法可依，提高执法的权威性和震慑力。

其次，提高企业违法经营成本。就目前来看，我国对企业违法经营行为的惩罚主要是行政处罚，电商平台的最高罚款额度也只有 200 万元，这对于在数字营销中获取的高额利润来讲，简直是九牛一毛，根本无法让违法企业感觉到“痛”。所以应该提高企业违法成本，加大惩治力度，经济处罚得让其“长记性”“感到刻骨铭心的痛”才行。

最后，提高市场主体的经营资质。目前市场上有的数字媒体平台，不但道德伦理意识淡薄，而且市场主体资质也不高，直接给虚假信息、伪劣产品和恶俗营

---

① 陈思凡，刘西平. 赋权与失范：网络口碑营销伦理困境[J]. 今传媒，2019，（12）：58-61.

销提供了温床。因此，市场监管部门应该提高市场主体的经营资质，并制定相关细则对市场主体进行资质认定。特别要做好电商社交的市场准入、信息发布的规范、网络交易各环节的细则，通过相关制度的细则完善，确保数字营销主体的资质可靠，促使市场主体规范自己的行为。

（2）优化数字营销平台的内部监管。

营销环境的变化、竞争压力的增强，让社交电商平台在发展的过程中，逐渐学会如何规避相关监管。因此，优化数字营销平台的内部监管，调动内部力量，制定更有针对性的策略，才能更好地为构建数字营销伦理体系服务。

首先，社交电商平台应提高商家入驻门槛。有的社交电商平台为了吸引商家，入驻门槛十分低，这一方面为微小企业的发展提供了机会，另一方面也给一些假冒伪劣产品进入留下了通道。一般而言，入驻门槛高在一定程度上为用户初步筛选了商家，产品或服务的质量相对稳定可靠些。同时，社交电商平台还可以通过入驻规约约束商家行为，如果商家出现伦理失范问题，社交电商平台可以给予相应的惩罚，甚至终止与商家之间的合作。这样不仅可以在一定程度上防范数字营销伦理失范问题的发生，还可以为社交电商平台赢得好的声誉。

其次，社交电商平台应注重保护个人信息。社交电商平台的本质特性决定了它在个人信息收集与存储方面的优势，但其中也蕴含着一定的伦理风险。社交电商平台为保护好用户的个人信息，可在新用户注册个人信息时，告知用户的相关权利与义务。在注册过程中出现的权利、义务条款，社交电商平台拥有主动权，用户比较被动，所以社交电商平台可以在制定相关条款时注意听取用户的声音，完善平台注册方式，借以增加平台的亲和力。另外，社交电商平台在使用用户个人信息时要提前告知，未经用户同意不得擅自用于商业用途。

最后，社交电商平台之间应公平竞争。数字营销时代，各大平台之间的竞争十分激烈，有的平台凭借其强大的技术优势和资本力量，几乎形成数据垄断局面，于是社交电商平台之间的恶性竞争在所难免。所以社交平台应该遵守公平竞争原则，提升自身道德伦理水平，不做虚假宣传，主动净化数字营销环境。

（四）引进第三方信用评级系统

随着现代社会的发展越来越重视信用体系，市场经济在一定程度上说是信用经济，因为信用体系是保证市场秩序稳定和经济健康运行的社会机制①，信用评级以市场主体的信用作为考察对象，以法律为依据，其目的是保证交易主体的合法权益，并促进市场公平竞争，保障市场经济的健康发展。在数字经济时代，虚拟社会的交往扩大了社会信用危机，因此非常有必要引进第三方信用评级系统，促进数字营销市场主体伦理水平的提高。

1. 信用评级主体的确立

信用评级主体应该与数字营销市场主体没有任何利益关联，这样才能保证评级结果的相对客观。第三方本身蕴含着独立性，而独立性决定评价结果的公正公平。因此，第三方信用评级主体的确立尤其重要。它既要符合独立性这一特点，又要体现专业性，还要突出广泛性。结合这三个特点，第三方主体应该包括受行政机构委托的研究机构、专业评估组织（含大专院校和研究机构）、中介组织、舆论界、社会组织和公众、特别利益相关者等②。这种主体结构特点能够保证评价结果的公平。

2. 信用评级标准的制订

信用评级标准的制订应该体现数字营销的特点，可以从商品质量、商品价格、商品宣传、数据使用、售后服务、消费者投诉六个维度对数字营销市场主体进行建档评级。为了使评级标准具有可操作性，还可以将其分别设置不同权重，设置权重时要结合各要素在数字营销市场中的地位来考虑。在现代营销观念中无论是市场营销还是数字营销，都离不开 4P（4P 是基础）；所以在评价对象的权重设置中，将商品质量、商品价格、数据使用、商品宣传都设置为 20%，售后服务、消费者投诉则都设置为 10%。

评级体系的建立除了评级对象的选定外，更需要确定科学合理的评价指标。我们按照企业社会责任的内涵要求作为参考对象，同时兼顾评价对象本身的特点，

---

① 梁栋. 社交电商的法律问题与监管优化[J]. 中国流通经济，2021，35（1）：105-112.

② 徐双敏. 政府绩效管理中的“第三方评估”模式及其完善[J]. 中国行政管理，2011,（1）：28-32.

挑选出能够反映数字营销伦理的32个评价指标，其中商品质量共10个评价指标，商品价格共4个评价指标，数字使用共3个评价指标，商品宣传共7个评价指标，售后服务与消费者投诉各4个评价指标。每个评价指标都有子项得分，评价主体根据评价指标给评价对象子项打分，将每个子项总分相加，则是最后得分，根据最后总分评出相应等级：优90–100分；良80–89分；中70–79分；合格60–69分；不合格60分以下，如表5–2所示。

表5–2　信用评级标准

评价对象	权重	评价指标	子项得分	子项总分
商品质量	20%	商品抽样合格率（0~10分）		
		商品服务投诉率（0~10分）		
		商品设计安全可靠系数（0~10分）		
		商品包装信息的真实性与全面性（0~10分）		
		商品包装对环境的污染程度（0~10分）		
		商品生产过程中对环境的污染程度（0~10分）		
		商品使用过程中对环境的污染程度（0~10分）		
		商品回收利用率（0~10分）		
		商品质量问题投诉率（0~10分）		
		商品使用体验好感度（0~10分）		
商品价格	20%	价格欺诈程度（0~25分）		
		价格垄断程度（0~25分）		
		定价串谋程度（0~25分）		
		价格歧视程度（0~25分）		
数据使用	20%	遵守承诺的交易条件（0~30分）		
		保护消费者隐私（0~40分）		
		合理使用消费者信息（0~30分）		
商品宣传	20%	商品宣传信息真实没有虚假违法（0~20分）		
		商品宣传信息友好无关情色暴力（0~10分）		
		商品宣传没有恶意攻击竞争对手（0~10分）		

续表

评价对象	权重	评价指标	子项得分	子项总分
商品宣传	20%	商品宣传传达社会正能量（0~10 分）		
		商品促销过程无商业回扣（0~10 分）		
		商品促销过程无商业贿赂（0~20 分）		
		商品绿色促销，不搞噱头（0~20 分）		
售后服务	10%	售后服务态度友好（0~25 分）		
		售后服务通道友好（0~25 分）		
		售后服务效率友好（0~25 分）		
		售后服务时间友好（0~25 分）		
消费者投诉	10%	真诚地与消费者进行信息交流（0~25 分）		
		重视消费者的需求（0~25 分）		
		没有发布文章攻击消费者投诉行为（0~25 分）		
		积极赔偿消费者（0~25 分）		
总分	评价等级：优为 90~100 分；良为 80~89 分；中为 70~79 分；合格为 60~69 分；不合格为 60 分以下			

3. 信用评级系统的实施

信用评级主体依据信用评级标准，对数字营销市场主体进行定期评价，将不合格的企业进行相应的惩罚，先是给一次整改机会，如果企业不思悔改，将列入不信任黑名单，并向社会公布，发动社会力量进行监督，迫使企业不断提高伦理责任意识，遵守伦理规范。另外，信用评级还应该形成长效机制，不断督促相关企业提高伦理责任意识，明确伦理责任，自觉规范市场行为。通过科学有效的评价，构建起完整的数字营销伦理体系，加强数据管控，促使数字营销主体诚信有为，共同维护好数字营销市场秩序。

第六章　数字营销法规的历史发展

与广告法规相比，数字营销法规的发展历史要短得多。1994 年 10 月 14 日，美国著名《热线杂志》(Hotwired) 开始推出网络版的 Hotwired (www.hotwired.com)，为美国电话电报（ American Telephone & Telegraph，AT&T ）公司等刊登 14 则广告主图像和信息，宣告互联网广告诞生和数字广告时代到来。从那时起至今互联网广告的历史仅有 28 年时间，或许网络广告诞生的这个时间节点亦可算作数字营销的开始。与数字营销的产生相比，对数字营销进行监管和数字营销法规的出现要晚得多。美国、欧盟、加拿大、澳大利亚、日本、韩国等发达经济体对互联网的管理都经历了从放任到管控的过程，与之相应我国对互联网监管也长期在发展与规范之间摇摆，最后才走向发展规范并重之路。相对而言，对数字营销的监管要晚得多，相应地数字营销法规的诞生更是最近数年才有的事情。

第一节　国外互联网管理制度与数字营销法规的变迁

互联网从诞生到现在的数十年时间，已经逐步渗透到社会生活的方方面面，在人们的日常生活中扮演着重要角色。与之相应，世界各国的互联网管理理念随着互联网发展水平而发生着变化。政治经济状况和数字鸿沟的存在，导致互联网管理制度的变迁很难清楚地划分出具体的时间节点，但是从宏观上看，互联网的治理模式确实存在阶段性特征，它不以具体时间节点来划分，而是以整体的变化趋势和各国互联网管理的推进逻辑为依据进行划分。

一、国外互联网管理制度经历的三个阶段

国外互联网管理制度发展经历了三个阶段，即初期互联网管理的非政府管控阶段，再步入互联网管理的政府管控阶段，以及当前的多主体协同的互联网管理阶段[①]。这三个阶段的演进呈现出国外互联网管理制度从放任到管控的总体趋势。

（一）互联网管理的非政府管控阶段

非政府管控阶段的国外互联网管理主要受到政治上自由主义思潮的影响，呈现出明显的非政府化特征。

自由主义起源于 17 世纪，经由多年发展，在 20 世纪晚期成为多数发达国家的主要意识形态。自由主义的核心观点强调以理性为基础的个人自由，反对任意形式的专制，无论是国家的或教会的，还是社会习俗的或舆论的，认为国家的政治、经济、社会生活均应以维护个人自由为目的。

自由主义思想延伸到互联网领域就形成了互联网从来就不应该被国家政府控制的观点[②]。当时的许多学者也秉持着类似的观点。一方面，由于互联网的源起与发展本身就是自下而上的、分散化的，并且按照这种松散的自我管理模式也取得了良好的成效，故没有必要让政府多加干预；另一方面，生产力决定生产关系，经济基础决定上层建筑，当时的社会还处于工业化社会阶段，并没有正式步入信息化社会，因此相应的政治机构与管理体系并不能良好地适应互联网管理的需求。

在当时的学者古尔德等看来，正是个人和研究团体的自愿行动促成了互联网技术的极大发展，因此在这种路径下诞生的管理模式不是以国家为中心的，而是由互联网的用户自发形成了管理组织，为互联网空间制定规则，保证其良好运行[①]。互联网工程任务组（The Internet Engineering Task Force，IETF）、国际互联网协会（Internet Society，ISOC）、万维网联盟（World Wide Web Consortium，W3C）等，都是在那一时期建立发展起来的。

---

① 张伟，金蕊. 中外互联网治理模式的演化路径[J]. 南京邮电大学学报（社会科学版），2016，(4)：14-20.

② 查德威克 A. 互联网政治学：国家、公民与新传播技术[M]. 任孟山译. 北京：华夏出版社，2010：307.

IETF 在互联网初期展开的一系列工作正是互联网非政府化管理的很好体现。IETF 成立于 1985 年，是一个汇聚了网络设计者、投资者、运营者等为互联网技术发展作出贡献的研究人员的国际民间团体，并不断吸纳着有志于此的相关人士。当前人们耳熟能详的互联网协议第四版（IPv4）、第六版（IPv6）等，都是由 IEIT 制定的。美国著名学者曼纽尔·卡斯特（Manuel Castells）认为，这类互联网机构的议事程序体现了去集中化、开放式、凝聚共识和自主的精神，在过去的几十年内，这种精神正是互联网治理最主要的特征[①]。

互联网进入高速发展阶段之后，网民数量呈爆炸式增长，仅依靠 IETF 之类的非政府组织进行互联网管理不足以应对互联网发展带来的新情况、新问题，如果政府再不加以把控，互联网的运行则可能变得混乱。因此，各国政府也开始意识到互联网的良好秩序建设及其发展需要借助他们的力量，而逐渐适应信息化社会的政府也变得有能力去对互联网进行管理了。

（二）互联网管理的政府管控阶段

除去以非政府组织为主体的互联网管理模式不再适应时代的需要，出于保护公共利益和为互联网发展保驾护航的目的，各国均开始重视互联网管理的必要性，纷纷出台了一系列法律法规进行管控，进入了互联网管理的政府管控阶段。世界各国由于经济、政治、文化、社会发展等均存在差异，所以呈现的管控形式也有所不同，大致可分为以下两类。

1. 政府调控的市场干预模式

从互联网的发展来看，西方发达国家主要是依靠市场的力量推进其建设，因此这些国家政府管理互联网是以市场干预为特征的，即由政府进行市场规制，借助市场的力量管控、建设互联网。例如，美国实行市场经济体制，相应地，其互联网建设具有市场化的特征，网络经营者可以在政府规制的框架下，依据市场需求灵活调整自己的网络发展策略。美国是最早一批进行网络立法的国家，美国政府各部门已通过了上百项与互联网相关的法律、法规，涉及国家安全、知识产权、

---

① Castells M. The Internet Galaxy: Reflections on the Internet, Business, and Society[M]. Oxford: Oxford University Press, 2002: 33.

未成年人保护等各个领域，形成了较为完备的互联网法律体系，而这些围绕着互联网各个管理领域的法律，正是为了保证市场自我调节的有效性，创造出一个良好的环境，使市场的力量能够发挥作用。例如，1997 年颁布的《全球电子商务框架》文件中，美国政府提出了互联网商业交易的多项基本原则，1998 年国家电信与信息管理局提出了《改进国际互联网域名与地址的技术管理的建议》，在这些文件及其相关的计划、建议中，美国政府反复强调了私营机构的投资份额，辅助其成为开发产品的主要执行者。

正如美国战略与国际研究中心的副总裁詹姆斯·刘易斯（James Lewis）所说："美国政府对互联网的管制正从被动转向主动……在实施互联网监管、确保网络安全的新阶段，应当是政府，而非私营企业去承担主要的领导责任。"①一些西方发达国家在进行互联网管理时，肯定了市场中私营机构推动互联网发展的作用，却也忧虑着如果单纯依靠市场调节，互联网领域也会和经济领域相同，呈现出自发性、盲目性、滞后性等缺陷，造成不可估量的恶劣后果。因此，借助国家宏观调控的手段也成为必然。

2. 政府主导的行政管理模式

与西方发达国家不同，世界上多数国家对互联网往往采取自上而下、由政府主导的管理。政府在互联网基础设施建设中发挥着主导作用，因此取得管理的主导地位。在这种背景下，互联网管理主要依靠的是政府的调控，具体表现为一系列行政命令、法律规制的建立，用以明确互联网运行规则，并约束其相关的行为规范。例如，1996 年，新加坡颁布《广播法》和《互联网操作规则》。前者规定了互联网管理的主体范围和分类许可制度；后者则对互联网服务提供者、内容提供商应该承担自审内容或配合政府要求的责任做了明确规定。日本政府在 1984 年制定了关于电话、互联网的《电信事业法》，确保电信运营和电信服务的合理性，维持公平公正的市场秩序，保障电信用户的利益。韩国国会在 1995 年通过了新的《电气通信事业法》，对"危险通信信息"进行管制，并依据此法令建立了信息通信伦理委员会，2001 年又先后通过了《不当互联网站点鉴定标准》《互联网内

① Lewis J. Sovereignty and the role of government in cyberspace[J]. Brown Journal of World Affairs，2009，(16)：55.

容过滤法令》，从法律层面上对不良站点与信息内容进行过滤。这些都是在互联网治理的情境下，政府主导的行政管理模式的集中体现。

当然，互联网管理模式无论是以市场干预为主导，还是以行政措施为主导，都是以各国具体国情为基础的，没有优劣之分，两者都是为了促进互联网良好有序的发展。

（三）多主体协同的互联网管理阶段

在互联网管理的政府管控阶段，虽然可以大致划分为政府调控的市场干预模式和政府主导的行政管理模式，但不管是哪一种，政府扮演的角色与发挥的作用，总体来说仍在非政府化组织及私营机构之上。随着科技发展，互联网的范围与影响进一步扩大，仅以政府为中心的模式已经不能适应飞速发展的互联网的管理需求了。如果继续过于注重政府单方面的作用，而忽略其他互联网参与者、组织、机构的多层次性和异质性，可能会使互联网管理的效果大打折扣[①]。

以奥斯特罗姆夫妇为代表的研究者提出的多中心治理理论反对管理主义范式中的政府单中心论，他们认为，在合作机制中，政府并不具备最高的绝对权威，而是在各参与者中扮演“同辈中的长者”，单中心的集权政府统治不一定能够提升效率，而个人是能够计算收益与成本、具有独立决策能力的理性人，会受到环境影响犯下错误和改正错误，是受社群非正式规范约束的社会人。因此，在公共事务中应通过社群组织自发形成多中心的自主治理结构。实际上，多主体协同的治理理念很早就有迹可循，合作网络途径更是 20 世纪 90 年代兴起的学术界研究热点，这些思想均为互联网的管理提供了一个良好的思路。在经济全球化、知识经济等新经济力量崛起的背景下，网络管理方式凭借科技进步，解构了单一的政府或市场管理模式，跳出了两分法的思维模式，互联网管理不再只从国家与市场、市场与计划、政府与社会的视角出发，而是重构起了一种公共事务治理的整体性思维框架，开辟了互联网管理的新模式，即多主体协同的互联网管理模式[②]。

多主体协同的互联网管理阶段的主要特征如下：在互联网管理系统中，不再

---

① 张伟，金蕊. 中外互联网治理模式的演化路径[J]. 南京邮电大学学报（社会科学版），2016，（4）：14-20.

② 庄杰，罗璇. 网络治理的特征探析[J]. 领导科学，2010，（26）：15-16.

由某一种力量占据支配性的地位，政府机构、大量非政府机构与个人都将参与到互联网相关公共政策的制定和执行中去，包括政府、行业协会、私营机构、网民等各种角色，其中政府的角色更是从“社会之上”的领导者转变为“社会之中”的行动者，各个主体站在同一水平线上相互协作，共同保证互联网的良好运行。

总之，国外互联网的管理制度经历了从放任到管控，从非政府、政府管控再到多主体协同管理的过程。严格来说，数字营销作为互联网高度发展的产物，仅经历了互联网管理制度第三阶段。然而，数字营销是存在已久的商业领域与互联网领域相互交融、碰撞而产生的新事物，因而其相关法律、法规和管理制度必然要追溯到互联网诞生与发展之初。目前许多国家数字营销相关的法律、法规并不是从零开始建设的，而是生发于原有的商业法规和互联网相关法规的基础之上，以其为根基进行了一系列的拓展延伸，最终形成完善的数字营销法律体系。

时至今日，互联网技术的发展推动人类迈入了数字经济时代，数字营销的手段在商业领域内被广泛运用，其相关的管理制度仍旧在不断地探索、更新与完善。

二、相关国际组织制定的电子商务法规、电子通信公约

国际上最早关注的不是数字营销而是电子商务，最早制定的并非数字营销法规而是电子商务法规，率先对电子商务立法的也不是主权国家而是一些具有世界影响力的国际组织。它们包括经济合作与发展组织（Organization for Economic Co-operation and Development，OECD）、联合国国际贸易法委员会（United Nations Commission On International Trade Law，UNCITRAL）（以下简称贸易法委员会）、国际商会（The International Chamber of Commerce，ICC）、世界贸易组织（World Trade Organization，WTO）等。成立于 1961 年的 OECD 是由 36 个市场经济国家组成的政府间国际经济组织，从 20 世纪 80 年代开始便制定了一批与电子商务有关的政策、指南和法规文件，如《隐私保护和个人资料跨界流通的指南》（1980 年）、《信息系统安全指南》（1992 年）、《加密政策指南》（1997 年）、《OECD 电子商务行动计划》（1998 年）、《经合组织关于电子商务中消费者保护指南的建议》（1999 年）、《经合组织保护消费者防止跨境欺诈和欺骗性商业活动指南》（2003 年）及《关于电子认证的建议和指南》（2007 年）等，

这些文件对引导、规范相关国家政府部门和电子商务行业的市场行为具有指导意义，也为其他国家制定相应的电子商务法规提供了行为指导和法律基础。

贸易法委员会是世界上最早对电子商务进行立法的国际组织之一。1984 年，贸易法委员会出台《自动数据处理的法律问题》报告，提出审议计算机记录和系统的法律有效性，从此拉开了电子商务立法的序幕。1996 年，贸易法委员会通过世界上最早的电子商务法规——《电子商务示范法》，该法共两部分 17 条。第一部分为“电子商务总则”，包括电子商务示范法的适用范围（第一条），电子商务中数据电文、电子数据交换定义（第二条），数据电文的法律承认（第五条），电子合同、电子签字的效力（第六条、第七条），电子证据的原件、可接受和证据力（第八条、第九条、第十条），数据电文的订立和有效性、当事各方的承认、归属、确认收讫、发出和收到数据电文的时间和地点（第十一条、第十二条、第十三条、第十四条、第十五条）；第二部分为“电子商务的特定领域”，涉及“与货运合同有关或按照货运合同采取的任何行动”，包括货物运输中的货运合同、货运单据、电子提单的效力和证据效力（第十六条、第十七条）。该法尽管只对电子商务的一些基本法律问题做出了规定，仅是一些示范性的法律文本，并不具有国际条约的法律约束力和国际惯例的行为规范作用，但却是国际上第一部电子商务法规，客观上填补了世界各国在电子商务上的法律空白，为其制定本国的电子商务法规提供了可资借鉴、参考的法律文件。2001 年，贸易法委员会通过《电子签名示范法》。该法是继《电子商务示范法》之后在国际上具有重要影响的又一法律文件，包括 12 条，规定了《电子签名示范法》的适用范围（第一条），电子签名、证书、数据电文、签名人、认证服务提供人、依赖方定义（第二条），签字技术的平等对待（第三条），符合签名要求（第六条），签字人的行为（第八条），认证服务提供人的行为与可信赖性（第九条、第十条），依赖方的行为（第十一条），对外国证书和电子签名的承认（第十二条）。《电子商务示范法》确立了电子商务法律制度的基本原则——数据电文在一定条件下满足“书面形式”要求的原则；电子签章在一定条件下与传统的签字盖章等同原则；数据电文在一定条件下符合法律上对“原件”的要求原则；不得仅仅因为文件是数据电文的原因否认其证据力的原则；以数据电文形式存在的要约、承诺和合同有效原则。这些基本原则构成了电子商务法律制度的基石，成为世界各国电子商务立法的核心内容，并不断得到补充和完善。《电子签名示范法》的出台使得电子签名文件在一定条件下获得了与纸质文件同等的法律效力，排除了在电子商务活动中使用电子媒介的障碍，促成和便利电子商务的应用，为其顺利开展确立了“游戏规则”体系。2005 年，联合国国际贸易法委员会第三十八届会议通过《联合国国际合同使用电子通信公约》，共有四章 25 条：第一章为“适用范围”，包括适用范围、不适用情形，当事人意思自治；第二章为“总则”，包括通信、电子通信、数据电文、电子通信的发件人、电子通信的收件人、信息系统、自动电文系统、营业地定义，解释，当事人的所在地，对提供情况的要求；第三章为“国际合同使用电子通信”，包括对电子通信的法律承认，形式要求，发出和收到电子通信的时间和地点，要约邀请，自动电文系统在合同订立中的使用，合同条款的备查，电子通信中的错误；第四章为“最后条款”，包括保存人，签署、批准、接受或认可，区域经济一体化组织的参与，对本国领土单位的效力，关于适用范围的声明，根据其他国际公约进行的通信往来，声明的程序和效力，保留，生效，适用时间，退约。该公约明确了电子通信的法律地位，是第一个全球性电子商务的国际公约，也是世界上最重要的关于电子通信方面的法律文件。上述法规文件虽然主要针对电子商务、电子通信，但许多法规条款涉及并适用于数字营销，是它们的法律指引，再加上美国、欧盟等发达经济体开展电子商务、电子通信立法，共同促进了全球数字营销行业的规范发展。

三、国外数字营销法规的变迁

营销是一个相当宽泛的概念，既与产品质量、食品安全、商标、价格等产品因素有关，又与合同、广告、反垄断、反不正当竞争、消费者权益保护、电子商务等营销过程相联系；既与直销、特许经营、政府采购等营销渠道联系紧密，又与诉讼、仲裁等争议解决密切相关。但是，在世界范围内，无论是西方发达国家，还是像中国这样的发展中国家，都很少制定专门的营销法，而对市场营销的规范，大多通过监管营销产品、营销过程、营销渠道和营销争议解决等营销环节的办法来规范营销市场。因此，专门的、综合性的营销法规基本上是不存在的。营销法规（marketing law）最早出现于美国学者的相关论述中，只是在说明营销与法律相互关系时屡屡被用到，其实“它是指以宪法、法律、法规、条例、决议、条约、判例等诸多具有规制力的文件，对营销活动进行指导和约束”[①]。

（一）从“放任”到“管控”——西方发达国家无奈的选择

数字营销是数字技术、网络技术和移动通信技术的产物。PC端、移动端的网络“虚拟世界”与传统的营销环境已经发生了颠覆性的变化——不再是实体店里商家与顾客“面对面”的讨价还价和“你卖我买”的简单交易，而是借助互联网、移动互联网让二者产生关系——顾客不需要与商家见面，通过轻点鼠标或动动手指，就可以完成从看货、选货、加入购物车、下单、支付等事项。在这种情况下，传统商业模式下的营销法规越来越难以适应互联网环境下的营销新变化，这就需要专门针对数字营销市场的新的“游戏规则”尽快出台，以为新兴的数字营销行业“保驾护航”。因此，数字营销法规的产生，无论国外还是国内，都是被商业环境改变、交易手段变更和营销场景变化倒逼出来的。

国外与数字营销相关的法律、法规首先出现在美国、欧盟等西方发达经济体，且经历了一个从“放任”到“管控”的过程。在数字营销产生初期，它们“放任”其自由发展，既没有设置专门的管理数字营销的行政机构，又没有制定专门的数字营销法规，只是将数字营销作为市场营销中的一部分来考察，在规范市场行为的过程中规范数字营销，而且政府的行政监管在此过程中没有占据主导地位。例如，美国最重要的行政机构——联邦贸易委员会（Federal Trade Commission，FTC）、联邦通信委员会（Federal Communications Commission，FCC）、食品药品监督管理局（Food and Drug Administration，FDA）等对数字营销的监管即是如此。形成这种状况的原因是，在互联网诞生之初，美国人并不支持政府“插手”和“控制”数字营销管理，而是主张网络空间的秩序和规则应当靠人们的行为自律和市场那只“看不见的手”来逐步确立。伴随着数字营销发展带来的问题越来越多，美国政府迅速改变这种做法，制定、出台一系列监管数字营销（以电子商务为主）的法律、法规，数字营销也在这个过程中得到一定程度的管

---

① 周杰普. 市场营销法律规制研究[M]. 上海：上海财经大学出版社，2007：20.

控。可以这样说，美国是在不知不觉中完成了对数字营销“管控”的，至于此前的“放任”与“自由”则放到了第二位。英国对数字营销进行管理秉持“监督而非监控”的理念，主要由网络观察基金会（Internet Watch Foundation，IWF）负责。这个半官方组织由英国网络服务提供商于 1996 年 9 月自发成立，在英国贸易和工业部、内政部和英国城市警察署的支持下开展日常工作。总之，由放任自流到依靠现有法规进行监管再到制定相应的“游戏规则”加强“管控”，让政府那只“看得见的手”更多地发挥作用，正成为国外监管数字营销的基本共识；不仅美国、欧盟等西方发达经济体如此，而且澳大利亚、日本、新加坡等国家亦是如此。

（二）国外对数字营销的法律规制

从数字营销诞生之初，相关法律的探讨便拉开了帷幕。虽然大多数国家认为，就互联网广告、数字营销立法而言，规制传统广告的既有立法已经足够，但是仍有许多国家认为既有法律规制的数量和适用范围极其有限，无法应对互联网中发生的新情况。当然，国外，特别是西方发达国家对于数字营销相关法律的探索已有多年，取得了一定成效，为引导数字营销的良性、有序发展做出了贡献，它们的一些好的做法值得借鉴。

1. 美国对数字营销的法律规制

美国是互联网发展最早的一个国家，数字营销诞生与发展的时间相对较早，因此其相关法律成果数量也领先各国。

美国负责数字营销活动监管的机关有 FTC、FCC、FDA 等。早在网络广告兴起之初，这些监管机关就开始关注其发展动向，并根据相关法律实施监管和引导。在法律适用上，美国和大多数国家一样，把网络视作一种媒体或载体，以拓展既有的相关立法为主。FTC 等监管机关一般会通过发布指南等方式说明相关法律如何延伸到线上，适用于何种具体情况[①]。

2000 年，FTC 发布了网络广告营销指南，阐释了网络广告信息披露应满足

① 周辉. 美国网络广告的法律治理[J]. 环球法律评论，2017，（5）：142-161.

哪些要求[①]。在此基础上，2013 年，它在更新版本《网络广告如何有效公开的指南》中，进一步强调了任何企业在互联网上发布的免责申明必须予以突出，并且任何形式的网络广告也须遵循《邮件和电话订购商品规则》。2009 年，在 FTC 制定的《广告赞助指南》中，增加了新的博客案例，明确《联邦贸易委员会法》适用于新形式的社交媒体。

对于那些既有立法难以应对的新问题，美国也进行了专门的立法加以解决，如为了避免广告商给人们发送铺天盖地的电子垃圾邮件，出台了《反垃圾邮件法》，明确规定发送电子邮件广告的广告主必须保证用户能够随时退订，并且邮件中需包含回复地址、拒收链接等内容，以便用户退订[②]。对于更加泛滥常见也极为重要的个人数据隐私问题，美国也先后出台了多个法案，如 2000 年提出的《儿童网络隐私保护法》，2011 年提出的《互联网反追踪法案》，以及《隐私权法》《消费者信息隐私权法案》《社会安全号码保护法》等，形成了相对完善的隐私法律保护体系[③]。

对于政治类的网络广告，美国也进行了相应的管理，2017 年，美国参议员提出了《诚实广告法案》，认为应该通过立法的手段去监管政治广告，要求 Facebook、Google 之类的公司保存政治广告副本，让其公开可获取，并且公布有关政治广告的受众、买方及广告费用。

随着数字营销的发展，还有一些正在形成中的法律规制。例如，FTC 的工作内容中就包含通过执行广告相关法律中关于广告真实性的要求，保护消费者利益不受商业活动的不正当或欺骗性质非法行为的侵害，就算广告的场所从报纸、电视转移到互联网也同样要遵循这个要求。因此，FTC 认为明星、网红的营销或代言行为应受上述法律规定的制约。在其发布的《社交媒体影响者信息披露规约》中，FTC 提醒意见领袖们，通过任何形式，包括文字、图片、短视频、直播等，在社交媒体上发布的营销性质内容，都应揭示内容与广告主之间的实质联系。同时，该规约还规定了意见领袖不能针对未亲身体验的产品发表使用感受，或为了

---

① Federal Trade Commission. Advertising and marketing on the internet：rules of the road[EB/OL]. https://www.ftc.gov/tips-advice/business-center/guidance/advertising-marketing-internet-rules-road，2020-08-29.

② 周辉. 美国网络广告的法律治理[J]. 环球法律评论，2017，(5)：142-161.

③ 刘国华，张力之，罗欣. 国外对公民个人信息的法律保护及对我国的启示[J]. 对外经贸，2019，(3)：106-110.

赚取报酬而对不良产品发表良好评价，更不能夸大其词，发布广告主无法提供依据的产品描述等。2020 年 2 月，FTC 的专员罗希特·乔普拉（Rohit Chopra）发表的声明中还暗示了 FTC 会加强对网红营销的监管，将规约变为法律，使违反者承担民事法律责任[①]。

2. 欧盟对数字营销的法律规制

数字营销作为技术时代的全新营销方式，兼具“数字”+“营销”的双重基因，因此对它的监管除了要运用监管传统营销领域的各项法律、法规外，还要针对这种新的营销方式及出现的新问题，出台新的法律、法规。早在 20 世纪 90 年代中期，欧盟就开始数据保护立法：1995 年出台《数据保护指令》，该指令又被称为“95 指令”，为欧盟国家通过立法保护个人数据确立了最低标准。2002 年出台《隐私与电子通讯指令》，详细规定了通信和互联网服务商需要采取措施来保障互联网服务的安全，明令禁止服务商在没有征得用户同意的情况下存储和使用用户的数据。2009 年出台《欧洲 Cookies 指令》，其核心内容是要对电子商务中 Cookies 的使用加以规范和必要的信息披露管理。2018 年 5 月 25 日出台《通用数据保护条例》，一度给各大互联网公司以及高度依赖数据的数字营销行业造成了不小的冲击。《通用数据保护条例》脱胎于欧盟 1995 年制定的《计算机数据保护法》，它的适用范围极广，任何收集、传输、处理涉及欧盟成员国内的个人信息的机构组织均被纳入适用对象之中，受到该条例的约束。例如，Google、Facebook 等大型跨境互联网企业，其核心内容为，上述对象需要在条例的允许范围内，遵循指引，收集和处理公民个人信息，若违背该条例，则会面临高额度的罚款[②]。在新规生效当天，Google、Facebook 等科技巨头纷纷遭到起诉，被指控强制用户同意共享其个人信息数据。生效几日后，欧洲数字广告需求量骤降 25%~40%。阳狮集团公布的财报显示，公司程序化业务由于《通用数据保护条例》的影响，带来了将近 980 万欧元的损失[③]。这些法规的出台不仅有效保护了消费者的网络隐私，

① 刘晓春，钟雨薇. 直播带货宜借鉴美国事后监管模式[J]. 中国对外贸易，2020，(8)：40-41.

② 刘国华，张力之，罗欣. 国外对公民个人信息的法律保护及对我国的启示[J]. 对外经贸，2019，(3)：106-110.

③ 搜狐网. 面对越来越严格的隐私法律，数字营销该何去何从？[EB/OL]. https://www.sohu.com/a/242887489_498848，2018-07-23.

也保护了营销者的隐私和其他各项权利，保障了网络营销活动的有序进行。

3. 日本对数字营销的法律规制

日本广告监管包括三层构造，第一层是广告的基准与自律规则，即广告主自身、企业之间、行业内的自律规则与约定，媒体的审查标准、伦理要求；第二层是公正竞争规约和商业惯例，公正竞争规约介于法律与行业自律之间，是企业间或行业内对赠品和表示等事项，自主商讨出的一套规则，而经公正交易委员会的认定后，即会生效；第三层则是广告关联法律法规，这些法律法规一般由国会制定，同时政府也会制定大量的法规[①]。

1968 年，随着日本《消费者保护基本法》的实行，广告的社会责任、行业自律的重要性被重新认识，日本学习了美国、英国先进的广告管理经验，设立了民间广告自律机构——日本广告审查机构（Advertising Standards Authority，JARO），以接受消费者和企业的投诉咨询，进行广告审查为主要职能，提高广告业的社会信誉，维护企业与各行业之间的公平竞争。早在 1978 年，JARO 就着手制定了广告审查标准，包括广告应公正、真实，保持品味、尊重风俗习惯……虽然内容十分简练，适应性却极强，这些基本准则被沿用至今，延伸至网络广告领域[②]。

与美国相同，日本也十分注重对个人数据信息的保护。2003 年 3 月，日本为防止第三方信息收集者侵害公民利益，通过了《个人信息保护法》，对个人信息保护做出了详细规定。此外，个人信息保护的规定还分散在各类法律条款中，如《户籍法》《电信事业法》《日本刑法典》等。

总的来说，日本的广告管理模式是以企业和行业自律为主，相关法律法规为辅，而数字营销活动归属于网络广告活动之下，也应当遵循行业自律与相关法律规制。虽然日本目前尚未有专门针对广告方面的法典，但已经通过数量众多的法律条例、规范、标准等对广告、营销活动做出了明确的规定，形成了完备的广告法之网络，加之行业自律的严密性、完备性，保证了日本广告业的健康快速发展[③]。

---

① 范志国，殷国华. 日本广告自律机制给我们的启示[J]. 中国广告，2010，（5）：122-124.

② 朱志勇，鞠宏磊. 广告业公共治理的路径与方法——对日本广告审查机构（JARO）的调研分析[J]. 青年记者，2014，（16）：82-84.

③ 胡明，杨明. 中日广告法比较研究[J]. 文教资料，2005，（35）：161-162.

4. 其他国家对数字营销的相关法律规制

除了上述国家外，还有许多国家、地区都制定了相关的数字营销的法律规制，并取得了良好成效。例如，新加坡非常重视垃圾邮件的管控和个人信息的保护。针对垃圾邮件，新加坡国会于 2007 年通过了《垃圾邮件控制法案》，其中规定了针对未经许可就将电子邮件发送给消费者，并未注明广告性质与发送人的真实电子邮件等信息的广告主，用户可要求其进行赔偿，每条赔偿 25 新元（折合人民币 128 元），可见新加坡对于邮件广告管控之严。在个人信息保护方面，新加坡议会于 2012 年通过了《新加坡个人信息保护法》，将个人信息保护纳入正式的法律治理范畴，规定机构在收集、利用个人资料时需征得用户同意，保护个人信息不被盗用、滥用于市场营销等情境中。《新加坡个人信息保护法》的适用范围较为广泛，包括了手机软件等应用服务平台、利用网络发送信息的软件与手机短信等。此外，新加坡还有许多法案中涉及数字营销，如《互联网操作规则》《网络行为法》《计算机滥用法》《电子交易法》等。

综上所述，国外关于数字营销的相关法律规制与公民的个人隐私保护相关法律是密不可分的，这也是由于数字营销是以用户个人数据为驱动力的特殊性。各国虽然在立法模式上因国情不同而各具特色，如美国主要是分散立法结合行业自律的模式，日本是统一立法结合行业自律的模式，欧盟则是统一的综合立法模式，但殊途同归，各国都是在面临前所未有的数字经济时代中追求公民利益与经济发展的平衡点，保证数字经济活动良好有序的发展。

第二节　我国互联网监管与数字营销法规的历史轨迹

我国数字营销法规的发展和变化离不开互联网。从 1994 年正式接入互联网以来，我国互联网发展已从以“内容网络”为主的 Web1.0 时代，到形成“关系网络”的 Web2.0 时代，而后进入了内容网络和终端网络质变的 Web3.0 时代[①]。

---

① 彭兰. “连接”的演进——互联网进化的基本逻辑[J]. 国际新闻界，2013，（12）：6-19.

互联网的迅速发展，不可避免地会带来一些问题。因此，在快速发展的同时做好治理十分重要，只有有序、规范的治理才能进一步推动互联网的发展。我国互联网监管经历了先发展，再规范到发展与规范并重的重心转向。与此相应，数字营销领域同样经历了上述过程，我国对数字营销的监管也曾用“老办法对新问题”——用监管传统媒体广告的法律、法规来监管数字营销活动，这种状况直到《广告法》完成修订（2015 年 9 月）和《互联网广告管理暂行办法》（2016 年 9 月）颁布施行才有所改变。

一、从先发展，再规范到发展规范并重：我国互联网监管重心转向

1994 年 4 月 20 日，中国通过一条 64K 国际专线全功能接入国际互联网，成为接入国际互联网的第 77 个国家。这是中国互联网的起点。2022 年 8 月 31 日，中国互联网络信息中心（China Internet Network Information Center，CNNIC）发布了第 50 次《中国互联网络发展状况统计报告》。报告显示，截至 2022 年 6 月，我国网民规模为 10.51 亿，互联网普及率达 74.4%[①]。28 年间，中国的互联网发展迅速，推动了技术、社会经济、文化等方面的大变革。

中国的互联网经历了大门户时代（Web1.0）、网络互动时代（Web2.0）后，进入 Web3.0 时代。与此同时，互联网监管和治理模式随之发生了变化。依据中国 Web 技术的发展阶段，中国互联网管理从诞生至今，大致可分为以下三个阶段。

（一）互联网管理初步探索阶段（1994~2004 年）

中国互联网始于 1994 年。1994~2004 年这十年是中国互联网的兴起时期，也是搜狐、新浪、网易等门户网站兴起的 Web1.0 时代。这个时期，中国的互联网治理处于初步探索阶段，互联网呈现出先发展，再规范的特征。

首先，在互联网的发展方面。1995 年 1 月，邮电部电信总局分别在北京、上海开通专线。自此开始，中国的互联网进入商用化阶段。1995 年 3 月，中国科学

① 中国互联网络信息中心. 第 50 次《中国互联网络发展状况统计报告》[EB/OL]. http://www.cnnic.net.cn/n4/2022/0914/c88-10226.html，2022-08-31.

院上海、合肥、武汉、南京 4 个分院远程连接成功。从 1999 年开始政府加大了网络基础设施的建设力度，三大上网工程——政府上网工程（1999 年）、企业上网工程（2000 年）和家庭上网工程（2001 年）陆续启动[①]。

其次，境外势力敌对、各种反动言论渗透及网络黑客等问题，迫使管理层针对互联网治理出台一系列相关法规。1994 年 2 月 18 日《中华人民共和国计算机信息系统安全保护条例》（国务院令第 147 号）发布并施行，它是我国出台的第一个互联网管理法规。1996 年 2 月 1 日《中华人民共和国计算机信息网络国际联网管理暂行规定》发布[②]，该暂行规定对"计算机信息网络国际联网""互联网络""接入网络""接入单位"做了界定，明确了由国务院信息化工作领导小组"负责协调、解决有关国际联网工作中的重大问题"，规定"新建互联网络，必须报经国务院批准"等。1999 年 10 月《中央宣传部、中央对外宣传办公室关于加强国际互联网络新闻宣传工作的意见》出台。2000 年 9 月 25 日《互联网信息服务管理办法》颁布实施。同日，国务院第 291 号令发布《中华人民共和国电信条例》。2000 年 12 月 28 日，第九届全国人民代表大会常务委员会第十九次会议通过了《关于维护互联网安全的决定》。2004 年 11 月 8 日《关于进一步加强互联网管理工作的意见》出台，对长效管理体制的建立作了重要部署。总的来说，这一时期尤其是 2000 年，政府出台了大量的网络管理法规，因此这一年被称为网络立法年。虽然相关的互联网治理法规还有待完善，但它们初步构建了我国互联网管理的基本框架[③]。

最后，国务院新闻办公室（中央对外宣传办公室）、中国互联网络信息中心、公安部公共信息网络安全监察局，三个机构根据各自的职责开展相关工作[④]。同时，互联网行业组织的自我管理起步。2001 年 5 月 25 日，中国互联网协会成立，作为一个非营利性的互联网自律组织，它制定、发布了一系列行业自律公约和自律

---

① 杨得志. 三大上网工程指定使用网络实名[EB/OL]. http://zqb.cyol.com/content/2003-04/11/content_645678.htm，2003-04-11.

② 《中华人民共和国计算机信息网络国际联网管理暂行规定》（国务院令第 195 号），1996 年 2 月 1 日发布，于 1997 年 5 月 20 日根据《国务院关于修改〈中华人民共和国计算机信息网络国际联网管理暂行规定〉的决定》修正。

③ 马骏，殷秦. 中国的互联网治理 2011[M]. 北京：中国发展出版社，2011：23.

④ 苗国厚. 互联网治理的历史演进与前瞻[J]. 重庆社会科学，2014，（11）：82-86.

规范。2002 年 3 月 26 日，我国互联网行业的第一部自律公约《中国互联网行业自律公约》正式发布，该公约为建立中国互联网行业自律机制提供了基础。由于此时的互联网发展还不规范，故互联网管理由政府主导。

（二）互联网管理强化完善阶段（2005~2010 年）

2005~2010 年是中国互联网管理的强化完善阶段。2005 年，博客的出现标志着互联网进入 Web2.0 时代。此外，新浪、搜狐、网易等企业开启或测试微博功能，社交媒体平台也开始登上历史舞台。在 Web2.0 时代，用户既是信息的消费者，也是生产者。因此，这一时期的特点就是互联网用户暴增，也因此，互联网管理呈现出复杂化的态势。

这一时期互联网管理核心是打击"黄赌毒"。2006 年全国互联网站管理工作协调小组成立,《互联网站管理协调工作方案》出台。协调小组成员单位包括信息产业部（工信部前身）、国新办、教育部、公安部、国家保密局、解放军总参通信部、中宣部等多个部委和军方机构。其中，中宣部负责指挥，办公室设在工信部，各部门"分工负责，齐抓共管"[①]。这标志着网络治理的体制机制已经成型。

（三）发展与规范并重阶段（2011 年至今）

2011 年至今，我国互联网管理进入发展与规范并重阶段。伴随着新技术的不断发展和移动互联网的出现，中国的互联网迈入新的历史阶段，在日新月异的技术变革下，传统的互联网管理方式将会面临新的挑战，互联网管理随之发生变化。

2014 年 2 月 27 日，中央网络安全和信息化领导小组成立（2018 年 3 月，根据中共中央印发的《深化党和国家机构改革方案》，将中央网结安全和信息化领导小组改为中国共产党中央网络安全和信息化委员会），价格网络治理上升为国家战略。这标志着网络治理机构由虚到实，力度由弱到强的重大转变。2016 年 4 月 19 日，习近平总书记在网络安全和信息化工作座谈会上强调："安全是发展的前提，发展是安全的保障，安全和发展要同步推进。"同时提出要"加快网络立法进

① 刘双一. 我国互联网管理改革四十年历程及展望[J]. 中共乐山市委党校学报，2019,（4）：61-67.

程，完善依法监管措施，化解网络风险"[①]。这体现了发展和规范并重的互联网治理理念。2019 年，面对新兴技术的发展，中央政治局多次开展政治学习，并指出未来互联网治理应做到如下三点：第一，要着眼于推进国家治理体系和治理能力现代化，改变以往"先发展后治理"的方式，要一手抓发展，一手抓治理，防患人工智能、区块链、全媒体等前沿技术带来的伦理、隐私、安全、信息地缘政治等风险；第二，要把握人工智能、区块链、全媒体的技术属性和社会属性双重特点，正确处理好创新发展应用与确保安全有序的辩证关系，建立一整套围绕这些新信息技术发展与应用的伦理、规范、政策、制度和法律等治理规则体系；第三，要统筹国内国际两个大局，在人工智能、区块链、全媒体的治理规则上既有中国特色又有全球视野，提升中国参与全球互联网治理的制度性话语权[②]。

二、我国的数字营销法规发展

随着互联网的发展，数字营销逐渐兴起。数字营销法规是数字营销监管机关进行数字营销监管的主要依据，也是数字营销市场主体开展数字营销活动应该遵循的基本准则。

（一）数字营销法规的性质

数字营销法规是一国政治、法律制度的组成部分，属于经济法和行政法规的范畴，由国家制定或认可，是其意志的体现，是国家以强制手段来保证其实施的行为规范。此外，数字营销法规也是数字化时代下传统营销法规的新发展。

与广告有关的法律、管理法规按其性质划分，可分为法律（经济法）、行政法规、部门规章、地方性法规四个层级。

1. 法律（经济法）

《广告法》和《电子商务法》是市场监督管理机关监管数字营销市场的主要

① 姜洁. 习近平主持召开网络安全和信息化工作座谈会[EB/OL]. http://cpc.people.com.cn/n1/2016/0420/c64094-28289000.html，2016-04-20.

② 中国经济网. 2019 年互联网治理蓝皮书在京发布[EB/OL]. http://www.ce.cn/xwzx/gnsz/gdxw/201912/06/t20191206_33789824.shtml，2019-12-06.

执法依据，其性质属于法律中的经济法，属于经济法中的市场管理法。它是由国家最高权力机关——全国人民代表大会及其常务委员会制定、颁布的规范性文件的总称，其法律效力和地位仅次于宪法，高于行政法规、部门规章和地方性法规。

2. 行政法规

行政法规是指由国家最高行政机关国务院，依照宪法和法律制定的规范性文件的总称。它包括由国务院制定和发布的及由国务院各主管部门制定，经国务院批准发布的规范性文件。其地位和效力低于法律，但高于部门规章和地方性法规。《广告管理条例》《广告管理条例施行细则》等即属于行政法规性质。

3. 部门规章

部门规章是指由国务院各部、委员会、中国人民银行、审计署和具有行政管理职能的直属机构，根据法律和国务院的行政法规、决定、命令，在本部门的权限范围内制定的规范性文件的总称。《互联网广告管理暂行办法》即由国家工商行政管理总局发布的部门规章。

4. 地方性法规

地方性法规是指由最高国家权力机关，即全国人民代表大会及其常务委员会，通过法律授权或特别权的形式赋予地方国家权力机关，根据本行政区域的具体情况和实际需要，依法制定的在本行政区域内具有法律效力的规范性文件。它包括省、自治区、直辖市的人民代表大会及其常务委员会，在不同宪法、法律、行政法规相抵触的前提下制定的规范性文件；省、自治区人民政府所在地的市和经国务院批准的较大城市的人民代表大会及其常务委员会，在不同宪法、法律、行政法规相抵触的前提下制定和颁布的规范性文件。各省、自治区、直辖市、计划单列城市制定的户外广告管理办法等属于地方性广告管理法规。

（二）数字营销法规的内容

与数字营销相关的法律、法规，既有直接监管互联网广告的《互联网广告管理暂行办法》和《互联网广告管理办法（公开征求意见稿）》，又有以规范传统媒体广告为主、涉及互联网广告的《广告法》，还有与互联网广告监管有关的《电子商务法》《网络交易监督管理办法》《市场监管总局关于加强网络直播营销活动监管的指导意见（征求意见稿）》。

1. 《广告法》中涉及的数字营销法规

《广告法》颁布于1994年10月27日，1995年2月1日正式在全国施行。它是我国第一部综合性、全国性的广告法律，是广告监管历史上的里程碑。2015年，传统广告逐渐没落，数字营销逐渐兴起。面对数字营销的新问题、新情况，原有的《广告法》已经不能适应广告行业的发展。修订后的《广告法》应运而生。2015年9月1日，修订后的《广告法》正式施行。2018年10月26日，再次修订《广告法》。1994年的《广告法》共有六章四十九条内容，涵盖总则、广告准则、广告活动、广告的审查、法律责任和附则部分。2015年的《广告法》共有六章七十五条内容，包括总则、广告内容准则、广告行为规范、监督管理、法律责任和附则部分。其中有少数条款涉及互联网广告监管：其一，将互联网广告纳入《广告法》的管辖范围，其第二条规定："在中华人民共和国境内，商品经营者或者服务提供者通过一定媒介和形式直接或者间接地介绍自己所推销的商品或者服务的商业广告活动，适用本法。"（在传统媒介或互联网媒介上直接或间接推销商品或服务皆适用本法）其第四十四条第一款规定："利用互联网从事广告活动，适用本法的各项规定。"其二，向用户发送电子信息广告必须经当事人同意或请求，明示发送者的真实身份和联系方式，并为其设置拒绝继续接收的方式。"任何单位或者个人未经当事人同意或者请求，不得向其住宅、交通工具等发送广告，也不得以电子信息方式向其发送广告"（第四十三条第一款）。"以电子信息方式发送广告的，应当明示发送者的真实身份和联系方式，并向接收者提供拒绝继续接收的方式"（第四十三条第二款）。其三，规定"利用互联网发布、发送广告，不得影响用户正常使用网络。在互联网页面以弹出等形式发布的广告，应当显著标明关闭标志，确保一键关闭"（第四十四条第二款）。其四，规定"公共场所的管理者或者电信业务经营者、互联网信息服务提供者对其明知或者应知的利用其场所或者信息传输、发布平台发送、发布违法广告的，应当予以制止"（第四十五条）。其五，该法第六十三条第一款、第二款和第六十四条规定了对上述条款的违法行为的处罚。

2.《互联网广告管理暂行办法》的出台与施行

随着互联网广告的迅速发展，相关问题开始显露。为了规范市场、有效维护消费者权益，国家工商行政管理总局于2015年7月发布《互联网广告监督管理暂行办法（征求意见稿）》公开征求意见。2016年5月，"魏则西事件"引发了公众对互联网虚假广告的高度关注，国家工商行政管理总局加快了互联网广告的立法进程[①]，于2016年9月1日起正式施行《互联网广告管理暂行办法》。《互联网广告管理暂行办法》的定位主要体现在两点：其一，注重监管，体现了国家相关部门对互联网广告的重视。其二，"暂行"二字体现了立法的动态性和先进性。面对互联网广告的更新变化，《互联网广告管理暂行办法》尚有其调整空间，可依据实际情况予以调整。它一共有二十九条内容。

其一，明确《互联网广告管理暂行办法》根据《广告法》等法律、行政法规制定的原则。

其二，对互联网广告做了定义："本办法所称互联网广告，是指通过网站、网页、互联网应用程序等互联网媒介，以文字、图片、音频、视频或者其他形式，直接或者间接地推销商品或者服务的商业广告。"《互联网广告管理暂行办法》还列举了五种形式的互联网广告：①推销商品或者服务的含有链接的文字、图片或者视频等形式的广告；②推销商品或者服务的电子邮件广告；③推销商品或者服务的付费搜索广告；④推销商品或者服务的商业性展示中的广告，法律、法规和规章规定经营者应当向消费者提供的信息的展示依照其规定；⑤其他通过互联网媒介推销商品或者服务的商业广告。

其三，对互联网广告行业的特殊经营模式——程序化购买广告做了规定。程序化购买广告是指通过数字化的平台，代表广告主自动执行媒体购买的流程。简单来说，就是指通过计算机程序的介入，自动完成广告的采买，并实现广告投放的最优化[②]。《互联网广告管理暂行办法》第十三条规定："互联网广告可以以程序化购买广告的方式，通过广告需求方平台、媒介方平台以及广告信息交换平台等

---

① 人民网. 评论：给网络戴上法制的"紧箍咒" 避免"魏则西事件"再发生[EB/OL]. http://opinion.people.com.cn/n1/2016/0509/c1003-28336883.html，2016-05-09.

② 李儒俊，卢维林. 程序化购买广告模式研究[J]. 传媒，2017，(1)：67-70.

所提供的信息整合、数据分析等服务进行有针对性的发布。通过程序化购买广告方式发布的互联网广告，广告需求方平台经营者应当清晰标明广告来源。”

其四，对不正当竞争的广告行为进行了禁止。《互联网广告管理暂行办法》第十六条规定：“互联网广告活动中不得有下列行为：①提供或者利用应用程序、硬件等对他人正当经营的广告采取拦截、过滤、覆盖、快进等限制措施；②利用网络通路、网络设备、应用程序等破坏正常广告数据传输，篡改或者遮挡他人正当经营的广告，擅自加载广告；③利用虚假的统计数据、传播效果或者互联网媒介价值，诱导错误报价，谋取不正当利益或者损害他人利益。”

其五，《互联网广告管理暂行办法》对互联网广告的“可识别性”做出了明确规定，其第七条规定：“互联网广告应当具有可识别性，显著标明‘广告’，使消费者能够辨明其为广告。付费搜索广告应当与自然搜索结果明显区分。”规定了用户对互联网广告的自由选择权，《互联网广告管理暂行办法》第八条：“利用互联网发布、发送广告，不得影响用户正常使用网络。在互联网页面以弹出等形式发布的广告，应当显著标明关闭标志，确保一键关闭。不得以欺骗方式诱使用户点击广告内容。未经允许，不得在用户发送的电子邮件中附加广告或者广告链接。”

总的来说，《互联网广告管理暂行办法》规范了互联网广告行为，是对《广告法》的补充和完善，对于促进数字营销（广告）的健康发展、维护公平竞争的市场秩序具有十分重要的意义。

3.《互联网广告管理办法（公开征求意见稿）》

鉴于《互联网广告管理暂行办法》施行 5 年多来出现了许多新情况，遇到了不少新问题，所以国家市场监督管理总局起草了《互联网广告管理办法》，于 2021 年 11 月 26 日至 2021 年 12 月 25 日向全社会公开征求意见，其公告如下：“为进一步完善互联网广告监管制度，增强互联网广告监管的科学性、有效性，促进互联网广告业持续健康发展，根据《广告法》等法律，国家市场监督管理总局在修订《互联网广告管理暂行办法》的基础上，起草了《互联网广告管理办法（公开征求意见稿）》，现向社会公开征求意见。欢迎广大公众提出意见，并通过以下途径和方式于 2021 年 12 月 25 日前提出意见。”《互联网广告管理办法》有如下变动：

其一，立法依据有所调整。其第一条规定："为规范互联网广告活动，保护消费者的合法权益，促进互联网广告业健康发展，维护公平竞争的市场经济秩序，根据《广告法》《电子商务法》等法律、行政法规，制定本办法。"增加《电子商务法》作为《互联网广告管理办法》的立法依据。

其二，对管辖范围有所限定，对其管辖形式有所拓展。其第二条规定："在中华人民共和国境内，利用网站、网页、互联网应用程序等互联网媒介，以文字、图片、音频、视频或者其他形式，直接或者间接地推销商品或者服务的商业广告活动，适用广告法和本办法的规定。在商业性展示中，依照法律、行政法规、规章以及国家有关规定，应当向消费者提供的商品或服务的名称、规格、型号、等级、价格、使用方法、制作方法、注意事项等信息，依照其规定。"将《广告法》《互联网广告管理办法》的管辖范围限定在中华人民共和国境内，将管辖形式由"直接或者间接地推销商品或者服务的商业广告"拓展为"直接或者间接地推销商品或者服务的商业广告活动"，增加了"活动"。

其三，对广告主、互联网广告经营者、互联网广告发布者、互联网信息服务提供者进行了明确界定。其第三条第一款、第二款、第三款、第四款："本办法所称广告主，是指为推销商品或者服务，自行或者委托他人设计、制作、发布互联网广告的自然人、法人或者其他组织"。"本办法所称互联网广告经营者，是指接受委托提供互联网广告设计、制作、代理服务的自然人、法人或者其他组织"。"本办法所称互联网广告发布者，是指利用互联网媒介为广告主或者广告主委托的广告经营者发布广告的自然人、法人或者其他组织"。"本办法所称互联网信息服务提供者，是指通过互联网提供信息服务，未参与互联网广告设计、制作、代理、发布等活动的自然人、法人或者其他组织"。这是《互联网广告管理暂行办法》没有的。

其四，对"须经审查的"和"已经审查通过的广告内容需要改动的"特殊商品或者服务广告做出规定。其第七条第二款："须经审查的广告，应当严格按照审查通过的内容发布，不得剪辑、拼接、修改，不得增加链接、二维码等内容。已经审查通过的广告内容需要改动的，应当重新申请广告审查。"其第一款与《互联网广告管理暂行办法》第六条一样，其第二款为新增。

其五，对互联网广告关闭标志做出规定，其第九条：“以启动播放、视频插播、弹出等形式发布的互联网广告，应当显著标明关闭标志，确保一键关闭，不得有下列情形：①没有关闭标志或者需要倒计时结束才能关闭；②关闭标志虚假、不可清晰辨识或定位；③实现单个广告的关闭，须经两次以上点击；④在浏览同一页面过程中，关闭后继续弹出广告；⑤其他影响一键关闭的行为。不得以欺骗、误导方式诱使用户点击广告。”

其六，新增禁止“利用互联网发布面向中小学、幼儿园的校外培训广告”和禁止发布针对未成年人的互联网广告，其第十条第一款、第二款规定：“不得利用互联网发布面向中小学、幼儿园的校外培训广告。”“不得利用针对未成年人的网站、网页、互联网应用程序等互联网媒介发布医疗、药品、保健食品、医疗器械、化妆品、酒类、美容广告以及不利于未成年人身心健康的网络游戏广告”。

4. 《电子商务法》中的数字营销法规

随着电子商务的快速发展，相关法律法规的出台也迫在眉睫。2018 年 8 月 31 日，第十三届全国人大常委会第五次会议表决通过《电子商务法》，自 2019 年 1 月 1 日起正式施行。它是我国电商领域首部综合性法律，对规范电商领域各主体行为，维护电商行业市场秩序，引导电商行业持续健康发展具有重要意义。《电子商务法》共有七章八十九条，内容包括：总则、电子商务经营者、电子商务合同的订立与履行、电子商务争议解决、电子商务促进、法律责任和附则。该法与数字营销相关的法规条款如下：其第十八条第二款规定：“电子商务经营者向消费者发送广告的，应当遵守《中华人民共和国广告法》的有关规定。”其第四十条规定：“电子商务平台经营者应当根据商品或者服务的价格、销量、信用等以多种方式向消费者显示商品或者服务的搜索结果；对于竞价排名的商品或者服务，应当显著标明‘广告’。”其第八十一条第六款规定：“电子商务平台经营者违反本法第四十条规定，对竞价排名的商品或者服务未显著标明‘广告’的，依照《中华人民共和国广告法》的规定处罚。”

5. 《网络交易监督管理办法》的数字营销法规

随着网络交易的普及，相关法规的出台提上了议事日程。为了保障消费者的权益，促进网络经济持续健康发展，《网络商品交易及有关服务行为管理暂行办法》

（国家工商行政管理总局令第 49 号）于 2010 年 5 月 31 日发布，2010 年 7 月 1 日实施。2014 年 2 月 13 日，《网络交易管理办法》由国家工商行政管理总局令 60 号公布，自 2014 年 3 月 15 日起施行。《电子商务法》作为电子商务领域综合性、基础性法律，是从事电子商务活动、实施电子商务监管必须遵守的基本法律规范。在 2014 年《网络交易管理办法》出台时，《电子商务法》尚未颁布；在 2019 年《电子商务法》颁布实施后，为了更好地贯彻落实依法治国精神、更好地履行市场监管职责的需要，需要对《网络交易管理办法》相关内容予以修订。《网络交易监督管理办法（征求意见稿）》于 2019 年 4 月 30 日发布、2019 年 5 月 29 日截止，公开向社会征求意见。2021 年 3 月 15 日国家市场监督管理总局令第 37 号公布《网络交易监督管理办法》，自 2021 年 5 月 1 日起施行。

《网络交易监督管理办法》一共五章五十六条：第一章“总则”6 条，第二章“网络交易经营者”26 条，第三章“监督管理”6 条，第四章“法律责任”17 条，第五章“附则”1 条。其主要内容如下：

其一，对《网络交易监督管理办法》适用范围的界定。其第二条规定：

在中华人民共和国境内，通过互联网等信息网络（以下简称通过网络）销售商品或者提供服务的经营活动以及市场监督管理部门对其进行监督管理，适用本办法。

在网络社交、网络直播等信息网络活动中销售商品或者提供服务的经营活动，适用本办法。

其二，对“网络交易经营者”“网络交易平台经营者”“平台内经营者”“网络社交、网络直播等网络服务提供者”的定义。其第七条规定：

本办法所称网络交易经营者，是指组织、开展网络交易活动的自然人、法人和非法人组织，包括网络交易平台经营者、平台内经营者、自建网站经营者以及通过其他网络服务开展网络交易活动的网络交易经营者。

本办法所称网络交易平台经营者，是指在网络交易活动中为交易双方或者多方提供网络经营场所、交易撮合、信息发布等服务，供交易双方或者多方独立开展网络交易活动的法人或者非法人组织。

本办法所称平台内经营者，是指通过网络交易平台开展网络交易活动的网络交易经营者。

网络社交、网络直播等网络服务提供者为经营者提供网络经营场所、商品浏览、订单生成、在线支付等网络交易平台服务的，应当依法履行网络交易平台经营者的义务。通过上述网络交易平台服务开展网络交易活动的经营者，应当依法履行平台内经营者的义务。

其三，对网络交易经营市场主体登记的规定。其第八条第一款：“网络交易经营者不得违反法律、法规、国务院决定的规定，从事无证无照经营。除《中华人民共和国电子商务法》第十条规定的不需要进行登记的情形外，网络交易经营者应当依法办理市场主体登记。”

其四，对网络交易经营者身份信息公示的规定。其第十二条规定：

网络交易经营者应当在其网站首页或者从事经营活动的主页面显著位置，持续公示经营者主体信息或者该信息的链接标识。鼓励网络交易经营者链接到国家市场监督管理总局电子营业执照亮照系统，公示其营业执照信息。

已经办理市场主体登记的网络交易经营者应当如实公示下列营业执照信息以及与其经营业务有关的行政许可等信息，或者该信息的链接标识：

（一）企业应当公示其营业执照登载的统一社会信用代码、名称、企业类型、法定代表人（负责人）、住所、注册资本（出资额）等信息；

（二）个体工商户应当公示其营业执照登载的统一社会信用代码、名称、经营者姓名、经营场所、组成形式等信息；

（三）农民专业合作社、农民专业合作社联合社应当公示其营业执照登载的统一社会信用代码、名称、法定代表人、住所、成员出资总额等信息。

其五，对用户信息收集使用保护的规定。其十三条规定：

网络交易经营者收集、使用消费者个人信息，应当遵循合法、正当、必要的原则，明示收集、使用信息的目的、方式和范围，并经消费者同意。网络交易经营者收集、使用消费者个人信息，应当公开其收集、使用规则，不得违反法律、法规的规定和双方的约定收集、使用信息。

网络交易经营者不得采用一次概括授权、默认授权、与其他授权捆绑、停止安装使用等方式，强迫或者变相强迫消费者同意收集、使用与经营活动无直接关系的信息。收集、使用个人生物特征、医疗健康、金融账户、个人行踪等敏感信息的，应当逐项取得消费者同意。

网络交易经营者及其工作人员应当对收集的个人信息严格保密，除依法配合监管执法活动外，未经被收集者授权同意，不得向包括关联方在内的任何第三方提供。

其六，对网络交易经营行为的规定。网络交易经营者应当全面、真实、准确、及时地披露商品或者服务信息，销售商品或者提供服务应当明码标价，不得虚构交易、编造用户评价、删除用户不利评价，不得违法搭售商品或者服务，不得滥用市场支配地位，不得限制交易、收取不合理费用等。其第十四条规定：

网络交易经营者不得违反《中华人民共和国反不正当竞争法》等规定，实施扰乱市场竞争秩序，损害其他经营者或者消费者合法权益的不正当竞争行为。

网络交易经营者不得以下列方式，作虚假或者引人误解的商业宣传，欺骗、误导消费者：

（一）虚构交易、编造用户评价；

（二）采用误导性展示等方式，将好评前置、差评后置，或者不显著区分不同商品或者服务的评价等；

（三）采用谎称现货、虚构预订、虚假抢购等方式进行虚假营销；

（四）虚构点击量、关注度等流量数据，以及虚构点赞、打赏等交易互动数据。

网络交易经营者不得实施混淆行为，引人误认为是他人商品、服务或者与他人存在特定联系。

网络交易经营者不得编造、传播虚假信息或者误导性信息，损害竞争对手的商业信誉、商品声誉。

其七，对网络交易平台经营者的规定。其第二十四条规定：

网络交易平台经营者应当要求申请进入平台销售商品或者提供服务的经营者提交其身份、地址、联系方式、行政许可等真实信息，进行核验、登记，建立登记档案，并至少每六个月核验更新一次。

网络交易平台经营者应当对未办理市场主体登记的平台内经营者进行动态监测，对超过本办法第八条第三款规定额度的，及时提醒其依法办理市场主体登记。

其八，对网络交易经营者失信行为的规定。其第三十七条规定：

市场监督管理部门依法对网络交易经营者实施信用监管，将网络交易经营者的注册登记、备案、行政许可、抽查检查结果、行政处罚、列入经营异常名录和严重违法失信企业名单等信息，通过国家企业信用信息公示系统统一归集并公示。对存在严重违法失信行为的，依法实施联合惩戒。

前款规定的信息还可以通过市场监督管理部门官方网站、网络搜索引擎、经营者从事经营活动的主页面显著位置等途径公示。

6. 《市场监管总局关于加强网络直播营销活动监管的指导意见（征求意见稿）》

2020 年 7 月 29 日至 8 月 28 日，国家市场监督管理总局发布《市场监管总局关于加强网络直播营销活动监管的指导意见（征求意见稿）》的公告，向社会公开征求意见。其公告如下：“为加强网络直播营销活动监管，保护消费者合法权益，促进直播营销新业态健康发展，依据《电子商务法》《反不正当竞争法》《产品质量法》《食品安全法》《消费者权益保护法》《广告法》《价格法》等相关法律规定，市场监管总局起草了《市场监管总局关于加强网络直播营销活动监管的指导意见（征求意见稿）》，现向社会公开征求意见。欢迎各有关单位和个人提出修改意见，并于 2020 年 8 月 28 日前反馈市场监管总局。”

其一，规定了网络直播营销活动的总体要求：“以习近平新时代中国特色社会主义思想为指导，全面贯彻党的十九大和十九届二中、三中、四中全会精神，认真落实党中央、国务院决策部署，针对网络直播营销活动新情况、新特点，坚持规范监管和服务发展并重，转变监管理念，创新监管方式，积极探索适应新业态特点、有利于公平竞争的监管方式，依法打击网络直播营销活动中侵犯消费者合法权益、侵犯知识产权、破坏市场秩序的违法行为，大力营造公平、有序、安全、放心的市场环境。”

其二，厘清网络直播营销活动有关主体的法律责任。主要包括网络平台经营者的法律责任、网络平台参与宣传推广时的法律责任、商品经营者的法律责任和网络主播的法律责任。

其三，严格规范网络直播营销行为。主要体现在三个方面：严格规范商品或服务营销、严格规范广告审查发布、严格规范广告代言。

其四，依法查处网络直播营销违法行为。主要包括依据《电子商务法》，依法查处电子商务违法行为；依据《消费者权益保护法》，依法查处侵犯消费者合法权益违法行为；依据《反不正当竞争法》，依法查处不正当竞争违法行为；依据《产品质量法》，依法查处产品质量违法行为；依据《中华人民共和国食品安全法》，依法查处食品安全违法行为；依据《广告法》，依法查处广告违法行为；依据《价格法》，依法查处价格违法行为。

第七章　我国数字营销市场监管困境与制度建设构想

1994 年 10 月 14 日，美国《热线杂志》(Hotwired) 的网络版 Hotwired (www.hotwired.com) 为美国电话电报公司等广告主刊登了 14 则广告横幅，宣告网络广告诞生和世界数字营销时代到来，而 ChinaByte 则在 1997 年 3 月为 IBM、Intel 发布网络广告，标志着中国网络广告的开端和中国数字时代的来临。伴随着新技术的广泛应用，数字媒体平台发展迅猛，打破了原有的媒体市场格局——报刊、广播和电视等传统媒体对社会公众的影响力已然不再，其在媒体市场上的经营也受到显著冲击，呈现出断崖似的下跌，而迅速崛起的数字媒体平台，不但影响着社会生活的方方面面，改变了人们的工作方式、生活习惯、阅读偏好和消费观念，而且其经营也表现为井喷式的增长，已经取代传统媒体成为媒体市场和营销市场的主角。当然，与这种状况形成鲜明对比的是，对数字营销市场的监管却屡屡陷入困境。

第一节　数字营销市场监管困境之表现

针对传统营销市场，我国与世界上其他国家一样，已经制定了一套较为完善的监管数字营销市场的法律、法规和各种单项规章，而针对数字营销市场的专门立法可以说才刚刚起步，2015 年修订的《广告法》中少数条款涉及对数字营销市场和互联网广告的监管，2016 年颁布、施行的《互联网广告管理暂行办法》也比较简单，这在无形中增加了市场监管部门在执法中的难度。因此，不论是在数字营销立法方面，还是在数字广告监管方面，抑或是在对数字营销市场主体的管辖和对虚假或违法的数字营销行为的处罚等方面，均很难做到有法可依并监管到位，亟待加强和急需解决的监管难题还非常多，面临的监管困境更是难以胜数。

数字媒体平台具有开放性、自由性、迅捷性、无国界性和交互性等特征，要有效监管数字营销市场，应首先理清四个问题：由谁来监管？即明确监管主体；监管谁？即明确监管对象；如何监管？即明确监管过程、手段；怎么处罚？即明确监管结果处罚。在传统媒体时代，上述四方面均不是问题，而在数字营销时代，监管主体难界定、监管对象难明确、监管过程难控制、监管结果难处罚却成为市场监管部门遇到的首要难题。

一、监管主体难界定

监管主体难界定是数字时代到来以后才出现的新情况、新问题。究其原因有三：其一，媒体属地管辖原则受到挑战。过去传统媒体受地域限制，市场监管主体容易确定，一般由最先发现虚假或违法广告的媒体所在地的市场监管部门负责。例如，2007 年 10 月 1 日正式施行的《工商行政管理机关行政处罚程序规定》第八条规定："对利用广播、电影、电视、报纸、期刊、互联网等媒介发布违法广告的行为实施行政处罚，由广告发布者所在地工商行政管理机关管辖。"这里虽然也提到了"互联网等媒介"，但这条规定主要还是针对传统媒体的。在数字时代，数字媒体平台不受时间、地域的限制，数字广告也能够超越时空，任何组织、任何个人都可以随时随地在数字媒体平台上发布广告。一则虚假或违法数字广告：广告发布者可能在北京，广告发布地可能在上海，受害者却可能在广州或全球各地。此时，市场监管主体到底是谁呢？是北京市场监管部门，还是上海市场监管部门，抑或是广州市场监管部门（或是全球其他国家的市场监管机关）？这则虚假或违法数字广告应该由哪家出面监管呢？显然，这是一个难以理清的难题。其二，数字广告经营主体各居一地，对监管主体地位形成挑战。虚假或违法数字广告从创意、设计、制作到发布，要经过众多数字广告经营主体之“手”，在数字媒体平台上发布并传播出去，才会对用户产生影响。在此过程中，既涉及数字营销公司，又与数字媒体平台相关，还牵涉到 IP 地址、网络维护者等，而且上述数字广告经营者并非居住在一座城市，很多时候各居一地，在这种情况下到底由哪个地方的市场监管机关出面进行监管呢？监管主体又成为难题。其三，数字广告监管涉及多个职能部门，其具体分工并不明确。对数字广告监管并不是市场监管机关一家的事情，它还与党委宣传、网信、广电、工信、公安、药监等职能部门有关，这些部门的职责如何分工？到目前为止似乎仍然没有明确的答案。监管主体难界定，从根本上说就是没有解决好数字广告“由谁来监管”的问题。监管主体不清、职责不明，直接导致很多时候在监管过程中对虚假或违法数字广告存在互相推诿或无人监管的问题，即人们常说的“一个和尚挑水吃，两个和尚抬水吃，三个和尚没水吃”现象。当然，伴随着我国对数字营销市场监管的重视和力量的加强，这个问题一定会得到解决。

二、监管对象难明确

数字营销的监管对象包括数字营销市场经营主体（广告主、数字营销公司、数字媒体平台、第三方监测机构）和数字广告内容两个方面，而在对数字营销市场的监管过程中，对这两个方面的界定都存在困难。

（一）数字广告经营主体难界定

在传统媒体时代，广告主、广告经营者、广告发布者和广告代理制是广告市场中最重要的组成部分，它们各自的定位和职责是非常清晰的：广告主是指“为推销商品或者服务，自行或者委托他人设计、制作、发布广告的自然人、法人或者其他组织”，广告主是广告运动的发起者，是广告费用的实际支付者，对做多大规模的广告，对广告运动的发展方向拥有决定权；广告经营者是指“接受委托提供广告设计、制作、代理服务的自然人、法人或者其他组织”，往往指广告代理公司；广告发布者是指“为广告主或者广告主委托的广告经营者发布广告的自然人、法人或者其他组织”，一般指报刊、广播、电视等各种类型的传统媒体；广告代理制则专指广告经营机制或者广告运作机制，广告主将广告业务委托给广告经营者，广告经营者就自行或以广告主的名义在广告市场中开展广告设计、制作、代理服务，然后将广告刊播业务交给广告发布者负责在相应的媒体上刊播，再由广告发布者向广告经营者支付一定额度的广告代理费（一般为广告刊播费用的 15%）。尽管广告市场不乏广告主衍生广告公司或者媒介广告公司的现象，但是从总体上说广告代理制在传统媒体时代还是基本得到广告主、广告经营者和广告发布者认可的。

进入数字营销时代以后，广告主、广告经营者和广告发布者三者的区分日益变得模糊，网络上任何一个主体既可以是信息的接受者，又可以是信息的发送者，而在目前还没有对网上信息发布作全面的资格审查和许可的情况下，这种发布几乎没有什么门槛。因此就出现了广告主、广告经营者和广告发布者身份重合的现象，三者的界限在数字营销时代越来越难以区分。例如，以工商企业为主体的广告主，一般都开设有自己的对外窗口——官网，既展示企业自身形象又发布大量的产品或服务信息，搭建“两微一端”（微博、微信、客户端）和对外销售或服务的 App 更是其标配。在这种情况下，广告主就集广告主、广告经营者和广告发布者三大角色于一身。因此，《广告法》对广告主、广告经营者和广告发布者的定义及其规制方式显然已不能适应数字时代广告营销的现状和发展了。

（二）数字广告性质难界定

我国《广告法》第二条第一款规定：“在中华人民共和国境内，商品经营者或者服务提供者通过一定媒介和形式直接或者间接地介绍自己所推销的商品或者服务的商业广告活动，适用本法。”可见，认定某一信息发布行为是否是广告行为，是有一定标准和特征的：其一，需“通过一定媒介和形式”；其二，“直接或者间接地介绍自己所推销的商品或者服务的商业广告活动”，而且这些商业广告活动是具有“可识别性”的。《广告法》第十四条第一款规定：“广告应当具有可识别性，能够使消费者辨明其为广告。”传统媒体时代的广告总是以固定的形式、时间或版面发布，广告监管机关及消费者容易识别。但是，数字广告形式多样，常常以隐性广告的形式出现，使得一般信息与商业广告信息常常容易发生混淆，要将二者截然分开，界定的难度是非常大的。例如，在 BBS 中发布的具有广告性质的信息、网络新闻中的隐性广告、关键词搜索中的隐性广告等，均具有明显的广告作用，也达到了广告效果，却从未注明它们是广告。那么，这种讯息是否属于广告监管的范畴？是否需要对其纳入监管的范围？这些均是值得关注但却难以回答的问题。

三、监管过程难控制

对数字广告的监管过程也存在诸多困难，它们一方面阻碍着监管部门的顺利执法，另一方面也影响着监管部门的执法热情。

（一）跨地域监管问题多

数字广告无地界、国界限制，任何一则数字广告都可能在全球看到，很多数字广告可能本身就是面向全球市场。一则虚假或违法广告的发布，受害者很可能涉及不同国家，甚至分布在世界各地，由此导致很多问题，如各国法律冲突，在一国合法的数字广告可能在另一国则为非法，应适用哪个国家的法律？如何追究违法当事人的法律责任？由谁来追究？其民事责任应该如何承担？而对于广告经营主体，又该由哪一级广告监管机关为其核发广告经营许可证和颁发营业执照？怎样确立其经营资质？其是否适用传统的资质等级标准？以上种种问题，使得很多数字广告很难通过一国的法律来解决，往往需要国家间的协作，甚至可以由国际性机构制定统一的具有约束力的规则。但是，至少到目前为止这种期待基本上还停留在构想阶段，其实施起来难度可想而知。

（二）违法事实取证难

查处虚假或违法广告关键在于证据的认定，但数字传播超链接的特性，导致发布主体追踪难。此外，数字信息可以任意修改，不留痕迹，且电子证据易丢失，网上的无照经营户可以通过轻点鼠标，销毁所有经营记录与违法事实，这都是在违法取证中遇到的难题。

（三）数字广告数量多监管难

广告监管法律规定，从事广告活动业务必须取得相应的资格认证和营业执照，而我国目前数字广告市场缺乏市场准入制度，几乎任何个人、单位都可以随时发布广告，而且广告形式花样百出、数量浩如烟海，监管部门无论从人力、物力、财力上还是从技术上都无法做到对所有数字广告进行实时监管，也很难对所有的虚假或违法广告追究责任、进行处罚。

四、监管结果难处罚

受监管主体难界定、监管对象难明确、监管过程难控制的影响，市场监管部门如何对数字广告监管结果的处罚也是面临的难题。尽管监管主体（由谁监管）问题可以借鉴监管传统媒体的方式，通过制定行政法规或者行政规章加以解决[①]，然而，此举是否就是解决问题的最佳方式，原有的问题通过这种方式是否就完全解决了或者根本就不存在了？这是值得深入探讨的。即使市场监管主体的管辖权问题能够得到解决，但监管对象难明确、监管过程难控制问题也还没有得到根本解决，在这种情况下市场监管部门处罚谁、如何处罚、处罚依据何在的问题仍然存在，仍是一个尚待解决的难题。

第二节　造成我国数字营销市场监管困境的原因

造成我国数字营销市场监管困境的原因是多方面的，既有监管理念方面的原因，又有相关监管法规供给不足的原因，还有数字营销市场本身扩张太快而监管的法律、技术手段难以跟上等诸多原因。

---

① 国家市场监督管理总局在 2018 年 12 月 31 日审议通过《市场监督管理行政处罚程序暂行规定》（2019 年 4 月 1 日起正式施行）第十条第一款："对利用广播、电影、电视、报纸、期刊、互联网等大众传播媒介发布违法广告的行为实施行政处罚，由广告发布者所在地市场监督管理部门管辖。广告发布者所在地市场监督管理部门管辖异地广告主、广告经营者有困难的，可以将广告主、广告经营者的违法情况移送广告主、广告经营者所在地市场监督管理部门处理。"

一、先发展，再规范造成对数字营销市场监管的滞后

国外对数字广告的监管也经历了一个从“自由”到“管控”的过程。在数字广告产生初期，它们“放任”其自由发展，既没有设置专门的监管数字广告的行政机构，又没有制定专门的数字广告法规，它们只是将数字广告作为市场营销中的一部分来考察，在规范市场行为的过程中规范数字广告，而且政府的行政监管在此过程中不占主导地位。例如，美国最重要的行政机构——FTC、FCC和FDA对数字广告的监管即是如此。形成这种状况的原因是，在互联网刚诞生之初，美国人并不支持政府“插手”和“控制”数字广告监管，而是主张网络空间的秩序和规则应当靠人们的行为自律和市场那只“看不见的手”来逐步确立。伴随着数字媒体发展带来的问题越来越多，美国政府迅速改变这种做法，制定、出台一系列规制数字媒体的法律、法规，数字广告监管也在这个过程中得到一定程度的加强。可以这样说，美国是在不知不觉中完成了对数字广告的“管控”，至于“自由”则放到了第二位。英国在数字广告监管方面的主要做法是立法保障，再辅之以政府指导。英国的数字媒体规制工作主要由网络观察基金会负责。这个半官方组织由英国网络服务提供商于1996年9月自发成立，在英国贸易和工业部、内政部和英国城市警察署的支持下开展日常工作。总之，由放任自流到依靠现有法规进行监管再到制定相应的政府规制加强“管控”，让政府那只“看得见的手”更多地发挥作用，正成为国外规制数字媒体的基本共识。不但美国、欧盟等西方发达经济体如此，而且澳大利亚、俄罗斯、日本和韩国等国家莫不如此。

与上述国家一样，我国对数字广告的监管也同样经历了先发展，再规范的演进过程。从1994年至今，我国对互联网信息系统的监管可分为三个发展时期：第一时期从1994~2000年，监管的重点是保护计算机信息系统安全，其标志是国务院在1994年颁布的《计算机信息系统安全保护条例》(国务院令第147号)；第二时期从2000~2011年，重点是将互联网作为“登载新闻业务”的媒体平台加以监管；第三时期从2011年至今，从国家战略层面对网络信息加以监管。在此期间，我国对计算机信息的监管发生了重大转变——监管主体从公安部主管到国新办、国信办和中央网信办主管；监管依据经历了从行政法规、部门规章到国

家法律、法规；监管层级经历了从行政管理到国家战略管理。相对而言，我国对数字广告的监管起步较晚，在2004年以前，由于一直采取先发展，后管理的宽松监管理念[①]，因而政府职能部门对数字广告比较宽容、放任，对其的监管也比较宽松。国家市场监督管理总局于2020年10月20日起草《网络交易监督管理办法（征求意见稿）》，公开向社会征求意见。2021年3月15日国家市场监督管理总局制定出台《网络交易监督管理办法》，自2021年5月1日起施行。此后，我国多个政府职能部门先后出台对数字媒体平台的监管办法或规定，规制相关领域数字广告（行为），如《互联网新闻信息服务管理规定》（2005 年）、《互联网著作权行政保护办法》（2005年）、《互联网视听节目服务管理规定》（2008年）、《互联网文化管理暂行规定》（2011 年）等。值得注意的是，伴随着《广告法》在2015年的修订完成、《互联网广告管理暂行办法》在2016年的正式施行和《互联网广告管理办法（公开征求意见稿）》在2021年的公布，加强对数字广告的监管被提上了议事日程。尽管如此，数字营销市场和数字广告市场与互联网平台、数字经济一样都经历了一段为时不短的野蛮生长阶段，由此造成对数字市场监管的滞后。

二、相关监管法律供给不足

直至2016年9月1日前[②]，我国还没有专门针对数字营销和数字广告监管的全国性的法律、法规，对数字广告的监管一直沿用1995年正式施行的《广告法》，致使数字广告在实际运作中出现的许多新问题难以通过《广告法》得到解决[③]。例如，《广告法》中的相关条款大都是针对传统媒体广告的，对数字广告则缺乏与之对应的法律条款，由此导致市场监管部门在监管过程中，面对虚假或违法的数字广告，往往陷入无法可依的尴尬境地。又如，数字广告的地域管辖权问题，依照《广告法》第二条规定，“在中华人民共和国境内，商品经营者或者服务提供者通过一定媒介和形式直接或者间接地介绍自己所推销的商品或者服务的商业广告活动，适

① 朱伟峰. 中国互联网监管的变迁、挑战与现代化[J]. 新闻与传播研究，2014，21（7）：80-86，127.

② 国家工商行政管理总局令第87号《互联网广告管理暂行办法》已经国家工商行政管理总局局务会议审议通过，现予公布，自2016年9月1日起施行。

③ 2015年9月1日在全国正式施行的修订以后的《广告法》，只有为数不多的条款涉及数字广告监管。

用本法”。所以，在国内设立的网站上向国内消费者发布数字广告，无疑应受《广告法》约束。但是，在国内设立的网站上向国外消费者发布数字广告，或在国外设立的网站上发布数字广告而国内消费者可以浏览到，这属不属于该法的调整范围？

与上述监管法律供给不足相联系，我国现有数字营销市场法规对虚假或违法数字广告处罚力度不够是另一个值得注意的问题。无论是规范传统媒体广告的《广告法》，还是专门针对数字广告的行政法规《互联网广告管理暂行办法》，对虚假或违法数字广告，主要参照广告费用的多少，按照现行规定对违法者处以 1~5 倍的罚款，而在互联网平台上发布数字广告，其费用十分低廉。实际上，违法或虚假数字广告给违法者带来的利润无法估量，造成的危害也远远不是区区 1~5 倍罚款所能抵消的。这样，违法所得与违法成本完全不成比例，违法的低成本使得违法者有恃无恐、前赴后继，极大地扰乱了市场秩序。因此，虚假或违法广告的始作俑者一旦被“捉”，对违法主体的处罚，如何处罚才能既合法又合理？其处罚金额以多少为宜？

一些数字广告经营者为了迎合商家的需要，对发布广告的内容大都以客户所提供的内容为准，明知其有虚假的内容也不提出异议，对发布数字广告所必需的审核手续则一概全免，尤其是在有关出国留学咨询、职业中介、专利技术转让、社会力量办学、经营性文艺演出等方面的数字广告，更是虚假广告泛滥的“重灾区”。这些地方都显示出我国现行的广告监管法律、法规的短板，它们根本无法对数字广告形成有效的约束与规范。

所以，相关监管法律供给不足是制约数字广告市场走向规范的最大障碍之一。

三、监管技术手段落后造成对数字广告监管难以到位

对传统媒体广告的监管是一种常规性监管，不能说它不需要什么技术手段，但从总体上说其技术含量是不高的。数字技术、网络技术、移动通信技术颠覆了传统媒体市场格局，催生出数字媒体平台和数字营销市场，也给数字市场监管带来难题，使市场监管部门此前监管传统媒体广告的种种手段渐次“失效”，对数字营销（广告）的监管越来越显得“力不从心”，也越来越难以到位。究其原因，主要有以下四点。

其一，技术进步带来数字营销市场的颠覆性变革，市场技术引领与监管手段落后的“落差”效应致使监管技术、监管手段难以跟上数字营销市场变革的节奏。在任何时代，技术进步都不是引领媒体市场变革的最重要因素，但却是决定市场变迁方向和改变媒体格局的重要推动力量，数字营销市场尤其如此。一方面，新技术冲击着传统媒体市场，媒介融合、融媒体颠覆着报刊、广播、电视等传统媒体的外在形态，程序化购买广告取代广告代理制度成为新的广告交易制度，广告主的“自营销”和“去中介化”，广告代理公司（数字营销公司）的核心竞争力的变异，数字媒体平台的“流量变现”，都深刻地改变着媒体市场格局和数字营销市场生态；另一方面，伴随着上述种种颠覆、改变而来的是数字营销手段越来越离不开技术的加持，数字营销、数字广告的含金量越来越高，与之形成鲜明对比的是，监管它们的难度也越来越大。换言之，有技术加持的数字营销走在了时代的前列，成为营销市场的引领者，而对数字营销市场的监管则由于种种原因往往成为跟随者。这样，引领者与跟随者之间就自然而然地形成“落差”，其效应便是作为引领者的数字营销市场总在前行，而作为跟随者的市场监管则无论监管技术还是监管手段都落后于数字时代，总是难以跟上数字营销市场变革的步伐和节奏。

其二，市场监管部门的硬件设施不足和数字人才匮乏造成对数字营销市场监管不力。以前谈到广告说得最多的一句话是，广告是知识密集、技术密集、人才密集的“三密”产业，与过去的广告产业相比，时下的数字营销产业更是有过之而无不及，它对知识、技术、人才都提出了更高的要求，从根本上来说它自身就是知识、技术和人才的化身。因此，要对数字营销市场的广告主、数字营销公司和数字媒体平台实施有效监管，同样离不开知识、技术和人才。具体地说，数字营销市场的特殊性，要求对数字营销的监管需要足够的硬件设施和监管人才，反观目前国家市场监督管理总局、省级（自治区、直辖市）市场监管局、市级（地级市）市场监管局、县级市场监管局，其硬件设施从上到下渐次缩小，其人才储备也依次变弱。一般说来，国家市场监督管理总局、省级（自治区、直辖市）市场监管局无论在硬件设施上还是在人才储备上都不会存在问题，而市级（地级市）市场监管局、县级市场监管局则在硬件设施和人才储备上或多或少都存在一些问题，而且在数字营销市场，无论是广告主，还是广告代理公司（数字营销公司），抑或是数字媒体平台，其硬件设施都领先于市场监管部门，甚至形成代差，这种状况让国内各级市场监管部门在行使监管职责时确有“力不从心”之感。此外，数字营销市场的从业者绝大多数是“90 后”和“00 后”的年轻一代，是数字时代的“原住民”，他们在技术的加持下往往奇思妙想不断、新的营销手法层出不穷，让以“70 后”和“80 后”为主的市场监管者——“数字新移民”常常不知所措并无所适从。因此，硬件设施不足和数字人才匮乏长期困扰着市场监管部门，直接导致对数字营销市场监管不力。

其三，由经济发展不平衡带来监管水平参差不齐和监管结果差异巨大。我国幅员辽阔，经济发展在不同省、自治区、直辖市是不平衡的，由这种不平衡带来监管水平的参差不齐和监管结果的巨大差异。总体而言，东部沿海地区经济发展较好，市场监管人员整体素质较好，监管水平较高，监管结果也比较符合数字营销市场的发展实际，而中西部地区受经济发展、人员素质、监管水平等客观因素制约，监管结果与东部地区相比仍存在一定差距。当然，东、西部地区的省、自治区、直辖市和地级市市场监管部门在监管水平和执法能力上的差距正在缩小，二者真正的差距在县级市场监管部门。《广告法》第六条第二款规定，“县级以上地方市场监督管理部门主管本行政区域的广告监督管理工作，县级以上地方人民政府有关部门在各自的职责范围内负责广告管理相关工作”。县级市场监管部门由于人员素质、硬件设施和监管条件较差，加之对商业网站的登记注册尚处于摸索阶段，因而对数字营销市场的监管很难到位。

其四，数量众多、形式多样致使市场监管部门难以对数字营销市场进行全方位监管。在浩如烟海的网络世界，数字营销活动隐藏在一个个的网址之后，如果不知道确切网址，市场监管人员难以迅速找到特定的数字广告，再加上数字营销的科技含量很高，相比传统媒体广告，其表现形式多种多样。这些因素都给市场监管部门的监管工作带来了一定难度。有关部门虽然一直致力于探索对数字营销市场的监管方式和方法，但由于互联网的技术特性，要对数字营销市场像“雷达”一样进行跟踪，进行全程、透彻的监控，目前还缺少必要的技术手段和措施。因此，各级市场监管部门要对无孔不入的数字营销活动进行全方位的监管无疑是困难的，也是根本做不到的。

第三节 建立我国数字营销监管制度的构想

正因为我国数字营销市场监管屡屡陷入困境，所以尽快建立数字营销监管制度，将数字营销行业及其活动纳入规范的轨道，就显得十分重要和必要。

一、中国数字营销监管制度的总体框架

我国对传统媒体广告的监管以广告监管机关的行政监管为主和以行政主管部门对重要商品广告的事前审查、广告行业组织的行业自律、消费者的事后监督为辅来实现。要建立起数字营销监管制度，既要学习、借鉴现有市场监管制度的优长，又要对原有的监管体系进行必要的改革与创新。为此，针对中国数字营销监管制度特提出如图 7-1 所示的总体框架构想。

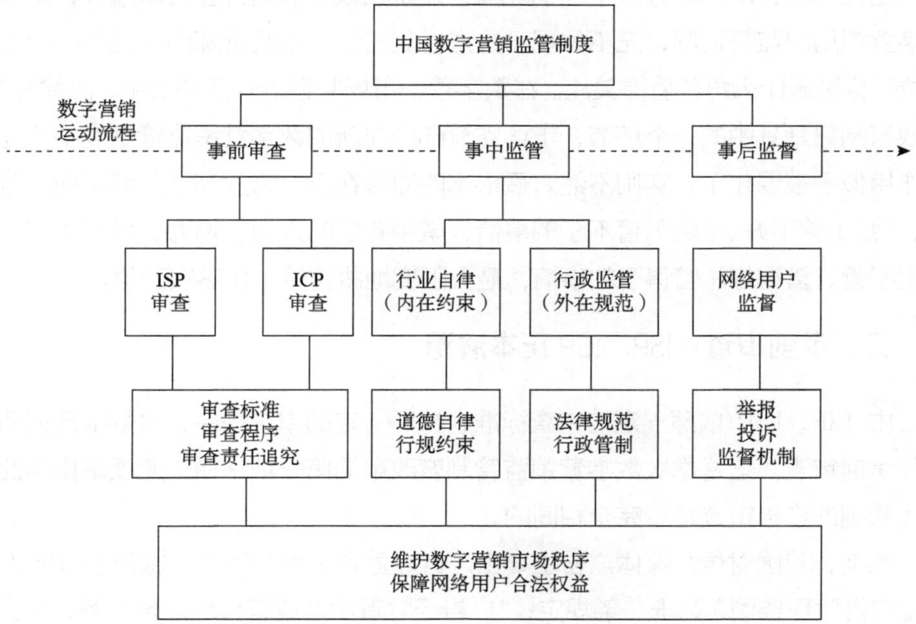

图 7-1 中国数字营销监管制度的总体框架

ISP：internet service provider，互联网服务提供商；ICP：internet content provider，互联网内容提供商

中国数字营销监管制度的总体框架以数字营销运动流程为主线构建监管制度，分事前审查、事中监管、事后监督三个部分。在事前审查部分，由ICP依照一定的审查标准、按照一定的审查程序，负责对数字营销活动进行审查。在事中监管部分，行业自律与行政监管分别从内、外两方面，对广告主、广告代理公司（数字营销公司）、数字媒体平台和数字营销活动形成内在约束、外在规范。前者通过道德自律、行规约束来达到目的；后者借助法律规范、行政管制来实现目标。在事后监督部分，由网络用户借助一定的监督机制，通过举报、投诉等方式，对虚假或违法的数字营销行为进行事后监督，最终达到维护数字营销市场秩序、保障网络用户合法权益的目的。

相比于现行的广告监管制度，中国数字营销监管制度的总体框架有以下几点值得关注：其一，该监管制度是按照数字营销流程，对其事前、事中和事后进行全方位的审查、监管和监督。其二，总体框架具有比较浓厚的“去行政化”色彩，无论是在ISP、ICP审查数字营销环节，还是在数字营销行业自律部分，抑或是数字营销用户监督机制，无不体现了这点。其三，市场监管部门在总体框中如何定位、将扮演什么角色值得关注。在数字营销市场监管的众多环节中，法律规范、行政管制只是其中的一个环节，市场监管部门在新的数字营销监管制度中的地位和作用似乎被弱化了，实则不然。最根本的原因在于，它放弃了此前不便（监）管、（监）管不好、（监）管不了的事情，集中有限的人力、物力、财力（监）管好便于管、管得好、管得了的事情，最大限度地将监管工作落实到位。

二、事前审查：ISP、ICP正本清源

由ISP、ICP依照一定的审查标准、按照一定的审查程序，对数字营销活动进行事前审查，这是本次数字营销监管制度改革的第一项举措。此项举措与此前时代我国的广告审查是不完全相同的。

此前，我国对传统媒体广告主要由广告经营者负责。例如，施行于1987年的《广告管理条例》第十二条规定：“广告经营者承办或者代理广告业务，应当查验证明，审查广告内容。对违反本条例规定的广告，不得刊播、设置、张贴。”在这里，广告审查者是广告经营者，审查的重点是“广告内容。”显然，让广告经营

者审查自身经营的广告，是我国广告行业在恢复、发展初期，在各方面条件都不具备或不成熟的情况下，所形成的一种特有的管理方式。从 1995 年开始，我国对广告审查实行“双轨制”，即对重要商品广告内容由“有关行政主管部门”审查，一般商品或服务广告仍由广告经营者审查（依据是时至今日，《广告管理条例》没有废止，依然有效）。又如，正式施行于 1995 年的《广告法》第三十四条规定：“利用广播、电影、电视、报纸、期刊以及其他媒介发布药品、医疗器械、农药、兽药等商品的广告和法律、行政法规规定应当进行审查的其他广告，必须在发布前依照有关法律、行政法规由有关行政主管部门（以下简称广告审查机关）对广告内容进行审查；未经审查，不得发布。”需要由“有关行政主管部门”审查的是药品、医疗器械、农药、兽药等商品的广告，且对刊播广告的媒体作了限定——广播、电影、电视、报纸、期刊以及其他媒介。经过两次修订并实施于 2018 年 10 月 26 日的《广告法》第四十六条规定：“发布医疗、药品、医疗器械、农药、兽药和保健食品广告，以及法律、行政法规规定应当进行审查的其他广告，应当在发布前由有关部门（以下称广告审查机关）对广告内容进行审查；未经审查，不得发布。”有三大变化值得注意：其一，纳入审查的广告除了“药品、医疗器械、农药、兽药”外，又增加了“医疗”和“保健食品”广告；其二，广告审查者由“有关行政主管部门”变而为“有关部门（以下称广告审查机关）”；其三，取消了对刊播广告媒体的限制。施行于 2016 年 9 月 1 日的《互联网广告管理暂行办法》第六条规定：“医疗、药品、特殊医学用途配方食品、医疗器械、农药、兽药、保健食品广告等法律、行政法规规定须经广告审查机关进行审查的特殊商品或者服务的广告，未经审查，不得发布。”此处变化有三：其一，被纳入审查的广告在《广告法》的基础上又增加了“特殊医学用途配方食品”“保健食品广告”；其二，将过去单一的“商品的广告”扩展为“特殊商品或者服务的广告”；其三，广告审查者不再是“有关行政主管部门”“有关部门（以下称广告审查机关）”，而是明确冠以“广告审查机关”。

由 ISP、ICP 审查广告就是在上述基础上提出的改革举措，其核心在于对此前广告审查“双轨制”存在漏洞、缺陷的变革或补救。在数字营销时代，对数字营销活动的审查仍然沿袭着对传统媒体广告审查的“双轨制”。按照《互联网广告管理暂行办法》，由广告审查机关对医疗、药品、特殊医学用途配方食品、医疗器械、农药、兽药、保健食品等特殊商品或者服务广告进行审查，除此以外的一般商品或服务广告仍由数字广告经营者审查。对特殊商品或服务广告的审查，《广告法》《互联网广告管理暂行办法》等法律、行政法规已经做出明确规定，不便更改，也无法更改，而除特殊商品或服务外的一般商品或服务广告仍由广告经营者审查的做法则值得商榷。数字营销时代的广告经营者，《互联网广告管理暂行办法》没有明确界定，《互联网广告管理办法（公开征求意见稿）》第三条第二款界定为“本办法所称互联网广告经营者，是指接受委托提供互联网广告设计、制作、代理服务的自然人、法人或者其他组织”，这与《广告法》第二条第三款的表述基本一致“本法所称广告经营者，是指接受委托提供广告设计、制作、代理服务的自然人、法人或者其他组织”。二者的区别如下：前者提供的是“互联网广告设计、制作、代理服务”，而后者则指所有提供“广告设计、制作、代理服务”者。所以，二者的关系应该是后者包含前者，前者只是后者的一部分。为了便于表述又有所区别，本书将“接受委托提供互联网广告设计、制作、代理服务的自然人、法人或者其他组织”统称为互联网广告经营者，除此而外的经营者统称为“广告经营者”。互联网广告经营者既是互联网广告活动的组织者、参加者，既要从事互联网广告经营活动，又是互联网广告的审查者，要行使互联网广告审查职责，集互联网广告经营和互联网广告审查于一身，受经济利益的驱使，在审查互联网广告时，往往把关不严，或不能严格审查，致使虚假或违法互联网广告“漏网”。这就像一场篮球比赛，互联网广告经营者既是场上队员，又是场上裁判，身兼二职，既要上场打球，又要负责执法，在这种情况下，这场比赛往往难以正常进行下去。因此，由互联网广告经营者负责审查互联网广告的弊端显而易见。

要改变这种状况，就要在制度设计上改变此前由互联网广告经营者审查互联网广告的做法，将此项工作交给 ISP 和 ICP，让它们负责互联网广告的事前审查。ISP 是指提供互联网服务的大型电讯企业或公司，其主要职责是为工商企业和个人提供拨号连线、综合业务数字网、数字用户线路、缆线调制解调器、专线等上网服务和主机托管、电子邮件、网页寄存等服务。一般大型通信公司诸如中国移动、中国电信、中国联通等都扮演着 ISP 的角色。ISP 所提供的服务与高速公路入口和服务有点类似，只要把控好进入互联网的入口和所提供服务的这两个环节，对互联网商品或服务（特殊商品或者服务除外）所做广告进行事前审查，即可最大限度地从源头上避免虚假或违法互联网广告进入广告市场。ICP 是指向用户提供互联网信息业务和增值业务的运营商，包括互联网媒体运营商、数据库运营商、信息咨询商和信息发布代理商，如腾讯、网易、搜狐等门户网站即 ICP。这些 ICP 有些类似传统媒体时代的报刊、广播、电视等媒体平台，它们是互联网广告发布出去的最后环节，也是最关键环节，只要把控好这个环节，做好事前审查，即可最大限度地减少虚假或违法互联网广告对社会的危害。可以这样说，ICP 同样扮演了互联网商品或服务（特殊商品或者服务除外）广告发布前最后的“把关人”角色。

互联网商品或服务（特殊商品或者服务除外）广告审查的这种制度性变革，主要基于以下考虑：其一，“微调”性质的制度变革。此举并没有从根本上改变现行的由广告审查机关审查特殊商品或者服务广告的做法，而是在此基础上对互联网商品或服务（特殊商品或者服务除外）广告审查做出的“微调”。其二，减少互联网广告审查者与被审查对象在经济利益上的联系。与互联网广告经营者相比，ISP、ICP 与被审查对象在经济利益上的联系不再紧密与直接，所以能以更超脱的态度对待广告审查工作，从而在一定程度上避免由互联网广告经营者审查互联网商品或服务（特殊商品或者服务除外）广告时存在的弊端。其三，把好“入口”与“出口”两关，有利于实现“正本清源”。前面谈到，ISP 有些类似高速公路的“入口”，ICP 与传统媒体平台有点相同，互联网商品或服务（特殊商品或者服务除外）广告只有通过这个“出口”发布出去才会产生影响，把好这“入口关”和“出口关”，有利于强化 ISP、ICP 的责任意识，凸显其“把关人”的角色，真正实现互联网商品或服务（特殊商品或者服务除外）广告在审查环节的“正本清源”。

三、事中监管：内在约束与外在规范双管齐下

互联网广告的事中监管分为两个部分：一个是指互联网广告行业内的广告主、数字营销公司和数字媒体平台通过互联网广告行业组织，借助互联网广告行业自律规则对互联网广告行业、互联网广告活动进行的自我约束、自我管理；一个是

指在互联网商品或者服务广告设计、制作、代理、发布以后，由广告行政监管机关对互联网商品或者服务广告进行的行政监管行为，以达到维护互联网广告市场秩序、保障市场参与各方——广告主、广告经营者、广告发布者合法权益不受侵害的目的。前者主要从内在方面进行道德自律，后者则从外在方面确立法律规范。只有内在约束与外在规范双管齐下，才能做好数字营销活动的事中监管。

（一）道德自律与行规约束：互联网广告行业的内在约束

互联网广告行业自律是一种内在约束性制度，它由广告主、互联网广告经营者和互联网广告发布者自行（自发）成立的半官方半民间的行业组织，通过自行制定一些互联网广告自律章程、公约和会员守则等，对自身从事的互联网广告行业和广告活动进行自我约束、自我限制、自我协调和自我管理，使之符合国家广告监管法规和职业道德、社会公德、行业规则的要求。从根本上说，互联网广告行业自律是互联网广告行业进行内在约束的一种职业道德规范，它主要通过道德自律和行业规则来约束人们的互联网广告行为，并借助人们在互联网广告活动中自觉遵守和维护这种职业道德规范来发挥作用。它是世界上通行的一种行之有效的广告行业进行自我管理的一种制度。目前，我国全国性的互联网行业组织主要有中国互联网协会和中国广告协会互动网络委员会。

中国互联网协会成立于 2001 年 5 月 25 日，是在原信息产业部（现工业和信息化部）的指导下，经民政部批准，由从事互联网行业的网络运营商、服务提供商、设备制造商、系统集成商以及科研、教育机构等 70 多家企事业单位、社会组织共同发起成立，是国内第一家全国性、行业性、非营利性社会组织。2002 年 3 月 26 日，中国互联网协会公布《中国互联网行业自律公约》，自公布之日起施行。该公约共有四章三十一条，其第一条开宗明义，指出制定本公约的目的是“为建立我国互联网行业自律机制，规范行业从业者行为，依法促进和保障互联网行业健康发展”。其第二条对互联网行业做了界定：“本公约所称互联网行业是指从事互联网运行服务、应用服务、信息服务、网络产品和网络信息资源的开发、生产以及其他与互联网有关的科研、教育、服务等活动的行业的总称。”其第九至十三条分别对互联网信息服务者、互联网接入服务提供者、互联网上网场所经营者、互联网信息网络产品制作者、全行业从业者的自律义务和内容做了规定：

第九条 互联网信息服务者应自觉遵守国家有关互联网信息服务管理的规定，自觉履行互联网信息服务的自律义务：

（一）不制作、发布或传播危害国家安全、危害社会稳定、违反法律法规以及迷信、淫秽等有害信息，依法对用户在本网站上发布的信息进行监督，及时清除有害信息；

（二）不链接含有有害信息的网站，确保网络信息内容的合法、健康；

（三）制作、发布或传播网络信息，要遵守有关保护知识产权的法律、法规；

（四）引导广大用户文明使用网络，增强网络道德意识，自觉抵制有害信息的传播。

第十条 互联网接入服务提供者应对接入的境内外网站信息进行检查监督，拒绝接入发布有害信息的网站，消除有害信息对我国网络用户的不良影响。

第十一条 互联网上网场所经营者要采取有效措施，营造健康文明的上网环境，引导上网人员特别是青少年健康上网。

第十二条 互联网信息网络产品制作者要尊重他人的知识产权，反对制作含有有害信息和侵犯他人知识产权的产品。

第十三条 全行业从业者共同防范计算机恶意代码或破坏性程序在互联网上的传播，反对制作和传播对计算机网络及他人计算机信息系统具有恶意攻击能力的计算机程序，反对非法侵入或破坏他人计算机信息系统。

中国互联网协会的职责是传递国家互联网行业管理信息、反映成员单位意愿、维护成员单位的正当利益，其第十九条明确规定："中国互联网协会负责组织实施本公约，负责向公约成员单位传递互联网行业管理的法规、政策及行业自律信息，及时向政府主管部门反映成员单位的意愿和要求，维护成员单位的正当利益，组织实施互联网行业自律，并对成员单位遵守本公约的情况进行督促检查。"作为一家行业性、非营利性的社会组织，组织内会员单位和从业者是否加入本公约，完全是一种自愿的行为，不存在任何的强制性，其第二十八条规定："我国互联网行业从业者接受本公约的自律规则，均可以申请加入本公约；本公约成员单位也可以退出本公约，并通知公约执行机构；公约执行机构定期公布加入及退出本公约的单位名单。”

中国广告协会互动网络委员会经国家工商行政管理总局和民政部批准，于2007年6月13日在北京成立,并发布中国互联网广告界第一部自律守则——《中国互动网络广告行业自律守则》。在中国广告协会互动网络委员会的基础上，又于2017年11月23日在北京成立了中国广告协会互联网广告委员会。《中国互动网络广告行业自律守则》共有四章十七条，其第一条明确制定本守则的目的是“为促进广告行业的自我约束，维护广告市场的秩序和互联网用户的合法权益，促进我国互联网广告行业健康和谐发展”,其第二条对守则的参与主体进行了规定:“广告主、网络广告经营者、网站及其他参与网络广告活动的公司及个人，在广告活动中应自觉遵守行业自律守则的规定。”其第四至十三条对网络广告、广告主、网络广告经营者和发布者的“自律内容”做了明确规定:

第四条 网络广告应当符合《广告法》及其他法律法规的有关规定。

第五条 网络广告应当符合社会主义精神文明建设的需要,有利于维护社会公共秩序和树立良好的社会风尚，弘扬健康民族文化。

第六条 网络广告应当尊重妇女和有利于儿童的身心健康,并正确引导大众消费。不适合未成年人的商品和服务，不应使用未成年人的形象和名义制作广告。

第七条 尊重互联网用户知情权和选择权，维护网络用户的正当权益，不得利用信息的不对等而进行错误的引导。

第八条 网络广告对商品或者服务的功效、性质和条件等内容有表示的，应当准确、客观，且能够被科学的方法所证实，不得有任何夸大；涉及商品的成分、含量及其他数据、统计资料的，应当提供有效的证明文件。

第九条 广告主之间应通过公平的方式开展竞争,不得利用网络广告进行不正当的市场营销，或干扰、损害他人合法的广告活动。

第十条 网络广告经营者应尊重他人的劳动及知识产权，不得设计、制作在商品和服务的功能、承诺等方面使人误解的广告，尊重他人的劳动与知识产权。

第十一条 网络广告经营者和发布者应当认真履行广告的审查义务。网络广告中使用代言人的，应遵守各类广告法律、法规和行业自律守则的要求。

第十二条 网络广告经营者和发布者在提供软件安装服务时，应明确提示用户并经用户许可，反对强制或欺瞒安装，反对无法卸载或恶意删除。坚决反对恶意广告弹出、恶意捆绑、窃取用户信息等恶意软件行为。

第十三条 自觉接受社会监督，加强行业自律。

第十四条、第十五条从执行层面对互动网络委员会的职责进行了规定。其第十四条规定："互动网络委员会对网络广告纠纷的投诉进行协调处理，并提供广告法律、法规的咨询。互动网络委员会会员单位之间发生争议时，应通过协商方式解决，也可以请求互动网络委员会进行调解处理。"其第十五条规定："对于涉嫌违反法律、法规和行业自律守则的网络广告，任何机构和个人均有权向互动网络委员会投诉和举报。互动网络委员会经调查核实后，作出批评、自律劝告、通报等相关处理意见，督促其限期整改。逾期未予整改、情节严重的，互动网络委员会将通过新闻媒体向社会披露。"从上述规定可以见出，无论面对网络广告纠纷的投诉，还是会员单位间的争议，抑或是机构、个人的投诉和举报，互动网络委员会都是"协调处理""协商方式解决""批评、自律劝告、通报""督促其限期整改"，即使是"期未予整改、情节严重的"，也仅"通过新闻媒体向社会披露"。因此，从根本上说，《中国互动网络广告行业自律守则》并非一种强制性规定，而是一种柔性的"劝告""协商"解决和"督促整改"，它更多地借助行业规则和相关的道德原则来约束互联网广告行业内广告主、广告代理公司（数字营销公司）、互联网媒体平台和个人的广告行为，是互联网广告行业进行行规约束与道德自律的一种内在约束机制。

（二）法律规范与行政管制：对互联网广告的外在规范

与以道德自律、行规约束为特征的互联网广告行业自律不同，行政监管更加强调对互联网广告的法律规范和行政管制。其实，法律规范和行政管制并非一回事。法律规范由国家立法机关制定或认可，是国家意志的体现，是一种通过强制手段保证其施行的行为规范，它包括授权性规范、义务性规范和禁止性规范，而行政管制又被称为政府规制或政府监管，是政府运用公权力，通过制定一定的政策、行政规章或下发行政管制命令，对市场失灵现象进行总体干预的行政行为，它包括经济性管制和社会性管制两种。互联网广告是一种新生事物，因而对它的外在规范，既有法律性规范，又有行政性管制，还经历了从传统媒体广告法规到互联网广告法规、从地方性互联网广告法规到全国性互联网广告法规的过渡。

对互联网广告的监管，我国政府职能部门一直都相当重视。从监管依据——互联网广告法规的制定，到对互联网广告经营主体资格的监管，再到对互联网广告内容的监管，无不体现出这点。

1）我国互联网广告监管的法律依据

我国对网络广告监管的法律依据，主要遵循着从传统媒体广告监管法规，到地方性互联网广告监管法规，再到全国性互联网广告监管法规的发展路径，其演进轨迹非常清晰。

其一，借助监管传统媒体广告的法规条款“监管”互联网广告。在互联网广告出现早期，基本没有专门监管互联网广告的法规，执法部分只能将监管传统媒体广告的法规拿来监管互联网广告。首先，借用《反不正当竞争法》《消费者权益保护法》等法律中有关广告行为的适用条款。其中对广告行为的规范不仅适用于传统广告形式，也适用于对互联网广告的监管。例如，《反不正当竞争法》第二章第八条第一款规定：“经营者不得对其商品的性能、功能、质量、销售状况、用户评价、曾获荣誉等作虚假或者引人误解的商业宣传，欺骗、误导消费者。”此项规定在监管互联网广告中同样适用。其次，将监管传统媒体广告的全国性广告法规条款用来监管互联网广告。《广告管理条例》《广告法》等这些主要针对传统媒体广告的法规条款，在理论上能对互联网广告起到一定的规范作用。但是，伴随着互联网广告市场的崛起，它们对互联网广告的规范作用越来越有限，其不称职的“短板”愈加明显，其对互联网广告的“监管”也愈来愈显得力不从心。

其二，参照地方性法规“监管”互联网广告。互联网广告的快速发展，促使一些社会经济相对发达地区意识到互联网广告监管的迫切性，开始制定一些专门的监管互联网广告的地方性法规，如 2001 年 5 月，北京市工商行政管理局率先发布专门监管北京市互联网广告的规章《北京市网络广告管理暂行办法》，该办法对互联网广告的发布者、发布内容、发布方式均进行了规范，并与 HD315 网站进行衔接，以提高监管互联网广告的效率；2002 年 3 月，浙江省工商行政管理局颁布《浙江省网络广告登记管理暂行办法》，对互联网广告经营者进行了规范。显然，在互联网广告起步阶段，这些地方性的"管理办法"对互联网广告"监管"提供了一定的"监管"依据。

其三，全国性、统一的互联网广告监管法规的出台。早在 2001 年 1 月 8 日国家卫生部就颁布了《互联网医疗卫生信息服务管理办法》[①]，国家药品监督管理局也于 2001 年 1 月 11 日颁布了《互联网药品信息服务管理暂行规定》。这两个法规文件明确规范了网上医疗卫生服务、网上购药的广告宣传活动，使国内网上医疗、网上购药信息发布、广告宣传有了可以遵循的"规矩"。此后，国家食品药品监督管理局于 2004 年颁布《互联网药品信息服务管理办法》，于 2005 年颁布《互联网药品交易服务审批暂行规定》，进一步规范了线上"药品信息服务"和"药品交易服务"过程中的广告行为。2015 年 9 月 1 日，《广告法》经修订后重新颁布并施行，其中已经有不少涉及互联网广告监管的相关条款。2016 年 9 月 1 日，《互联网广告管理暂行办法》颁布并施行。2021 年 11 月 26 日至 2021 年 12 月 25 日国家市场监督管理总局起草了《互联网广告管理办法（公开征求意见稿）》，向社会公开征求意见。上述这些全国性互联网广告监管法规的出台表明，我国已将互联网广告监管提上了议事日程。

2）对互联网广告经营主体资格的监管

目前，我国对于网互联网广告经营主体资格还没有进行统一的监管，但是，在国家工商总局广告司的统一部署下，部分地区已经进行了规范网络广告经营资格的有益探索。

2000 年 2 月 24 日，国家工商行政管理局发布了《关于开展网络广告经营登

---

① 该管理办法已于 2009 年 7 月 1 日废止，由 2009 年 5 月 1 日颁布，7 月 1 日起施行的《互联网医疗保健信息服务管理办法》取代。

记试点的通知》，准备从规范互联网广告市场主体资格入手，按照兼营广告企业审批条件，先在北京、上海、广东三地进行互联网广告经营登记试点，拟选择二十家网络信息技术服务企业进行登记试点，核发《广告经营许可证》(时间为一年)，准许其经营互联网广告。通过试点。一方面规范互联网广告的经营活动；另一方面积累经验，探索互联网广告监管方式，为今后互联网广告相关法规的制定作准备。同年 5 月 23 日，互联网广告经营试点单位工作会议在北京召开，国家工商行政管理局广告司向经审核符合条件的北京、上海、广州三地共 27 家网络广告经营试点单位颁发了《广告经营许可证》，要求试点单位严格遵守广告监管的相关法规、建立自我规范、自我约束机制。这是我国首次对互联网广告经营单位实行主体资格认定和授权。

在相关政策的推动下，我国部分地区开始尝试对广告经营主体资格的认证制度。2000 年 5 月 16 日，北京市工商行政管理局发布了国内第一个规范互联网广告经营的规章《关于对网络广告经营资格进行规范的通知》；8 月 15 日发布《经营性网站备案登记管理暂行办法》；9 月 1 日发布《经营性网站备案登记管理暂行办法实施细则》，规定对经营性网站实施统一备案登记。2001 年 5 月，北京市正式施行《北京市网络广告管理暂行办法》，其中第五条明确规定“本市行政区域内经营性互联网信息服务提供者为他人设计、制作、发布网络广告的应当到北京市工商行政管理局申请办理广告经营登记，取得《广告经营许可证》后到原注册登记机关办理企业法人经营范围的变更登记。非经营性互联网信息服务提供者不得为他人设计、制作、发布网络广告。在网站发布自己的商品和服务的广告，其广告所推销商品或提供服务应当符合本企业经营范围”。这意味着在北京市范围内对互联网广告经营者开始了准入制监管。

2002 年 3 月，浙江省工商行政管理局也颁布了《浙江省网络广告登记管理暂行办法》，其第四条规定：“从事网络广告经营应当办理广告登记，取得《广告经营许可证》。未经广告登记的，不得从事网络广告经营业务。”

这些“通知”和地方性“办法”的出台，对于在全国范围内建立对互联网广告经营主体的准入制度起到了有力的促进作用，但也仅限于此。这是因为，在传统媒体时代广告发布者专指“为广告主或者广告主委托的广告经营者发布广告的法人或者其他经济组织”，而“自然人”基本不具备广告发布者的资格；在互联网条件中，“自然人”通过微博、微信、QQ 空间等自媒体发布广告已成不可阻挡的潮流和现实，而且《互联网广告管理暂行办法》已经确认自然人的广告经营者地位[①]。在这种情况下，要求经营广告发布业务的法人或者其他经济组织到广告管理机关“办理登记手续”、具备广告经营的主体资格固然应该，也比较容易做到，但是要让成千上万甚至亿万网民（自然人）也统统去登记、注册，就不那么容易，也基本难以做到。对此，施行于 2016 年 9 月的《互联网广告管理暂行办法》对此几乎没有任何“表示”，即很好地说明了这点。

3）对互联网广告内容的监管

在此之前，我国由于缺乏专门的针对互联网广告的全国性法规，缺乏对互联网广告经营者主体资格资质条件的限制，缺乏对互联网广告的事前审查，缺乏对互联网广告行为法律责任的明确界定和处罚，造成对互联网广告内容的监管长期处于一种比较放任的状态，各级广告监管机关在监管过程中也非常被动，往往疲于奔命，无所适从。这种状况直到《互联网广告管理暂行办法》正式施行以后才得到一定的改观。该法第三条开宗明义，指出本办法所称互联网广告，是指通过网站、网页、互联网应用程序等互联网媒介，以文字、图片、音频、视频或者其他形式，直接或者间接地推销商品或者服务的商业广告。具体如下：其一，推销商品或者服务的含有链接的文字、图片或者视频等形式的广告；其二，推销商品或者服务的电子邮件广告；其三，推销商品或者服务的付费搜索广告；其四，推销商品或者服务的商业性展示中的广告，法律、法规和规章规定经营者应当向消费者提供的信息的展示依照其规定；其五，其他通过互联网媒介推销商品或者服务的商业广告。

对互联网广告内容，《互联网广告管理暂行办法》确定了互联网广告主对其真实性负责的原则，其第十条规定：“互联网广告主应当对广告内容的真实性负责。广告主发布互联网广告需具备的主体身份、行政许可、引证内容等证明文件，应

① 《互联网广告管理暂行办法》第十一条规定：“为广告主或者广告经营者推送或者展示互联网广告，并能够核对广告内容、决定广告发布的自然人、法人或者其他组织，是互联网广告的发布者。”

当真实、合法、有效。广告主可以通过自设网站或者拥有合法使用权的互联网媒介自行发布广告，也可以委托互联网广告经营者、广告发布者发布广告。互联网广告主委托互联网广告经营者、广告发布者发布广告，修改广告内容时，应当以书面形式或者其他可以被确认的方式通知为其提供服务的互联网广告经营者、广告发布者。”明确规定：互联网广告发布者、广告经营者应当查验有关证明文件，核对广告内容，对内容不符或者证明文件不全的广告，不得设计、制作、代理、发布。

对互联网广告“禁止”和“不得”出现的内容进行了规定：

> 第五条 法律、行政法规规定禁止生产、销售的商品或者提供的服务，以及禁止发布广告的商品或者服务，任何单位或者个人不得在互联网上设计、制作、代理、发布广告。
>
> 禁止利用互联网发布处方药和烟草的广告。
>
> 第六条 医疗、药品、特殊医学用途配方食品、医疗器械、农药、兽药、保健食品广告等法律、行政法规规定须经广告审查机关进行审查的特殊商品或者服务的广告，未经审查，不得发布。
>
> 第八条 利用互联网发布、发送广告，不得影响用户正常使用网络。在互联网页面以弹出等形式发布的广告，应当显著标明关闭标志，确保一键关闭。
>
> 不得以欺骗方式诱使用户点击广告内容。
>
> 未经允许，不得在用户发送的电子邮件中附加广告或者广告链接。

对近年来热度颇高的程序化购买，《互联网广告管理暂行办法》也做出了回应，除了定义广告需求方平台、媒介方平台和广告信息交换平台外，还规定了程序化购买的主要环节的操作规程：

> 第十三条 互联网广告可以以程序化购买广告的方式，通过广告需求方平台、媒介方平台以及广告信息交换平台等所提供的信息整合、数据分析等服务进行有针对性地发布。
>
> 通过程序化购买广告方式发布的互联网广告，广告需求方平台经营者应

当清晰标明广告来源。

第十四条 广告需求方平台是指整合广告主需求，为广告主提供发布服务的广告主服务平台。广告需求方平台的经营者是互联网广告发布者、广告经营者。

媒介方平台是指整合媒介方资源，为媒介所有者或者管理者提供程序化的广告分配和筛选的媒介服务平台。

广告信息交换平台是提供数据交换、分析匹配、交易结算等服务的数据处理平台。

第十五条 广告需求方平台经营者、媒介方平台经营者、广告信息交换平台经营者以及媒介方平台的成员，在订立互联网广告合同时，应当查验合同相对方的主体身份证明文件、真实名称、地址和有效联系方式等信息，建立登记档案并定期核实更新。

媒介方平台经营者、广告信息交换平台经营者以及媒介方平台成员，对其明知或者应知的违法广告，应当采取删除、屏蔽、断开链接等技术措施和管理措施，予以制止。

《互联网广告管理暂行办法》还规定了互联网广告活动和互联网广告经营活动禁止出现的内容。其第十六条规定互联网广告活动中不得有下列行为：其一，提供或者利用应用程序、硬件等对他人正当经营的广告采取拦截、过滤、覆盖、快进等限制措施；其二，利用网络通路、网络设备、应用程序等破坏正常广告数据传输，篡改或者遮挡他人正当经营的广告，擅自加载广告；其三，利用虚假的统计数据、传播效果或者互联网媒介价值，诱导错误报价，谋取不正当利益或者损害他人利益。其第十七条规定：未参与互联网广告经营活动，仅为互联网广告提供信息服务的互联网信息服务提供者，对其明知或者应知利用其信息服务发布违法广告的，应当予以制止。

4）对行政处罚辖地、职权和执法证据的规定

对违法广告的查处，在传统媒体时代采用由最早发现违法广告的媒介所在地的广告监管机关负责；在网络媒体时代，对违法广告的查处基本上援用这条辖地

原则，但又有所改变。《互联网广告管理办法（公开征求意见稿）》第十八条第一款规定："对互联网广告违法行为实施行政处罚，由广告发布者所在地市场监督管理部门管辖。广告发布者所在地市场监督管理部门管辖异地广告主、广告经营者、互联网信息服务提供者以及广告代言人有困难的，可以将广告主、广告经营者、互联网信息服务提供者的违法情况移送广告主、广告经营者、互联网信息服务提供者所在地市场监督管理部门处理；涉及广告代言人的，可以将其违法情况移送到广告代言人经纪公司注册地、广告代言人户籍地或者居住地市场监督管理部门处理。"对广告主自行发布的违法广告实施行政处罚，则由广告主所在地市场监管管理部门管辖，该条第二款规定："广告主所在地、广告经营者所在地市场监督管理部门先行发现违法线索或者收到投诉、举报的，也可以进行管辖。对广告主自行发布的违法互联网广告的行为实施行政处罚，由广告主所在地市场监督管理部门管辖。"

《互联网广告管理办法（公开征求意见稿）》第十九条对市场监督管理部门在查处违法广告时可以行使的职权做了规定：其一，对涉嫌从事违法广告活动的场所实施现场检查；其二，询问涉嫌违法当事人或者其法定代表人、主要负责人和其他有关人员，对有关单位或者个人进行调查；其三，要求涉嫌违法当事人限期提供有关证明文件；其四，查阅、复制与涉嫌违法广告有关的合同、票据、账簿、广告作品和互联网广告后台数据，采用截屏、录屏、网页保存、拍照、录音、录像等方法确认互联网广告内容；其五，查封、扣押与涉嫌违法广告直接相关的广告物品、经营工具、设备等财物；其六，责令暂停发布可能造成严重后果的涉嫌违法广告；其七，法律、行政法规规定的其他职权。市场监督管理部门依法行使前款规定的职权时，当事人应当协助、配合，不得拒绝、阻挠或者隐瞒真实情况。

对互联网广告执法过程中令人比较头疼的电子数据证据，《互联网广告管理办法（公开征求意见稿）》第二十条也做出了明确的规定："市场监督管理部门对互联网广告的技术监测记录资料，可以作为对违法互联网广告实施行政处罚或者采取行政措施的电子数据证据。"值得注意的是，这些作为对违法的互联网广告实施行政处罚或者采取行政措施的电子数据证据，必须是市场监督法管理部门"对互联网广告的技术监测记录资料"，而非其他的任何机构或部门的电子数据都可以作为行政处罚的证据。

四、事后监督：互联网广告用户监督机制

互联网广告数量巨大，形式多样，传播范围广，仅依靠政府广告监管机关和互联网行业组织的事中监管是远远不够的。因此，社会团体、社会公众和互联网用户的事后监督是净化互联网广告环境的重要力量，其作用同样是不可或缺的。

在国家相关的互联网广告法规尚未制定的情况下，借助社会团体、社会公众和互联网用户的力量来保护互联网广告行业的公平竞争和健康发展是十分重要的。美国是世界上最大的网络广告市场，普遍采用第三方服务器进行监测。第三方服务器的监测，除了可以监测点击率外，也可以监测到一些明显的违法广告，如烟草、色情、暴力等。在国内，互联网广告尚属起步阶段，还没有专门对互联网广告进行监测的独立的权威机构，也没有一套行之有效的可以对互联网广告进行量化评估的标准和手段。国家工商行政管理总局的指导原则中已明确提到这一问题："试点企业要制定和完善广告监测措施，要及时发现和纠正广告发布中存在的问题，探索因特网广告的监测手段，逐步形成企业自我监测、企业相互监测、第三方中介机构监测的有效机制，以减少和消除因特网广告中的违法行为。"

我国的互联网广告监管还应该以各种方式调动用户的积极性，使其意识到互联网广告在人们消费中所发挥的越来越大的作用及违法互联网广告带来的不良影响，鼓励其投诉、举报、指认违法的互联网广告，以克服互联网的开放性和自由性对互联网广告监管造成的困难。正如《北京市网络广告管理暂行办法》第十八条规定："对取得广告发布资格的互联网信息服务提供者，北京市工商行政管理局将通过 HD315 网站向社会公告其名称、注册标识及广告经营许可证号，以供广大消费者认选，并方便消费者投诉、申诉、举报。"无疑，这对遏制虚假互联网广告的泛滥是有积极作用的。

当然，现阶段在互联网广告行业，用户对互联网广告的监督仅仅能依靠《消费者权益保护法》的相关规定，这个适用于传统媒体时代的法律文件是否适用

于互联网时代，广大用户是否愿意或自觉用它来对互联网广告进行事后监督还有待观察。适不适合、愿不愿意，这是互联网广告用户监督能否实现的关键，而要真正建立起互联网广告用户监督机制更是任重道远，需要付出更多的努力与智慧才行。

第八章　我国数字营销市场监管系统

数字营销市场监管系统，是指以国家市场监督管理总局及地方各级市场监督管理局为主体的数字营销监管机关，依照国家数字营销法律、法规，对数字营销市场主体及其活动进行监督管理的系统构成。它主要包括市场监管机关、数字营销监管法规、数字营销验证管理和数字营销监管对象等内容。

第一节　我国数字营销市场监管的系统构成

对数字营销行业及其活动进行监管是政府市场监管机关的主要职责，它包括数字营销监管主体、监管依据、监管方式和监管对象等内容，是一个完整的系统构成。

一、数字营销市场监管系统概述

数字营销市场监管系统，是指国家市场监管机关依照一定的数字营销法律、法规和有关政策规定，或者通过一定的行政干预手段，对数字营销市场主体及其活动进行监督管理，它是一种运用法律、法规和有关行政命令、指示、规定、政策对数字营销市场主体及其活动进行监督管理的方法。从根本上说，数字营销市场监管是由国家市场监督管理部门，按照数字营销法律、法规和有关政策规定来行使监管职权的，而且是我国现阶段进行数字营销监管的一种主要手段。

像我国这样既设立统一的、专门的市场监管机关——国家市场监督管理总局及地方各级市场监督管理局，又制定专门的、综合性的数字营销监管法律、法规——《广告管理条例》《广告法》《互联网广告管理暂行办法》和各种部门数字营销监管规章，对数字营销活动实施监管的国家在世界上少而又少。这些举措的提出与施行，在一定程度上抑制或减少了数字营销活动实施过程中虚假或违法行为的发生，有力地维护了正常的数字营销市场秩序。当然，数字营销的“新”——新业态、新观念、新理论、新方法正改变和颠覆着传统的媒体格局和营销市场规则，消减着过去时代监管传统营销的许多做法的有效性，进而给我国数字营销市场监管带来不少的问题和混乱。造成这种状况的原因是多方面的，既有数字营销监管体制方面的，又有未能很好地理顺数字营销市场监管与数字营销审查、数字营销行业自律、数字营销社会监督之间关系的问题，而过分依靠市场监管机关的力量，相对忽略对数字营销审查、数字营销行业自律、数字营销社会监督作用的发挥，则是另外一个重要原因。在这方面，西方发达国家的做法是，政府部门没有或者极少设立统一的、专门的市场监管机关，其负责对数字营销行业和数字营销活动的监管都是兼职的，这些机构只是将数字营销行为作为一种市场行为来加以规范。同时，西方发达国家几乎都没有制定专门的、综合性的数字营销监管法规，而仅把数字营销作为市场营销活动中的一个环节，在规范市场行为的法规中涉及对数字营销的监管。由于长期以来这些规范市场行为的法规系统较为完善、严密，且其监管数字营销的时间较长，积累了较为丰富的监管经验，故这些围绕数字营销监管建立起来的法规体系相当健全和完备，其对数字营销市场的监管也较为有效。

纵观营销市场监管历史，西方发达国家对营销市场的监管走过了 100 多年的历程，形成了较为完善的营销监管制度，其监管营销市场的许多做法比较符合市场经济的规律，与国际通行做法比较接近，而且 WTO 的很多规则就是由它们提出并参照相关原则制定的。从总体上说，西方发达国家的营销监管体制非常重视广告审查、广告行业自律和用户监督几个环节，而政府的行政监管在整个营销市场监管中并不占有主导地位，真正体现了成熟市场经济国家“小政府，大社会”的一贯作风。这正如国家工商行政管理总局副局长刘凡所说：“国外广告监管体制的特点是以广告行业自律为主，政府行政管理为辅，以司法机关的民事赔偿、刑事制裁为保障手段。在西方广告业比较发达的国家，广告界力争通过自我约束的途径和方法，加强行业自律，最大限度地避免政府就广告管理出台法律规范和相关政策措施，尽可能减少政府或者司法机关对广告行业的干预。同广告行业自律相比，政府对广告行业的监督管理在政府对经济活动的管理中所占的分量相对较小，在机构设置方面，基本上没有单独设置一个专门的政府机构负责广告的管理工作。国外对广告的行政管理工作一般由公平竞争和消费者保护的部门负责，主要是从维护公平竞争和消费者保护的角度，对误导、虚假等违法广告进行监督管理；也有一些国家的广告管理工作由政府行业管理部门管理或者完全由广告行业的民间组织进行规范和监督；少数国家完全依靠行业自律监督广告活动。”[①]当然，这并不是说——西方发达国家“以广告行业自律为主，政府行政管理为辅”、注重发挥用户等民间组织对营销的“规范和监督”就一定是最好的，而我国以政府市场监管为主，以广告审查、行业自律、消费者监督为辅的营销监管就一定是不好的！这就需要具体问题具体分析——相较于西方发达国家，我国对营销市场的监管起步较晚，政策的出台、法规的制定、执法的到位、经验的积累等诸多方面都还需要一个较为漫长的时间过程，其间在营销监管中存在一些问题和不足在所难免，也是十分正常的现象。伴随着数字营销市场崛起，中国和西方发达国家在营销监管上几乎处于同一起跑线，将构建一个什么样的市场监管系统来监管数字营销市场？这是西方发达国家需要面对的新问题与新挑战，也同样是值得我国关注和重视的全新课题。

二、数字营销市场监管的系统构成及运行

按照系统论的观点，任何一个事物都是一个完整的整体，并构成一个系统，它既可以是一个大系统中无数子系统的一个，又由无数子系统构成。任何事物构成的任何系统，都有一定的结构，一定的层次，并按一定的规律有序地运行，因此结构性、层次性和有序性是系统论的三个基本要素。我国的数字营销市场监管

① 刘凡. 中外广告监管体制比较研究[J]. 现代广告（学刊），2006，（132）：4-13.

系统是由国家市场监督管理总局及地方各级市场监管局，依照数字营销监管的法律、法规和有关政策规定对数字营销市场进行的监管，是国家经济管理大系统中的一个子系统，同时它又自成系统，有一定结构、一定层次，按自身规律有序地运行。数字营销市场监管系统运行图如图 8-1 所示。

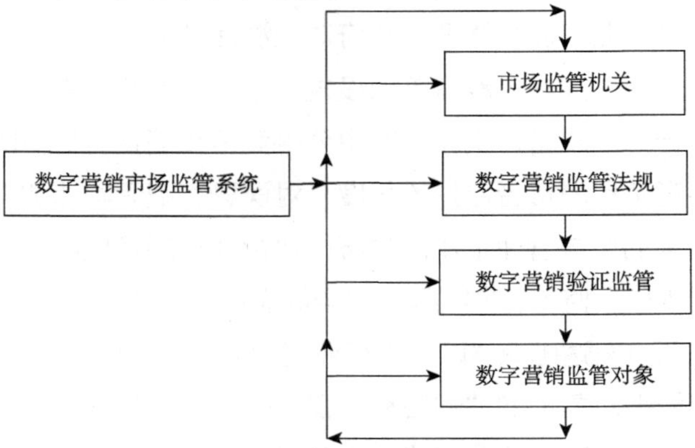

图 8-1　数字营销市场监管系统运行图

数字营销市场监管系统由四个子系统构成。第一个子系统是市场监管机关。从 20 世纪 80 年代开始直到国家市场监督管理总局组建之前，我国的广告监管工作一直由国家工商行政管理（总）局及地方各级工商行政管理局负责；2018 年以后伴随着我国新一轮机构改革的完成，新组建的国家市场监督管理总局及地方各级市场监督管理局肩负起广告监管的职责，数字营销的监管也是其担负的主要职责[①]。《广告管理条例》第五条规定："广告的管理机关是国家工商行政管理机关和地方各级工商行政管理机关。"《广告法》第六条第一款规定："国务院市场监督管理部门主管全国的广告监督管理工作，国务院有关部门在各自的职责范围内负责

---

① 根据 2018 年中共中央印发的《深化党和国家机构改革方案》：改革市场监管体系，实行统一的市场监管，是建立统一开放竞争有序的现代市场体系的关键环节。将国家工商行政管理总局的职责，国家质量监督检验检疫总局的职责，国家食品药品监督管理总局的职责，国家发展和改革委员会的价格监督检查与反垄断执法职责，商务部的经营者集中反垄断执法及国务院反垄断委员会办公室等职责整合，组建国家市场监督管理总局，作为国务院直属机构。主要职责是，负责市场综合监督管理，统一登记市场主体并建立信息公示和共享机制，组织市场监管综合执法工作，承担反垄断统一执法，规范和维护市场秩序，组织实施质量强国战略，负责工业产品质量安全、食品安全、特种设备安全监管，统一管理计量标准、检验检测、认证认可工作等。

广告管理相关工作。”第二款规定：“县级以上地方市场监督管理部门主管本行政区域的广告监督管理工作，县级以上地方人民政府有关部门在各自的职责范围内负责广告管理相关工作。”按照规定，国家市场监督管理总局下设广告监督管理司，它是全国广告监管的最高权力机构；省、自治区、直辖市、计划单列城市市场监督管理局下设广告监督管理处；省辖市、地区、自治州市场监督管理局下设广告监督管理科；县（市）、自治县及县级以下市场监督管理局下设广告监督管理股（或室）。这样，各级市场监督管理局下属的广告监督管理司、广告监督管理处、广告监督管理科、广告监督管理股（或室）就构成了我国自上而下的市场监管机关，对全国各种类型的广告，包括数字营销进行监管。因此，它们既是各类传统广告的监管机关，又是数字营销的监管机关。第二个子系统是数字营销监管法规。它是由国家和地方各级市场监管机关对数字营销市场进行监管的依据，主要包括《广告管理条例》《广告法》《互联网广告管理暂行办法》及一些部门广告监管规章和有关政策规定，如《药品广告管理办法》《医疗器械广告管理办法》等。第三个子系统是数字营销验证监管。它由两个部分组成：其一，对市场准入资质的核准。它是市场监管机关依照数字营销监管的法律、法规和有关政策规定对数字营销市场主体——自然人、法人及非法人组织的主体资格和数字营销内容的证明文件或材料的查验与核准，只有经过查验、核准，具备市场准入的各种资质条件的证照，才能进入数字营销市场开展经营活动。其二，对数字营销活动的事后监管，这是市场监管机关的日常工作，也是其进行市场监管的重点。第四个子系统是数字营销监管对象。它由“在中华人民共和国境内以营利为目的从事经营活动的”自然人、法人、非法人组织和数字营销信息组成。在传统媒体时代，广告监管机关对广告主、广告经营者、广告发布者等法人单位、其他经济组织和广告信息进行监管。数字时代与之相比变化较大：其一，首次将“自然人”纳入市场监管范围。当然，这种纳入是有条件的，《中华人民共和国市场主体登记管理条例》[①]（以下简称《市场主体登记管理条例》）第二条规定，只要在中华人民共和国境内以营

① 《中华人民共和国市场主体登记管理条例》（国务院令第 746 号），于 2021 年 7 月 27 日发布，2022 年 3 月 1 日起正式施行。

利为目的从事经营活动的自然人就会被纳入监管。其二，传统媒体时代被纳入监管的“其他经济组织”，在数字时代更换为“非法人组织”，主要指法人下面的二级经营性单位。其三，传统媒体时代的广告主、广告经营者和广告发布者被数字时代的广告主、数字营销经营者、数字营销发布者取代。上述市场主体在市场上的表现更加活跃、多变，其违法行为也更加隐蔽，因而对其的监管更加困难，也更加具有挑战性。广告主对于自有数字营销平台的运营主要包括企业官网、企业自媒体平台、移动终端 App 和“两微一端”（微博、微信、客户端）、企业自行搭建的数字营销平台等。数字技术让用户、数据和点击率成为数字营销公司业务操作中最重要的内容：用户洞察是数字营销公司的业务起点，用户数据是数字营销公司的核心资产，点击率是数字营销公司开展数字营销业务的依据和基础，这就使数字时代对数字营销公司的监管与传统媒体时代相比发生了颠覆性变化。与传统媒体平台的单向传播相比，传者与受众（用户）的双向互动性是数字媒体平台最显著的特征，传（者）、受（众）双方的身份随时变换，这就给市场监管机关的监管带来诸多困难——滥用个人数据与泄露用户隐私；头部数字媒体平台拒绝第三方机构的监测；数据垄断带来数字媒体行业乱象，加剧数据孤岛现象。数字营销信息在数字时代最大变数在于内容营销和原生广告出现，使新闻（服务）信息与数字营销信息相混淆带来的监管困境前所未有。

在整个数字营销市场监管系统中，国家和地方各级市场监管机关依照数字营销监管的法律、法规和有关政策规定，完成对广告主、数字营销经营者、数字媒体发布者的主体资格和所提交的证明材料的查验、核准及对数字营销的事后监督，允许其经营数字营销业务和发布数字营销信息，并对数字营销活动中出现的违法行为进行处罚，这就是数字营销市场监管系统的整个运动过程和运动方式。换言之，数字营销市场监管系统的任何一次运动，都先从第一个子系统出发，再经由第二个子系统和第三个子系统，最后落脚到第四个子系统，然后又由第四个子系统回到第一个子系统，这样周而复始，循环往复。

第二节 对数字营销市场主体的登记、注册

对数字营销市场主体的登记、注册是数字营销监管机关与监管对象——以广告主、数字营销经营者、数字营销发布者为主的数字营销市场主体建立联系的开始。对数字营销市场主体的登记、注册包括两个方面的内容：一是对数字营销市场主体经营资格的登记、注册，即核准数字营销经营权；二是对数字营销经营范围的登记、注册，也就是核定数字营销市场主体的经营范围。前者关系到是否允许经营数字营销业务，它是区别合法经营与非法经营的界限；后者则关系到允许经营什么，不允许经营什么，它是区分守法经营与超范围经营的界限。因此，对数字营销市场主体的登记、注册是对数字营销经营活动进行监管的基础，是监督数字营销活动，保护合法经营，取缔非法经营的前提条件。通过登记、注册可以掌握、控制一个时期、一个地区数字营销市场主体的发展情况。

实际上，对数字营销市场主体的登记、注册是一个审查申请、核准、完成登记、发照的有序过程。对数字营销市场主体经营资格的登记、注册首先要考虑数字营销行业的发展规模、发展速度、发展方向及是否有利于搞活数字营销经营；其次，登记、注册数字营销市场主体要考虑申请单位的资质条件，根据数字营销监管法规的规定，对申请单位的人员素质、管理水平、技术力量和资金实力等进行考察，以保证数字营销经营单位的质量和业务水平。对经营范围的核定包括对数字营销市场主体的代理范围与媒介范围两个方面的核定：核定数字营销经营者的代理范围，是对其是代理还是非代理、是全国代理还是地方代理、是国际代理还是国内代理的核定；对媒介范围的核定，主要是对数字营销经营单位经营媒介种类的核定，如核定其经营电视媒介或经营印刷媒介，或经营户外媒介，或经营互联网媒介，或兼营电视、广播、印刷、户外和互联网等媒介。过去往往认为对数字营销经营单位的登记、注册仅仅是对其经营资格的审批，忽视了对其经营范围的核定，因此虽能划清合法与非法的界限，却无法划清守法与超范围经营的界限，无法从根本上打击非法经营。

核准是上一级数字营销市场监管机关根据下级数字营销市场监管机关的初审意见，进行综合平衡后做出同意、暂缓和不同意登记、注册的决定，只有通过核准以后才算完成登记、注册。发证是向数字营销经营单位授予数字营销经营权，是审批的最后一道程序。发证工作包括发证、公告，进一步宣传、交代数字营销监管政策、法规、管理工作制度，建立经营单位的档案，为今后的监管工作做好准备。

一、对市场主体登记、注册的基本要求

过去，在广告市场需要登记、注册的市场主体一般为广告主、广告经营者、广告发布者和其他经济组织，而在数字时代，需要登记、注册的市场主体除了广告主、数字营销经营者、数字营销发布者等“法人及非法人组织”外，还包括“自然人”。根据《市场主体登记管理条例》第二条对“市场主体”做了界定：本条例所称市场主体，是指在中华人民共和国境内以营利为目的从事经营活动的下列自然人、法人及非法人组织，主要包括：其一，公司、非公司企业法人及其分支机构；其二，个人独资企业、合伙企业及其分支机构；其三，农民专业合作社（联合社）及其分支机构；其四，个体工商户；其五，外国公司分支机构；其六，法律、行政法规规定的其他市场主体。该条例第三条第一款规定：“市场主体应当依照本条例办理登记。未经登记，不得以市场主体名义从事经营活动。法律、行政法规规定无需办理登记的除外。”第二款规定：“市场主体登记包括设立登记、变更登记和注销登记。”这里，着重谈谈对数字营销经营单位的登记、注册。

对数字营销经营单位的登记、注册，是市场监管机关依照数字营销监管法规对数字营销经营者实施监管的起点，是政府的市场监管行为。数字营销经营单位只有在获准登记、注册，取得经营资格以后，才能从事数字营销经营活动，否则，即非法经营。严格地说，数字营销经营者要取得合法的广告经营资格，必须符合《中华人民共和国民法典》[①]（以下简称《民法典》）的有关规定和企业登记的基

① 《中华人民共和国民法典》，于 2020 年 5 月 28 日第十三届全国人民代表大会第三次会议通过，于 2021 年 1 月 1 日起正式施行。

本要求，必须具备数字营销监管法规规定的有关资质条件，必须按照一定法律程序依法审批登记、注册。

《民法典》、《市场主体登记管理条例》和《中华人民共和国市场主体登记管理条例实施细则》[①]（以下简称《市场主体登记管理条例实施细则》）等法律、法规，是企业审批、登记工作必须遵循的主要法律依据。《民法典》第五十七条规定："法人是具有民事权利能力和民事行为能力，依法独立享有民事权利和承担民事义务的组织。"第五十八条第一款、第二款、第三款规定，判断一个企业是否具有法人资格，有四个基本条件：法人应当依法成立；法人应当有自己的名称、组织机构、住所、财产或者经费；法人成立的具体条件和程序，依照法律、行政法规的规定；设立法人，法律、行政法规规定须经有关机关批准的，依照其规定。数字营销经营单位必须具备上述四个条件，在申请经营数字营销业务之前，先向企业法人登记主管机关，依照《市场主体登记管理条例》的有关规定，办理企业法人登记手续，经其核准后，取得法人资格，才算达到企业登记的基本要求。

要取得法人资格，数字营销经营单位应向国家市场监督管理总局或地方各级市场监督管理部门提出申请。《市场主体登记管理条例》第五条第一款规定："国务院市场监督管理部门主管全国市场主体登记管理工作。"第二款："县级以上地方人民政府市场监督管理部门主管本辖区市场主体登记管理工作，加强统筹指导和监督管理。"该条例第八条、第九条、第十条、第十一条规定：

> 第八条　市场主体的一般登记事项包括：
>
> （一）名称；
>
> （二）主体类型；
>
> （三）经营范围；
>
> （四）住所或者主要经营场所；
>
> （五）注册资本或者出资额；
>
> （六）法定代表人、执行事务合伙人或者负责人姓名。

---

① 《中华人民共和国市场主体登记管理条例实施细则》于 2022 年 3 月 1 日由国家市场监督管理总局令第 52 号公布，自公布之日起施行。

除前款规定外，还应当根据市场主体类型登记下列事项：

（一）有限责任公司股东、股份有限公司发起人、非公司企业法人出资人的姓名或者名称；

（二）个人独资企业的投资人姓名及居所；

（三）合伙企业的合伙人名称或者姓名、住所、承担责任方式；

（四）个体工商户的经营者姓名、住所、经营场所；

（五）法律、行政法规规定的其他事项。

第九条 市场主体的下列事项应当向登记机关办理备案：

（一）章程或者合伙协议；

（二）经营期限或者合伙期限；

（三）有限责任公司股东或者股份有限公司发起人认缴的出资数额，合伙企业合伙人认缴或者实际缴付的出资数额、缴付期限和出资方式；

（四）公司董事、监事、高级管理人员；

（五）农民专业合作社（联合社）成员；

（六）参加经营的个体工商户家庭成员姓名；

（七）市场主体登记联络员、外商投资企业法律文件送达接受人；

（八）公司、合伙企业等市场主体受益所有人相关信息；

（九）法律、行政法规规定的其他事项。

第十条 市场主体只能登记一个名称，经登记的市场主体名称受法律保护。

市场主体名称由申请人依法自主申报。

第十一条 市场主体只能登记一个住所或者主要经营场所。

电子商务平台内的自然人经营者可以根据国家有关规定，将电子商务平台提供的网络经营场所作为经营场所。

省、自治区、直辖市人民政府可以根据有关法律、行政法规的规定和本地区实际情况，自行或者授权下级人民政府对住所或者主要经营场所作出更加便利市场主体从事经营活动的具体规定。

申请企业只有具备上述条件，才算达到了登记、注册的基本要求，也才有资格向国家市场监督管理总局或地方各级市场监督管理部门提出登记、注册申请。

二、数字营销经营者申请登记、注册应具备的资质条件

数字营销经营者申请经营数字营销业务，除需具备企业登记、注册的一般条件外，还应该具备数字营销监管法规对其规定的特殊的资质条件。由于各类数字营销经营者的组织形式不同，其申请经营的方式和范围不尽相同，故其所需具备的资质条件也是不相同的。在《市场主体登记管理条例》《市场主体登记管理条例实施细则》施行之前，登记机关一直根据《广告经营者、广告发布者资质标准及广告经营范围核定用语规范》[①]，对“综合型广告企业”“广告设计、制作企业”“个体工商户”等各类广告经营者应具备相应的资质条件均做出了明确规定。

综合型广告企业：具有提供设计制作和全面代理服务能力的广告企业，包括有限责任公司、股份有限公司、中外合资经营、中外合作经营等经济形式，其应具备的资质标准如下：①有与广告经营相适应的经营管理人员、策划设计人员、制作人员、市场调查人员（以上人员均须取得广告专业技术岗位资格证书）、财会人员，其中专业人员具有大专以上学历的，不少于从业人数的 2/3；②有与广告设计、制作、代理业务相适应的资金设备和经营场所，注册资不少于 50 万元人民币，经营场所不小于 100 平方米；③有与广告经营范围相适应的经营机构及广告经营管理制度；④有专职广告审查人员。

广告设计、制作企业（兼营广告设计、制作业务的企业比照执行）：包括从事影视、广播、霓虹灯、路牌、印刷品、礼品、灯箱、布展等广告设计和制作的企业，应具备的资质标准如下：①有与广告经营相适应的经营管理人员、设计人员、制作人员（以上人员均须取得广告专业技术岗位资格证书）、财会人员，其中专业人员具有大专以上学历的，不少于从业人员的 1/2；②有与广告经营范围相适应

① 1995 年 6 月 26 日，国家工商行政管理局印发《广告经营者、广告发布者资质标准及广告经营范围核定用语规范》（发布文号：工商广字〔1995〕第 155 号）。

的资金、设备、器材和场地，经营场所面积不小于 40 平方米，制作场所因广告制作项目而定；③有与广告经营范围相适应的经营机构和广告经营管理制度；④有专职广告审查人员。

个体工商户：指从事影视、广播、路牌印刷品、礼品、灯箱、布展等广告设计和制作的个体工商户。《广告管理条例施行细则》第六条规定，“申请经营广告业务的个体工商户，除应具备《城乡个体工商户管理暂行条例》规定的条件外，本人还应具有广告专业技能，熟悉广告管理法规”。

上述规定非常具体而明确。随着社会经济的发展，申请经营广告业务的各类广告经营者所应具备的资质条件也会随之有所变化，这就要求广告监管机关采取相应措施，不断完善广告登记、注册的相关规定，以适应这种变化。在数字时代，数字营销（广告）经营者的登记、注册又有一些新的变化。《市场主体登记管理条例实施细则》第九条对申请人应当依法申请登记的市场主体类型进行了规定：

（一）有限责任公司、股份有限公司；
（二）全民所有制企业、集体所有制企业、联营企业；
（三）个人独资企业；
（四）普通合伙（含特殊普通合伙）企业、有限合伙企业；
（五）农民专业合作社、农民专业合作社联合社；
（六）个人经营的个体工商户、家庭经营的个体工商户。
分支机构应当按所属市场主体类型注明分公司或者相应的分支机构。

按照规定，数字营销经营者可根据自身的资质条件选择除“农民专业合作社（联合社）”外的不同市场主体类型依法申请登记、注册。

此外，申请办理设立登记、公司设立登记、设立非公司企业法人、设立合伙企业应当提交的材料，在《市场主体登记管理条例实施细则》第二十五条、第二十六条、第二十七条和第二十八条中皆有明确规定：

第二十五条 申请办理设立登记，应当提交下列材料：

（一）申请书；

（二）申请人主体资格文件或者自然人身份证明；

（三）住所（主要经营场所、经营场所）相关文件；

（四）公司、非公司企业法人、农民专业合作社（联合社）章程或者合伙企业合伙协议。

第二十六条 申请办理公司设立登记，还应当提交法定代表人、董事、监事和高级管理人员的任职文件和自然人身份证明。

除前款规定的材料外，募集设立股份有限公司还应当提交依法设立的验资机构出具的验资证明；公开发行股票的，还应当提交国务院证券监督管理机构的核准或者注册文件。涉及发起人首次出资属于非货币财产的，还应当提交已办理财产权转移手续的证明文件。

第二十七条 申请设立非公司企业法人，还应当提交法定代表人的任职文件和自然人身份证明。

第二十八条 申请设立合伙企业，还应当提交下列材料：

（一）法律、行政法规规定设立特殊的普通合伙企业需要提交合伙人的职业资格文件的，提交相应材料；

（二）全体合伙人决定委托执行事务合伙人的，应当提交全体合伙人的委托书和执行事务合伙人的主体资格文件或者自然人身份证明。执行事务合伙人是法人或者其他组织的，还应当提交其委派代表的委托书和自然人身份证明。

三、数字营销经营者的登记、注册办法和程序

数字营销经营者的审批登记办法和程序，是指数字营销监管机关依照数字营销监管法律、法规的有关规定，对申请经营数字营销业务的单位或个人办理审批登记的方法和步骤。它是数字营销监管机关对数字营销经营者实施监督管理的行政行为之一，是确认其合法经营资格的必备法律手续。

（一）数字营销经营者申请登记、注册前的准备工作

市场主体的类型包括公司、非公司企业法人、个人独资企业、合伙企业、分支机构、个体工商户等，数字营销经营者要办理登记、注册，第一步就要根据自身条件从上述类型中选择一项。《市场主体登记管理条例实施细则》第六条对“市场主体应当按照类型依法登记”事项做出了规定：

（一）公司：名称、类型、经营范围、住所、注册资本、法定代表人姓名、有限责任公司股东或者股份有限公司发起人姓名或者名称。

（二）非公司企业法人：名称、类型、经营范围、住所、出资额、法定代表人姓名、出资人（主管部门）名称。

（三）个人独资企业：名称、类型、经营范围、住所、出资额、投资人姓名及居所。

（四）合伙企业：名称、类型、经营范围、主要经营场所、出资额、执行事务合伙人名称或者姓名，合伙人名称或者姓名、住所、承担责任方式。执行事务合伙人是法人或者其他组织的，登记事项还应当包括其委派的代表姓名。

（五）农民专业合作社（联合社）：名称、类型、经营范围、住所、出资额、法定代表人姓名。

（六）分支机构：名称、类型、经营范围、经营场所、负责人姓名。

（七）个体工商户：组成形式、经营范围、经营场所，经营者姓名、住所。个体工商户使用名称的，登记事项还应当包括名称。

（八）法律、行政法规规定的其他事项。

数字营销经营者办理登记、注册的第二步，就是要根据自己选择的市场主体类型，准备相应的材料依法备案，并注明登记联络人。《市场主体登记管理条例实施细则》第七条对“市场主体应当按照类型依法备案”事项做出了规定：

（一）公司：章程、经营期限、有限责任公司股东或者股份有限公司发起人认缴的出资数额、董事、监事、高级管理人员、登记联络员、外商投资

公司法律文件送达接受人。

（二）非公司企业法人：章程、经营期限、登记联络员。

（三）个人独资企业：登记联络员。

（四）合伙企业：合伙协议、合伙期限、合伙人认缴或者实际缴付的出资数额、缴付期限和出资方式、登记联络员、外商投资合伙企业法律文件送达接受人。

（五）农民专业合作社（联合社）：章程、成员、登记联络员。

（六）分支机构：登记联络员。

（七）个体工商户：家庭参加经营的家庭成员姓名、登记联络员。

（八）公司、合伙企业等市场主体受益所有人相关信息。

（九）法律、行政法规规定的其他事项。

上述备案事项由登记机关在设立登记时一并进行信息采集。

受益所有人信息管理制度由中国人民银行会同国家市场监督管理总局另行制定。

数字营销经营者办理登记、注册的第三步，就是要向登记机关办理登记“经营场所”和申请办理“经营范围”“法定代表人、执行事务合伙人（含委派代表）”“注册资本（出资额）”。《市场主体登记管理条例实施细则》第十条、第十一条、第十二条、第十三条对此规定：

第十条　申请人应当根据市场主体类型依法向其住所（主要经营场所、经营场所）所在地具有登记管辖权的登记机关办理登记。

第十一条　申请人申请登记市场主体法定代表人、执行事务合伙人（含委派代表），应当符合章程或者协议约定。

合伙协议未约定或者全体合伙人未决定委托执行事务合伙人的，除有限合伙人外，申请人应当将其他合伙人均登记为执行事务合伙人。

第十二条　申请人应当按照国家市场监督管理总局发布的经营范围规范目录，根据市场主体主要行业或者经营特征自主选择一般经营项目和许可经营项目，申请办理经营范围登记。

第十三条 申请人申请登记的市场主体注册资本（出资额）应当符合章程或者协议约定。

市场主体注册资本（出资额）以人民币表示。外商投资企业的注册资本（出资额）可以用可自由兑换的货币表示。

依法以境内公司股权或者债权出资的，应当权属清楚、权能完整，依法可以评估、转让，符合公司章程规定。

（二）数字营销经营者登记、注册的步骤

在完成上述市场主体登记、注册的前期准备工作以后，申请人“可以自行或者指定代表人、委托代理人办理市场主体登记、备案事项”（《市场主体登记管理条例实施细则》第十四条），并“在申请材料上签名或者盖章”（《市场主体登记管理条例实施细则》第十五条第一款）。“申请人可以通过全国统一电子营业执照系统等电子签名工具和途径进行电子签名或者电子签章。符合法律规定的可靠电子签名、电子签章与手写签名或者盖章具有同等法律效力”（《市场主体登记管理条例实施细则》第十五条第二款）。

1. 登记机关对申请人的实名验证

数字营销经营者向登记机关提出办理登记、备案事项申请以后，登记机关“通过实名认证系统，采用人脸识别等方式对下列人员进行实名验证”。《市场主体登记管理条例实施细则》第十六条规定需要实名认证的人员如下：

（一）法定代表人、执行事务合伙人（含委派代表）、负责人；

（二）有限责任公司股东、股份有限公司发起人、公司董事、监事及高级管理人员；

（三）个人独资企业投资人、合伙企业合伙人、农民专业合作社（联合社）成员、个体工商户经营者；

（四）市场主体登记联络员、外商投资企业法律文件送达接受人；

（五）指定的代表人或者委托代理人。

因特殊原因，当事人无法通过实名认证系统核验身份信息的，可以提交经依法公证的自然人身份证明文件，或者由本人持身份证件到现场办理。

2. 现场提交申请或通过系统提出申请

数字营销经营者向登记机关提出办理登记、备案事项，既可以到登记机关现场提交申请，又可以通过市场主体登记注册系统提出申请。《市场主体登记管理条例实施细则》第十七条规定：

办理市场主体登记、备案事项，申请人可以到登记机关现场提交申请，也可以通过市场主体登记注册系统提出申请。

申请人对申请材料的真实性、合法性、有效性负责。

办理市场主体登记、备案事项，应当遵守法律法规，诚实守信，不得利用市场主体登记，牟取非法利益，扰乱市场秩序，危害国家安全、社会公共利益。

3. 出具登记通知书与制发营业执照

数字营销经营者向登记机关提出办理登记、备案事项，只要申请材料齐全，符合法定形式，被登记机关确认，并当场登记，出具登记通知书，制发营业执照，才算登记事项完成。《市场主体登记管理条例实施细则》第十八条对办理登记事项的四种情况做出规定，显示出该实施细则的严谨与规范：

申请材料齐全、符合法定形式的，登记机关予以确认，并当场登记，出具登记通知书，及时制发营业执照。

不予当场登记的，登记机关应当向申请人出具接收申请材料凭证，并在3个工作日内对申请材料进行审查；情形复杂的，经登记机关负责人批准，可以延长3个工作日，并书面告知申请人。

申请材料不齐全或者不符合法定形式的，登记机关应当将申请材料退还申请人，并一次性告知申请人需要补正的材料。申请人补正后，应当重新提交申请材料。

不属于市场主体登记范畴或者不属于本登记机关登记管辖范围的事项，登记机关应当告知申请人向有关行政机关申请。

第三节　对数字营销违法案件的行政处罚

对数字营销违法案件进行行政处罚，依法制裁数字营销违法行为，追究数字营销违法行为人的法律责任，是各级市场监督管理机关的重要工作职能。根据《广告管理条例》《广告法》《互联网广告管理暂行办法》，对违反数字营销监管法律、法规的互联网广告主、数字营销经营者和数字营销发布者，由市场监督管理机关追究其法律责任，视其情节轻重给予不同的行政处罚，对构成犯罪的，要移送司法机关。

一、市场监督管理机关及其职责

2018 年 3 月 13 日，在第十三届全国人大一次会议第四次全体会议上，《国务院关于提请审议国务院机构改革方案》提出，组建“国家市场监督管理总局”。根据该方案，将国家工商行政管理总局的职责、国家质量监督检验检疫总局的职责、国家食品药品监督管理总局的职责，国家发展和改革委员会的价格监督检查与反垄断执法职责，商务部的经营者集中反垄断执法，以及国务院反垄断委员会办公室等职责整合，组建国家市场监督管理总局。简而言之，未来的国家市场监督管理总局将整合之前多个机构的职能，成为全新的、统一的“市场守护者”[①]。国家市场监督管理总局的组建是我国完善市场经济体，建立统一、高效市场监管体系的重要举措，对数字营销市场的健康发展将产生深远影响。

（一）数字营销市场监督管理机关

要对数字营销进行监管，这就涉及市场监督管理机关的“管辖”权限问题，即市场监督管理机关是否具备“管辖”行政处罚的权限。《中华人民共和国行政处罚法》[②]（以下简称《行政处罚法》）第十七条规定：“行政处罚由具有行政处罚权

---

① 陈永伟. 组建国家市场监管总局 市场有了统一“守护者”[EB/OL]. http://www.china.com.cn/lianghui/news/2018-03/15/content_50709647.shtml，2018-03-15.

② 《中华人民共和国行政处罚法》已由中华人民共和国第十三届全国人民代表大会常务委员会第 25 次会议于 2021 年 1 月 22 日修订通过（中华人民共和国主席令第 70 号），自 2021 年 7 月 15 日起施行。

的行政机关在法定职权范围内实施。”哪些行政机关（市场监督管理机关）具有行政处罚权？其法定职权范围如何？对此，《市场监督管理行政处罚程序规定》[①]第七条、第八条、第九条、第十条做出了明确规定：其一，行政处罚由违法行为发生地的县级以上市场监督管理部门管辖。法律、行政法规、部门规章另有规定的，从其规定。要点有二：一是只有县级以上市场监督管理部门才具备“管辖”行政处罚的权限。二是行政处罚由违法行为发生地的县级以上市场监督管理部门发出。其二，县级、设区的市级市场监督管理部门依职权管辖本辖区内发生的行政处罚案件。法律、法规、规章规定由省级以上市场监督管理部门管辖的，从其规定。其三，关于委托“管辖”问题。分两种情况：一是市场监督管理部门派出机构在本部门确定的权限范围内以本部门的名义实施行政处罚，法律、法规授权以派出机构名义实施行政处罚的除外。二是县级以上市场监督管理部门可以在法定权限内书面委托符合《行政处罚法》规定条件的组织实施行政处罚。受委托组织在委托范围内，以委托行政机关名义实施行政处罚；不得再委托其他任何组织或者个人实施行政处罚。委托书应当载明委托的具体事项、权限、期限等内容。委托行政机关和受委托组织应当将委托书向社会公布。其四，对电商平台经营的“管辖”。分三种情况：一是网络交易平台经营者和通过自建网站、其他网络服务销售商品或者提供服务的网络交易经营者的违法行为由其住所地县级以上市场监督管理部门管辖。二是平台内经营者的违法行为由其实际经营地县级以上市场监督管理部门管辖。三是网络交易平台经营者住所地县级以上市场监督管理部门先行发现违法线索或者收到投诉、举报的，也可以进行管辖。

（二）数字营销市场监督管理机关的职责

根据《国家市场监督管理总局职能配置、内设机构和人员编制规定》，国家市场监督管理总局是国务院直属机构，其职责一共 18 项——负责市场综合监督管理，负责市场主体统一登记注册，负责组织和指导市场监管综合执法工作，负责

---

① 《市场监督管理行政处罚程序暂行规定》于 2018 年 12 月 21 日国家市场监督管理总局令第 2 号公布，自 2019 年 4 月 1 日起施行。根据 2021 年 7 月 2 日国家市场监督管理总局令第 42 号《国家市场监督管理总局关于修改〈市场监督管理行政处罚程序暂行规定〉等二部规章的决定》修正，更名为“市场监督管理行政处罚程序规定”。

反垄断统一执法，负责监督管理市场秩序，负责宏观质量管理，负责产品质量安全监督管理，负责特种设备安全监督管理，负责食品安全监督管理综合协调，负责食品安全监督管理，负责统一管理计量工作，负责统一管理标准化工作，负责统一管理检验检测工作，负责统一管理、监督和综合协调全国认证认可工作，负责市场监督管理科技和信息化建设、新闻宣传、国际交流与合作，管理国家药品监督管理局、国家知识产权局，完成党中央、国务院交办的其他任务，职能转变[①]。该文件对市场监督管理总局下属机构广告监督管理司的主要职责也做了规定，“拟订广告业发展规划、政策并组织实施。拟订实施广告监督管理的制度措施，组织指导药品、保健食品、医疗器械、特殊医学用途配方食品广告审查工作。组织监测各类媒介广告发布情况。组织查处虚假广告等违法行为。指导广告审查机构和广告行业组织的工作”。对此，《广告法》第四十九条进一步明确市场监督管理部门履行的“广告监督管理职责”和行使的“职权”如下：

（一）对涉嫌从事违法广告活动的场所实施现场检查；

（二）询问涉嫌违法当事人或者其法定代表人、主要负责人和其他有关人员，对有关单位或者个人进行调查；

（三）要求涉嫌违法当事人限期提供有关证明文件；

（四）查阅、复制与涉嫌违法广告有关的合同、票据、账簿、广告作品和其他有关资料；

（五）查封、扣押与涉嫌违法广告直接相关的广告物品、经营工具、设备等财物；

（六）责令暂停发布可能造成严重后果的涉嫌违法广告；

（七）法律、行政法规规定的其他职权。

市场监督管理部门应当建立健全广告监测制度，完善监测措施，及时发现和依法查处违法广告行为。

---

① 中共中央文件. 国家市场监督管理总局职能配置、内设机构和人员编制规定[EB/OL]. http://www.gov.cn/zhengce/2018-09/10/content_5320813.htm，2018-09-10.

可见，履行广告监督管理职责是我国市场监督管理机关的主要职责，当然也包括对数字营销（广告）市场的监督管理和综合执法。

二、对违法案件实施行政处罚应遵循的原则

对数字营销违法案件实施行政处罚一般应遵循两个基本原则：其一，由数字营销发布者所在地市场监督管理机关实施行政处罚的“管辖”原则；其二，对违法案件实施行政处罚的“一查到底”原则。

（一）由数字营销发布者所在地市场监督管理机关实施行政处罚的“管辖”原则

《互联网广告管理暂行办法》第十八条规定：

> 对互联网广告违法行为实施行政处罚，由广告发布者所在地工商行政管理部门管辖。广告发布者所在地工商行政管理部门管辖异地广告主、广告经营者有困难的，可以将广告主、广告经营者的违法情况移交广告主、广告经营者所在地工商行政管理部门处理。
>
> 广告主所在地、广告经营者所在地工商行政管理部门先行发现违法线索或者收到投诉、举报的，也可以进行管辖。
>
> 对广告主自行发布的违法广告实施行政处罚，由广告主所在地工商行政管理部门管辖。

上述规定实则道出了对数字营销违法行为实施行政处罚的由广告发布者所在地市场监督管理机关负责“管辖”的原则，即一旦出现数字营销违法案件，由“广告发布者所在地”市场监督管理机关负责实施行政处罚。此外，该条还对三种特别情况做出了规定：其一，管辖异地广告主、广告经营者有困难的。广告发布者所在地市场监督管理部门管辖异地广告主、广告经营者有困难的，可以将广告主、广告经营者的违法情况移交广告主、广告经营者所在地工商行政管理部门处理。其二，先行发现违法线索或者收到投诉、举报的。广告主所在地、广告经营者所在地市场监督管理部门先行发现违法线索或者收到投诉、举报的，也可以进行管

辖。其三，对广告主自行发布的违法广告。对广告主自行发布的违法广告实施行政处罚，由广告主所在地工商行政管理部门管辖。这类规定在 2021 年 11 月 26 日国家市场监督管理总局公布的《互联网广告管理办法（公开征求意见稿）》中也有体现，其第十八条第二款内容与《互联网广告管理暂行办法》第十八条的第二款、第三款差别不大，但其第一款内容则有较大的变动："对互联网广告违法行为实施行政处罚，由广告发布者所在地市场监督管理部门管辖。广告发布者所在地市场监督管理部门管辖异地广告主、广告经营者、互联网信息服务提供者以及广告代言人有困难的，可以将广告主、广告经营者、互联网信息服务提供者的违法情况移送广告主、广告经营者、互联网信息服务提供者所在地市场监督管理部门处理；涉及广告代言人的，可以将其违法情况移送到广告代言人经纪公司注册地、广告代言人户籍地或者居住地市场监督管理部门处理。"其变动有二：其一，增加了管辖异地"互联网信息服务提供者"有困难的，可以将其违法情况移送"互联网信息服务提供者所在地市场监督管理部门处理"。其二，增加了"涉及广告代言人的"，可以将其违法情况移送到广告代言人经纪公司注册地、广告代言人户籍地或者居住地市场监督管理部门处理。

《市场监督管理行政处罚程序规定》第十一条对由数字营销发布者所在地市场监督管理机关实施行政处罚的"管辖"原则，推及"利用广播、电影、电视、报纸、期刊、互联网等大众传播媒介发布违法广告的行为"。

> 对利用广播、电影、电视、报纸、期刊、互联网等大众传播媒介发布违法广告的行为实施行政处罚，由广告发布者所在地市场监督管理部门管辖。广告发布者所在地市场监督管理部门管辖异地广告主、广告经营者有困难的，可以将广告主、广告经营者的违法情况移送广告主、广告经营者所在地市场监督管理部门处理。
>
> 对于互联网广告违法行为，广告主所在地、广告经营者所在地市场监督管理部门先行发现违法线索或者收到投诉、举报的，也可以进行管辖。
>
> 对广告主自行发布违法互联网广告的行为实施行政处罚，由广告主所在地市场监督管理部门管辖。

（二）对违法案件实施行政处罚的“一查到底”原则

对数字营销违法案件实施行政处罚的另一原则就是“一查到底”原则，即无论是否涉及管辖区以外的互联网广告主、数字营销经营者、数字媒体发布者或自然人，也无论是否涉及与此案件相关的其他地方的市场监督管理机关，对违法案件实施行政处罚始终由数字营销发布者所在地市场监督管理机关负责“管辖”，并“一查到底”，直至案件终结。这样做有利于数字营销发布者所在地市场监督管理机关了解全部案情的来龙去脉，查清违法者各自的责任。当然，实行“一查到底”的原则，并不排除市场监督管理机关之间的配合协作，对数字营销违法案件的处罚决定一经批准，有关的市场监督管理机关还负有协助执行义务。

三、对违法案件实施行政处罚的一般程序与简易程序

市场监管管理机关对数字营销违法案件实施行政处罚，一是根据有关法律、法规的有关规定依法进行；二是按照一定的法律程序实施处罚。一般地说，实施行政处罚的程序可分为一般程序与简易程序。

（一）行政处罚的一般程序

行政处罚的普通程序，是行政处罚的基本程序，任何行政处罚都必须按照这个程序实施（法律另有规定的除外），故而该程序又被称为行政处罚的一般程序。《市场监督管理行政处罚程序规定》设置专章，其第三章专门就“行政处罚的普通程序”做出规定，行政处罚的普通程序包括以下内容：其一，是否立案。市场监督管理部门对依据监督检查职权或者通过投诉、举报、其他部门移送、上级交办等途径发现的违法行为线索，应当自发现线索或者收到材料之日起十五个工作日内予以核查，由市场监督管理部门负责人决定是否立案；特殊情况下，经市场监督管理部门负责人批准，可以延长十五个工作日。法律、法规、规章另有规定的除外。检测、检验、检疫、鉴定以及权利人辨认或者鉴别等所需时间，不计入前款规定期限。其二，案件调查。办案人员应当全面、客观、公正、及时进行安检调查，收集、调取证据，并依照法律、法规、规章的规定进行检查。办案人员调查或者进行检查时不得少于两人，并应当主动向当事人或者有关人员出示执法

证件。办案人员应当依法收集证据。证据包括：书证；物证；视听资料；电子数据；证人证言；当事人的陈述；鉴定意见；勘验笔录、现场笔录。其三，案件调查终结与撰写调查终结报告。连同案件材料交由审核机构审核。案件调查终结报告包括以下内容：当事人的基本情况；案件来源、调查经过及采取行政强制措施的情况；调查认定的事实及主要证据；违法行为性质；处理意见及依据；自由裁量的理由等其他需要说明的事项。其四，案件审核。案件审核由市场监督管理部门法制机构或者其他机构负责实施，办案人员不得作为审核人员。市场监督管理部门派出机构以自己的名义实施行政处罚的案件，由派出机构负责案件审核。审核的主要内容包括：是否具有管辖权；当事人的基本情况是否清楚；案件事实是否清楚、证据是否充分；定性是否准确；适用依据是否正确；程序是否合法；处理是否适当。审核机构对案件进行审核，区别不同情况提出书面意见和建议：对事实清楚、证据充分、定性准确、适用依据正确、程序合法、处理适当的案件，同意案件处理意见；对定性不准、适用依据错误、程序不合法、处理不当的案件，建议纠正；对事实不清、证据不足的案件，建议补充调查；认为有必要提出的其他意见和建议。审核机构应当自接到审核材料之日起十个工作日内完成审核。特殊情况下，经市场监督管理部门负责人批准可以延长。市场监督管理部门负责人经对案件调查终结报告、审核意见、当事人陈述和申辩意见或者听证报告等进行审查，根据不同情况，分别作出以下决定：确有依法应当给予行政处罚的违法行为的，根据情节轻重及具体情况，作出行政处罚决定；确有违法行为，但有依法不予行政处罚情形的，不予行政处罚；违法事实不能成立的，不予行政处罚；不属于市场监督管理部门管辖的，移送其他行政管理部门处理；违法行为涉嫌犯罪的，移送司法机关。其五，市场监督管理部门作出行政处罚决定，应当制作行政处罚决定书，并加盖本部门印章。行政处罚决定书的内容包括：当事人的姓名或者名称、地址等基本情况；违反法律、法规、规章的事实和证据；当事人陈述、申辩的采纳情况及理由；行政处罚的内容和依据；行政处罚的履行方式和期限；申请行政复议、提起行政诉讼的途径和期限；作出行政处罚决定的市场监督管理部门的名称和作出决定的日期。市场监督管理部门作出的具有一定社会影响的行政处罚决定应当按照有关规定向社会公开。

（二）行政处罚的简易程序

行政处罚的简易程序，又被称作行政处罚的当场处罚程序，是指在具备一定条件的情况下由执法者对自然人、法人或者其他组织当场做出行政处罚决定时必须遵循的程序。采用行政处罚的简易程序一般需要满足三个条件：一是违法事实确凿；二是有法定依据；三是罚款数额较小或者警告的行政处罚。

《市场监督管理行政处罚程序规定》设置专章，其第四章专门对“行政处罚的简易程序”做出了规定：其一，出示执法证件与编号行政处罚决定书。适用简易程序当场查处违法行为，办案人员应当向当事人出示执法证件，当场调查违法事实，收集必要的证据，填写预定格式、编有号码的行政处罚决定书。行政处罚决定书应当由办案人员签名或者盖章，并当场交付当事人。当事人拒绝签收的，应当在行政处罚决定书上注明。其二，行政处罚决定书的基本内容：当场制作的行政处罚决定书应当载明当事人的基本情况、违法行为、行政处罚依据、处罚种类、罚款数额、缴款途径和期限、救济途径和期限、部门名称、时间、地点，并加盖市场监督管理部门印章。其三，告知行政处罚内容与当事人申辩。办案人员在行政处罚决定作出前，应当告知当事人拟作出的行政处罚内容及事实、理由、依据，并告知当事人有权进行陈述和申辩。当事人进行陈述和申辩的，办案人员应当记入笔录。其四，查处案件的归档保存。适用简易程序查处案件的有关材料，办案人员应当在作出行政处罚决定之日起七个工作日内交至所在的市场监督管理部门归档保存。

第九章　我国对数字营销市场主体的监管

在数字营销市场中，广告主、数字营销公司、数字媒体平台和第三方监测机构等都是活跃的市场主体。数字营销行业作为一个链式产业，其间任何一个环节的失范行为都会波及上下游的其他环节，因此必须对每个主体都统筹兼顾，实现全方位的监管。

第一节　对广告主数字营销行为的监管

在数字营销的浪潮下，广告主实现了从传统广告人到数字营销人的角色转变，通过运用各种媒体渠道，搭建数字营销平台，从而达到塑造企业形象、传播品牌文化、促进产品销售等目的。市场监管机关对作为数字营销市场主体之一的广告主进行监管有着十分重要的意义。

一、广告主的角色转换与对自有平台的运营

媒体资源的丰富与技术环境的改变，解构着我国的广告代理制，重塑了广告产业链的运作机制和内在模式。广告主从传统的广告运动发起者和广告效果评判者，转变成企业数字营销人，在多个渠道搭建数字营销平台、开展数字营销活动。

（一）广告主的角色转换

进入数字营销时代以后，广告主从过去的委托营销到现在的自主营销，其角色经历了几大转变。

过去时代企业广告营销部门的主要职能是制订年度营销计划和编制年度营销预算，其主要职责是将广告业务大多委托给乙方——广告公司代理去完成，而数字时代大中型企业大多成立了自己的 In-house 营销团队，专门负责自身的业务——从运营企业官网、两微一端到搭建企业营销平台。另外，企业数字营销人角色的转变是从其职能的转变开始的——从“他营销”（尽管企业是营销提出者和营销监控者）到“自营销”。

造成这种转变的原因，一是新技术带来营销平台——从传统媒体平台到数字媒体平台的改变；二是营销平台改变使营销重心、营销内容和营销方式发生了颠覆性变革。

第一，营销重心的改变。传统营销是从企业和产品出发来构建营销体系的，所以它以 4P 理论为指导，并以产品为导向，以产品销售和企业营利为最终目的，营销者遵循的是单向输出、漏斗式获取的销售思路。企业通过传统媒体连接消费者，单向地输出品牌形象，而消费者很少参与到营销中去，即使参与进去也是被动的，而数字营销则不同，它以用户为中心开展营销活动，用户是一切营销活动的出发点和最终归宿，所以它以 4C[①]理论为指导，强调建立用户数据库的重要性。可见，营销重心已由传统营销的“企业、产品”变为数字营销的“用户”。营销重心的改变凸显了用户的重要性，从根本上说是用户行为数据的重要性，这就使拥有第一方数据的广告主能够有底气“去中介”和进行“自营销”。

第二，技术和资本的涌入改变了营销内容和营销方式。传统媒体时期，创意和策划是广告市场的核心，好的广告创意和策划能有效吸引消费者眼球，帮助产品找到消费者，而数字营销时代不同，数据成了最重要的生产要素，通过挖掘、分析数据，以及用户画像，锁定目标用户，从而实现精准营销。在此过程中，广告主拉近了与用户的距离，在互动中密切了与用户的联系，缩短了反馈周期，能

---

① 4C 即消费者（consumer）、成本（cost）、便利（convenience）和沟通（communication）。

在第一时间满足用户需求。

（二）企业数字营销人对自有数字营销平台的运营

营销大师菲利普·科特勒认为数字营销包含网络营销领域、移动营销领域及电子商务领域三大板块。企业对于自有数字平台的运营主要包括官网营销、自媒体平台、移动终端 App、自行搭建数字营销平台。

1. 官网营销

网站是互联网早期企业的传播媒介。在数字营销时代，企业官网承担着树立品牌形象、传播企业文化、展示产品功能、沟通联系渠道、电商交易等多种功能。企业通过对官网的精心运营，搭建与用户沟通互动的渠道，不断征求和吸取用户的意见与反馈，来完善企业的产品和服务。

相比于传统媒体营销，官网营销有以下几个特点。首先，网站造价较低，通过官网展示企业产品、发布企业信息，在一定程度上降低企业的宣传成本；其次，官网传播效果可测可控，网站信息灵活便于修改，企业可根据访问和浏览量监测传播效果，及时调整传播内容和传播策略；最后，官网营销相较于传统媒体营销更为精准，具有针对性，因为主动搜寻并浏览网站的人往往有特定的需求，所以企业官网针对用户的痛点，强化其所提供产品和服务的特性，达到事半功倍的营销效果。

2. 自媒体平台

自媒体平台的广泛应用为企业自营销提供了新的契机，以微博、微信等为代表的自媒体平台在企业营销中有着传统媒体不可比拟的优势。

新浪微博有着较强的媒体属性，用户通过评论、转发、点赞等操作可以使信息实现裂变式传播，获得更高的传播速度和广度。这些优势决定了微博具有品牌宣传、即时营销、公关传播等营销价值，从而不断地扩散传播，引爆社交热点。2009 年新浪微博开通企业蓝 V 认证，海尔、小米、支付宝、天猫等品牌纷纷入驻微博，利用平台优势，挖掘品牌特质，创造出多个热门营销事件。2018 年支付宝微博抽选“锦鲤”事件，后续引发了多个热搜话题，成功地将“锦鲤”一词变成年度热词。微博平台特有的传播语境与互动机制，能够带来巨大流量与聚合能力，引发用户不断参与，促使好的营销创意成为现实。此外，微博也是组织外传播，公共关系维护的重要渠道，在诸多品牌危机公关事件中，微博都是企业优先选择发声的平台之一。

相比于微博的扩散式传播，微信具有直达用户、精准营销的优势。企业通过公众号的推送功能，打破时空局限，向粉丝实时精准传播。截至 2022 年 6 月 30 日，微信及 WeChat 月活用户 12.99 亿个[①]，庞大的高活跃、高黏度粉丝池，可以助力企业实现更高品质的品牌传播。此外，公众号的自定义菜单栏支持企业定制品牌特色服务，通过设置品牌资讯、网上商城、会员服务等栏目，成功链接海量用户，就产品、服务与用户交互，及时满足用户的消费需求，微信公众号使企业为每个用户提供专属。

3. 移动终端 App

App 是针对智能移动终端而开发的应用程序服务，具有移动性、便捷性、互动性的特征。企业往往选择 App 作为营销的辅助和补充手段。这种营销方式有着三个方面的优势：第一，App 可以实现企业品牌营销信息的整合，通过 App 的消息通知功能实现由准触到精达。运动品牌 Adidas 推出官方应用程序，在这个平台上可以浏览该品牌新款产品的发售推送，并设置个人兴趣，让用户提前获知发售通知，及时满足其购买需求。第二，通过 App 的社群构建，可以实现品牌粉丝的社群传播，增加用户黏性和品牌忠诚度，为品牌与用户建立密切的联系。Nike 推出 Nike Run Club 和 Training Club 系列，不仅为用户提供个性化训练指导，用户还能与好友进行加油打气、约跑等互动，通过不断增强用户体验，提高用户使用黏性。第三，App 通过搜集、分析用户数据，并结合场景分析用户此刻此景的需求，实现场景营销。

随着抖音、微视、快手、火山等平台出现，企业的营销策略也在不断调整。营销者对平台的关注度开始提升，并通过各个媒介的互联互通，将各个媒介的功能优势进行组合，全面调动用户的感官意识。最终企业通过多个平台的综合利用，

① 新浪科技. 腾讯：微信及 WeChat 月活 12.99 亿，同比增长 3.8%[EB/OL]. http://finance.sina.com.cn/tech/internet/2022-08-17/doc-imizmscv6598041.shtml?finpagefr=p_114，2022-08-17.

来达到一种整合营销的效果。

4. 自行搭建数字营销平台

随着数字营销的深入发展，大数据将用户个人的特质和诉求放大，用户越来越追求个性化，而品牌也认识到与用户进行沟通的重要性。广告主纷纷开始搭建一站式数字营销平台，完成“获取流量—需求分析—精准营销”的整个流程。

数字营销平台对企业来说意味着工具、技术及资源，通过选择和搭建适合品牌的平台，提升市场竞争优势。首先，从工具角度来说，数字营销平台帮助企业更好地获取用户，通过对用户数据的搜集，形成精准的画像、把握用户需求。其次，数字营销平台帮助广告主解锁营销新姿势，提供更为灵活的数字营销方式。例如，车企通过数字营销平台打通线上看车等各个环节，给用户足不出户的极致体验，增强用户的消费体验。最后，数字营销平台将各个垂直类媒体的用户资源搜集在自建营销阵地内，将公域流量转化为广告主的私域流量，从而促进用户沉淀和用户转化。

总的来说，数字营销平台的价值不仅在于帮助广告主找到用户、建立连接，更在于借助平台手段实现的精准营销及高效投放。

二、广告主数字营销失范的表现

广告主在数字营销时代获得了更多的自主权，但是对其营销行为进行总结可以发现，广告主在官网、App、微博、微信等媒体平台的营销，存在一些失范行为。

（一）企业官网对品牌内容和产品信息等的虚夸、失实报道

为强化企业形象、给用户留下深刻印象，增加网站的浏览量和购买率，一些网站在宣传产品、推广服务的时候，会出现虚假宣传、诈骗信息、不当宣传等现象。

1. 企业官网的虚假广告

《广告法》第二十八条规定，“广告以虚假或者引人误解的内容欺骗、误导消费者的，构成虚假广告”，并且对虚假广告的情形做了具体规定。然而在实际的营

销活动中，企业虚假广告往往与其他类型的违法广告有所重叠和交叉，因此对其进行识别和监管更为复杂。

企业官网虚假广告中较为普遍的是事实错误类，包括网站内容与事实或登记内容不符合等。以医疗整形行业为例，企业通过特效技术美化治疗效果，以鲜明的对比试验吸引和误导用户，夸大企业的实力水平，夸张产品和服务的效果，但实际结果往往大打折扣。此外，企业在官网上有关商品或服务推销的部分发布涉嫌内容虚假的信息，属于虚假宣传。

2. 网络欺诈、网络售假等网络失信问题

由于互联网具有隐匿性，用户难以判定背后来源的真假，容易成为网络欺诈、网络售假行为的受害者。不法分子或是通过钓鱼网站，售卖假冒伪劣产品；或是抄袭模仿，假冒他人商标和品牌建成山寨网站，混淆用户视听；或是价格欺诈，企业虚假标注商品价格、优惠幅度、优惠期间等行为，对用户进行误导从而促进消费。

在竞价排名的营销模式下，搜索引擎甚至会沦为不法网站背后的推手。2016 年“魏则西事件”中，武警二院利用搜索引擎百度对医疗广告的竞价排名机制，发布虚假医疗广告误导患者和公众。年轻的大学生用生命拷问了社会的商业利益底线。除了莆田系医院，还有很多违规机构建立诈骗网站，利用竞价排名进行推广，这种欺诈、售假的行为违背了传统商业道德，造成数字营销市场的混乱，最终会引发社会信任危机。

3. 不规范宣传行为

企业官网营销的不当宣传主要体现在违反禁止性用语及对于药品、医疗器械的违规宣传发布方面。《广告法》明确规定，广告不得使用“国家级”“最高级”“最佳”等用语。然而语言文化博大精深，不是仅仅几个限定词所能穷尽的。于是一些企业在宣传时玩文字游戏、打擦边球，出现投机取巧、蹭热度的行为。

《广告法》针对医疗器械、药品、保健品等产品的广告内容进行了更加明确细致的规定，并要求发布者事先应由广告审查机关对内容进行审查。以保健品行业为例，一些不法商家为促进销售、提升用户购买意愿，往往夸大产品功效或以保健品代替药品进行虚假宣传，并以专家学者的身份印证产品的权威性，但没有出示任何有效的调查数据等，以此来迷惑用户，谋取不正当利益。

（二）企业自营微博、微信和 App 平台数字营销行为失范的表现

企业在自主数字营销的过程中，为吸引眼球、博得关注，往往会出现一些数据造假；创意低俗，传播不恰当的价值观念；不正当竞争；数据泄露、侵犯用户隐私；骚扰广告等失范行为。

1. 数据造假

2018 年 10 月 20 日，靠攻略游记打入市场的马蜂窝被指数据造假，其 App 上 2100 万条点评中有 1800 万条是从携程、美团那里抄来的，数字营销行业造假的内幕被揭露到大众面前。2019 年，央媒曝光某些明星账号微博转发数据异常偏高问题，新浪微博对此发布公告，强调明星账号数据异常偏高的背后，是流量“竞赛”已经蜕变为互联网黑产对整个产品和社会的侵蚀，并点出有人依靠“外挂”软件刷数据。刷数据的行为从粉丝圈到营销行业，用户和企业集体违反诚实守信的原则，营造出一场热热闹闹的假象。当一个话题被水军和机器多次讨论、点击时，不明真相的社会公众可能真的会一拥而上，从而变成真正的热点事件。技术门槛降低、工具的便利性使得造假成本降低，在 KPI 驱动下，企业更容易出现关注即刻效益的短视行为。

2. 创意低俗，传播不恰当的价值观念

微信电商“伍亩田”打着助农旗号销售滞销苹果，并将残次苹果当成主流苹果销售，被各大媒体点名批评悲情营销。虚假的悲情营销不仅透支着用户的同情心，也有损于平台的发展。营销活动不仅要塑造品牌贩卖商品，更是商业伦理的体现。大卫·奥格威曾说，广告营销应当是有风度地推销产品。成功的营销活动应该是契合品牌特性，充分结合热点的，兼顾产品的知名度和美誉度。绝味鸭脖广告宣传打擦边球，忽视了品牌特点和目标用户，难免沦为低俗。

2019 年四川省凉山地区发生重大火灾，引起社会关注，而浦发银行借机以救火牺牲的消防英雄做宣传海报，并声称免除凉山火灾烈士信用卡未还清款项，这种消费烈士的行为引起网友的愤怒和谴责。银行卡有无欠款本就属于持卡人的个人隐私，更不用说私自公开用作商业用途。

近年来以娱乐心态来消费英烈的现象时有发生，微博账号“作业本”调侃战士邱少云，“暴走漫画”消费烈士董存瑞。诸如此类的一些低俗营销活动，营销者忽略对社会公序良俗的尊重，没有把握好道德与法律的尺度，背离主流价值导向，结果弄巧成拙，伤害的不只是广大用户的感情，也同样葬送着品牌的声誉。

3. 不正当竞争

《反不正当竞争法》第十一条规定：“经营者不得编造、传播虚假信息或者误导性信息，损害竞争对手的商业信誉、商品声誉。”然而在企业营销中，往往会有一些企业违背商业道德，以诋毁竞争对手为手段，削减其竞争力，为自己谋取不正当利益。在激烈的市场竞争中仅仅花钱营造一个好看的数据已经不够了，恶意差评、抹黑对手等手段成为一些商家中的潜规则。主要方式是雇佣网络水军诋毁竞争对手，影响社会公众的判断。因为难以判定是网络平台用户发言还是恶意诋毁，所以对这种不当竞争行为存在一定的监管难度。恶意诋毁的行为不仅损害了竞争对手的商业声誉，也损害了公平合理的市场竞争秩序。

4. 数据泄露、侵犯用户隐私

在数字营销时代，数据使用与隐私保护成为不可调和的矛盾。用户需要让渡部分个人信息，来换取更精准、高效的服务，在这个过程中，不免存在部分服务商为获益而过度索取用户信息的情况。2018 年 11 月 28 日中国消费者协会发布《100 款 App 个人信息收集与隐私政策测评报告》，报告结果显示，测评的 100 款 App 中，多达 91 款 App 存在过度收集用户个人信息的问题，其中“通讯录信息”“身份信息”“手机号码”是用户个人信息过度收集或使用较多的内容。

除了商家强制授权、过度搜集个人信息外，服务商采用的数据库防御能力差、安全系数低，也会容易导致数据泄露。商家在获取用户个人信息上有着极大的便利性，因而更有责任维护数据安全，坚守商业道德，在数据利用与商业利益之间寻求一个平衡。

5. 骚扰广告

互联网平台为企业和用户互动提供了多种渠道，使得企业可以通过私信、推送，或者邮箱、短信等方式直接联系到用户，争取更多营销机会，但其中不乏一些企业为了寻找潜在商机，擅自频繁地推送广告内容。《中国互联网协会反垃圾邮件规范》第三条指出，垃圾邮件包括：①收件人事先没有提出要求或者同意接收的广告、电子刊物、各种形式的宣传品等宣传性的电子邮件；②收件人无法拒收的电子邮件；③隐藏发件人身份、地址、标题等信息的电子邮件；④含有虚假的信息源、发件人等信息的电子邮件。这种行为强迫广告行为于用户而言，不仅影响平台功能的正常使用，降低用户体验，同时也侵害了用户的自主选择权、消费知情权与隐私权，最终消耗掉用户对品牌的信任和好感度。

三、造成广告主数字营销失范的原因

前文总结了企业数字营销的几种失范行为，究其原因，不外乎市场竞争激烈及经济利益驱使，另外就是与数字营销技术发展相对应的监管法规不完善、监管成本高难度大，内因外因双重驱使，加剧了广告主的营销失范行为。

（一）经济利益的驱使与对外宣传的需要

经济原因是广告主数字营销失范的根本原因。眼球经济时代，知名度与用户关注度是流量变现的第一步。广告主越来越依赖于多样的营销活动，来保持其在用户脑海中的印象。当产品进入市场时，需要通过数字营销活动传播商品信息，促进商品销售；同时，数字营销活动开展的过程也是传播企业形象和企业文化的过程。从用户的角度来看，数字营销活动向用户介绍产品，消除用户疑惑，指导消费，有利于扩大消费需求。不仅仅是新型的中小企业，许多知名品牌也非常重视数字营销活动，日化用品公司宝洁每年将相当大的一部分收入投入品牌宣传中，而那些不善经营品牌的广告主大多渐渐消失在公众的视野里。

（二）市场竞争激烈促使广告主自营数字营销行为变形

广告主宣传根本目的是销售商品，获取利润。数字营销活动具有商业性，其本质是一种逐利行为，在激烈的市场竞争中不可避免地走向迎合流量。技术的发展使媒体资源变得丰富，使用门槛降低，越来越多的广告主涌入营销活动中。与此相对的是用户注意力资源的稀缺和流量的分散，势必加剧数字营销的市场竞争，使得广告主过多地注重经济效益而忽视社会效益，导致数字营销功能逐渐异化。

（三）数字营销中执法部门监管成本高、难度大

借助于网站、自媒体等途径，广告主可以跨地域、24 小时全天候发布和传播营销信息。这给基层市场监管执法人员带来了一些监管难题。首先，执法人员需要将数字营销信息从海量的信息中甄别出来，并对其进行界定，判断是否违法，这要求执法人员既要熟悉法律，又要了解相关技术。其次，网络信息传播速度快、影响范围广，难以溯源，监管人员开展实时监控的成本很高。最后，在对数字营销违法行为的处理上存在管辖地域不明确的问题。《互联网广告管理暂行办法》第十八条规定，应以违法行为发布者所在地的市场监管部门管辖为主。该规定针对地域管辖做出了较为明确的规定，但对地域管辖权范围内的权力分配规定得仍不够清晰，在具体的施行中容易出现相互推诿或者争夺管辖等情况。

（四）相关法律法规不完善，审查监督机制遭到削弱

2015 年修订的《广告法》相比以往有了许多改进，但仍存在不完善之处。一是概念界定模糊。《广告法》中关于虚假广告的界定中，条文所描述的“对购买行为有实质性影响”“使用无法验证的科研成果等信息做证明材料”“虚构效果”及其与欺骗或误导用户的因果关系等行为，具有相对的不确定性，都会导致虚假广告认定时难以把握。我国作为成文法系国家，审理任何案例都要引用成文的法律、法令条文，对于法律不涉及的失范行为，部门执法无法判定，就不能起到规制效果。二是罪罚不当。《广告法》对于违反药品广告规定的行为罚款上限只是一百万元，《中华人民共和国刑法》及相关司法解释规定对药品虚假宣传行为以虚假广告罪定罪处罚，但是即便造成人身伤残的严重后果，最高刑期只有两年，很难达到刑罚的遏制作用。这种处罚力度对于一些利润较高的医药企业是微乎其微的，难以有效遏制违法行为。惩罚力度与违法获利相比微不足道，难以起到警戒惩处的效果。

四、将广告主数字营销行为纳入法律监管的范围

广告主的失范行为不仅损害了企业形象，更扰乱了市场秩序、侵犯了用户的利益，因此借助法律手段加强对广告主数字营销行为的监管，势在必行。

（一）加强立法规范企业官网

企业官网营销发端于 Web2.0 时代，为顺应时代发展，应加强立法规范企业官网。

1. 完善法律法规相关细则，明确具体的监管规范

目前关于企业官方网站发布数字营销信息的规定仍不明确，相关职能部门应该根据现实状况，不断修改、细化相关法规，为基层执法提供法律依据，提高法律法规的约束力，更好地规范企业的营销行为。

2. 加强数字广告审查力度

有关部门可以通过改进监管制度和人才队伍建设两个方面加强对数字广告的审查力度。首先，针对数字广告内容特性和传播特征，构建起专门的数字营销监管体系，提高监管效率。改变过去我国广告监管体系过多地依赖行政监管的方式，充分发挥行业协会的自律作用，落实事前审查制度。其次，数字营销依托于互联网技术的发展，因此对监管执法人员提出了更高的技术要求。相关部门应定期组织对执法人员开展技术性培训，与时俱进提高监管人员的专业素养，打造高质量的审查队伍。

（二）用法律手段监管企业自营微博、微信和 App 平台数字营销行为

微博、微信、App 等平台诞生于蓬勃发展的互联网时代，为企业带来新的营销手段和渠道的同时，也缺少相应的监管手段。为了适应新的营销环境和营销方式，规范广告主的营销行为，需要与时俱进，用法律手段对其进行监管。

1. 厘清广告主的法律责任，引入纠正性制度

网络广告形式多种多样，广告主体也更加复杂，应当明确广告主的责任和义务，加强广告主的自我约束和监督。广告主应当对数字营销信息的真实性负责，并主动配合提供合法的证明文件；在知晓所发布信息内容为虚假的情况下，应当履行阻止、纠正的义务等。基于数字营销信息的“继续效应”，在停止宣传推广之后，该营销信息对用户产生的影响仍然存在，借鉴美国的纠正性制度，广告主须在相同时段相同区域发布消息澄清事实，消除其对用户的欺骗性影响。

2. 明确监管机构的职责，协调好部门管辖分工

数字营销信息的传播和影响早已打破地域的界限，而对它的监管和执法还拘泥于传统的地域与职责划分中。根据《广告法》，我国虚假广告的监管机关是市场监管部门，但实际虚假数字营销信息的受害者往往向消费者保护协会进行申诉，而后者对于侵犯用户权益的行为并没有执法权。应当明确监管机构管辖协作的内容，协调监管执法与投诉调解部门之间的关系，依据便利性等原则确定管辖主体和辅助主体，提高执法效率。

3. 建立投诉举报制度，提供合法投诉途径

互联网上的数字营销内容隐蔽而分散，仅仅靠执法部门对企业营销者的违法失范行为进行监管是不够的，同时也应该发动广大用户对营销者的行为进行监督。目前用户主要使用民事诉讼维权的方式，该方式较为烦琐，耗费大量时间和精力，导致投入与回报相差很多。相关部门应建立完善的举报制度，为用户提供及时有效的投诉渠道，使用户能够维护自身的合法权益，真正聚合社会与公众监督的力量。

第二节　对数字营销公司的监管

数字营销时代，数字技术让用户、数据和点击率成为数字营销公司的核心竞争力，同时也使得在实际运作中用户隐私泄露、数据造假和虚假点击成为难以规避的监管难题。

一、技术让用户、数据和点击率成为数字营销公司的中心

传统营销时代，广告代理公司在选择媒体进行投放时，需要重点关注的是广告主的目标消费群体及媒体的受众群体和覆盖率，并谨慎评估两者的匹配度；数字营销时代，精准投放意味着这些标准发生了改变，数字营销公司要基于用户数据进行用户洞察，数字媒体平台的点击率也取代了原有的媒体覆盖率成为衡量营销效果的新标尺。

（一）用户洞察是数字营销公司的业务起点

大数据时代下的数字营销的特征是精准化和智能化，数字营销公司需要凭借自身技术优势，对广告主的目标用户群体、潜在用户群体、实际用户群体做出精准的识别，深度了解用户需求，以提高营销活动的效率，而要达到这一目标需要建立在海量个人信息数据积累的基础之上。个人信息可分为两大类：一类是静态个人信息，这类信息不会随着时间的推移发生巨大变化，如历史财务信息、健康信息、从属关系、信仰、个人文件等；另一类是动态个人信息，即随着时间的推移会发生巨大变化，收集和分析后可以生成明晰的个人简档，如活动历史和活动内容等。用户洞察就是对用户的静态个人信息、动态个人信息进行收集、挖掘，再以此开展数字营销业务，它是一切数字营销业务的起点。

（二）用户数据是数字营销公司的核心资产

数字营销和传统营销虽然方式和手段不同，但是都有着一个共同的目的，那就是实现品效的双赢。尤其在数字营销时代，一切营销活动都围绕用户展开，因此必须对用户产生实实在在的影响力。数字营销公司要想在竞争中胜出，必须积累大量的网络传播渠道，持续吸引用户、维系用户对品牌的黏性、不断挖掘用户的购买力，达到品效双赢。对于品牌来说，数据意味着商机，能够带动业务发展，是宝贵的战略性资源，而对于数字营销公司而言，数据更是其业务价值的核心。

运用大数据进行数字营销的前提是获取数据。在互联网生态中，获取的数据主要有以下三种：一是用户及用户信息。尽管用户在不同注册场合使用不同的注册名，但是后台可以通过一些共性信息，如手机号、邮箱号或者地址等，消除信息冗余，识别不同用户的真实身份。二是用户行为的对象。以用户消费的商品为例，虽然各个网站对商品的表述不同，与用户身份识别原理类似，后台能够识别各个场合不同表述方式的商品的唯一身份。此外还包括用户阅读的新闻、下载的App等。三是用户在网站上的行为，如浏览、页面停留、放进购物车、下单、页面跳转、网站跳转等，在网站日志上都会留下记录。

（三）从媒体覆盖率到数字媒体的点击率

传统营销中，广告主和广告代理公司投放广告所参考的主要指标就是媒体覆盖率。纸质媒体的发行量、广播的收听率、电视的收视率、户外广告所处位置等因素都需要进行综合研判，这些指标是广告主、广告代理公司制定整体的广告投放战略，选择媒体类别、经费投入、投放周期的依据。

数字营销时代，点击率对于数字媒体而言，正如覆盖率于传统媒体一般重要。对于整体的数字营销战略来说，真实的点击数据才是一切营销活动的根本。对于尚未建立自有数据平台的广告主来说，他们仍然需要依赖数字营销公司提供的点击率数据，而真实的点击率意味着有效的曝光量——当广告主凭借准确的数据开展数字营销活动时，自然会找到那些人流量大、点击率高、与产品格调相符的媒体位置，从而也能收获良好的传播效果；否则就会浪费预算，无法达到预期效果。

二、数字营销公司行为失范的表现

用户洞察力、数据拥有量和点击率已经成为数字营销公司追求的新目标。在实现这些目标的过程中，数字营销公司会出现因迫切地想要了解用户需求而不惜侵犯用户隐私、制造虚假用户和虚假点击蒙骗广告主等失范行为。

（一）数字营销公司在用户洞察中对用户隐私的侵犯

隐私通常是指个人私密的信息和行为数据，侵犯隐私通常被解释为未经授权对个人私密信息和行为数据的收集、使用、泄露甚至交易。数字营销活动中侵犯用户隐私的表现比比皆是，如通过用户上网的 Cookies 跟踪用户过往的浏览历史和偏好。此外，许多平台通过用户的安全漏洞来构建恶意程序，如 ActiveX 控件可以获取个人的信用信息，Javascript 可以用于访问个人本地文件。

隐私侵犯的表现形式有如下几类：第一类是不当收集，也就是数字营销公司在没有告知或者尚未征得用户同意的情况下，私自收集用户的个人信息，包括用户的电子邮件地址、用户使用的软件类型、用户的网络访问历史及私人文件或数据库等。第二类是不当监控，即数字营销公司在未与用户确认的情况下，通过使用 Cookies 跟踪用户何时何地访问何种内容，监测用户在某网站或网页停留的时间，甚至窥探用户进行的交易。第三类是不当分析，即数字营销公司在不通知用户的情况下，分析用户的私人信息，并从中获得与用户消费模式、购物行为和偏好相关的结论。第四类是不正当转让，即数字营销公司未征得用户同意即将其私人信息泄露给其他企业的行为。例如，各种互联网公司销售、出版、发行，并共享其用户数据库，其中包含用户邮寄地址及电子邮箱地址等私人信息。2015 年 10 月 19 日，据研究机构 SourceDNA 称，许多应用使用了一家名为有米的国内移动广告平台开发的软件开发工具包（software development kit，SDK），由于其私自收集用户的个人数据，被苹果公司从应用商店中下架。苹果公司发布声明表示，这些应用通过私有 API（application programming interface，应用程序编程接口）搜集了浏览者的信息，如邮箱信息、设备认证地址或者路由地址等，并传回了应用开发者的服务器。在有米和苹果的这次纠纷中，有米回应 SDK 作用是为了保证广告主的广告成本不被浪费，避免其他的软件开发者捏造虚假的用户数据，如防止在同一台设备上反复打开同一条广告内容。

（二）数字营销公司对用户数据的造假

数字营销公司想要树立自身的形象和口碑，必须借助漂亮的数据来吸引广告主。数字营销公司选择与第三方监测机构合谋，制造虚假的用户数据、运营商数据与媒体平台数据，将长尾流量粉饰成头部流量，蒙骗坑害广告主。

在很多移动端的应用中，普遍存在着点击数据造假、虚假激活等作弊行为，而数字营销公司难辞其咎。其实数字营销公司完全可以利用硬件设备的序列号等信息来确保屏幕背后是一个活生生的用户，杜绝美好但虚假的点击率和下载量。此外，过滤掉虚假的流量，意味着广告主的营销预算将会向真正有效的数字媒体平台倾斜，能够增加媒体的收入，这无论对广告主还是媒体来说都具备长远的利益。

（三）数字营销公司的虚假点击行为

数字营销公司在提出以虚假数据为基础的策划提案之后，需要拿出切实的数据向广告主证明营销活动的效果。于是便派生出了从机器作弊、刷广告页面和虚假点击到高价关键字、诱导广告搜索等多种作弊形式。

以机器作弊为例，其作弊手段就有很多种，如利用爬虫技术写一段代码不断地访问特定的网页地址，或者是使用黑客远程控制的傀儡机来点击某个网页，模拟真实的浏览行为，生成浏览或者点击历史，增加网页的流量。这些方式一般依靠代码程序实现，因此无论是人力成本还是经济成本都不高。例如，有些广告的呈现方式是一张图片，那么通过写一段程序更改图片的载体，将其尺寸更改成肉眼无法识别的程度，把一次用户实际没有看到任何广告信息的点击作为一次曝光，而对于广告主来说，这样一次无效的浏览仍然算是有偿投放。

相比之下，人为的造假就更加难以规避。其主要方式就是招募大量劳动力进行虚假的重复操作。其中还有一种是诱导用户自发做出点击行为，将广告放置在诸如色情、暴力等吸引眼球内容的旁边，增加真实触达率以提升曝光量。这种行为不但不能实现真正的效果转化，而且会对品牌安全造成威胁。

三、造成数字营销公司行为失范的原因

数字营销公司种种失范行为无疑是因为自身职业操守的沦陷，同时也源于外部市场环境带来的压力；数字营销公司迫于生存压力必须向广告主展示其专业性，经济利益驱使其不得不对用户数据造假，并使尽浑身解数伪造一份完美的业绩报告单。

（一）数字营销公司职业操守的沦陷

数字营销公司职业操守沦陷的原因是多方面的，片面追求业绩的营销环境是主要原因，数字营销公司人员经不住利益诱惑而丧失伦理底线也是重要原因。

第一，以业绩论英雄，只看结果不看过程。企业广告投放部门渴望光鲜的数据向其上级部门汇报，因而一定程度上默许数据造假行为，而数字营销公司人员则借此大秀各种花样造假手法，以博取广告主的“欢心”。

第二，利益诱惑致使丧失伦理底线。当巨大的经济利益摆在眼前时，一般会有两种表现：一种是经受住了利益诱惑而坚守伦理底线，结果是失去巨大经济利益，且在开展数字营销业务时处处受到伦理原则的掣肘；一种是没有经受住诱惑而丧失伦理底线，结果是不仅获得巨大经济利益，还在开展数字营销业务时少受或不受伦理原则掣肘。两相对比，选择前者的少，而选择后者的多。这就是数字营销公司职业操守沦陷的真实原因。

（二）经济利益促使数字营销公司对用户的数据造假

运用数据开展数字营销是数字营销公司的主要业务模式，而数据的获取方式通常是在能够获得数据的各个互联网场合，通过在网页程序上植入自己的代码，截获相关数据，这就像是在马路上各个位置都密布摄像头，任何行人都难逃监控的天罗地网。电信服务公司、App下载网站、新闻网站、电子商务网站、社交媒体平台等互联网运营商，往往乐于让数字营销公司来安装这些摄像头。至于原因，双方既出于商业互利的考虑，又有条件交换因素。借此数字营销公司向广告主宣称自己拥有大量用户数据，了解用户以往的网络行为，并可以此为基础，运用推荐算法工具，提高数字营销投放的准确性，而互联网运营商则需要在广告主网页植入用户行为监控代码。除了阿里、腾讯等具备自身广阔生态的头部数字媒体平台外，这种互换方式对数字营销公司和互联网运营商双方来说都是双赢。这种商业互利会产生“滚雪球”的效应：数字营销公司积累的合作企业增多，数据随之增加，议价能力相应得到提升，更有利于拉入新的合作公司，因此拥有大量用户数据成为数字营销公司争相追逐的目标。一旦上述哪个环节出了问题，或者数据不太令人满意，那么对用户的数据造假就成了必然的选择。

（三）生存压力让数字营销公司选择虚假点击

数字营销公司连接了广告主与数字媒体平台，说是至关重要的一环也不为过。在数字营销时代，广告主纷纷将业务内部化，呈现出“去中介化”的趋势，加上许多公关公司、咨询公司都渴望在营销市场分一杯羹，数字营销公司的生存压力陡然提升，为了向广告主证明自己在数字营销领域的专业性，完成广告主的诉求，不得不无所不用其极地各种“折腾”，若还是无法满足广告主的诉求，就只能选择通过虚假点击、虚增流量来完成任务。

虚假流量的制造不需要高超的技术，几乎不用花费什么成本。有调查表明，与正常的流量相比，虚假点击的成本还不到其10%。针对不同的广告结算和考核方式，都会衍生出不同的作弊手段。如果按照每千人成本或者点击量来结算的话，那么造假方式主要是刷阅读量或者点击量；如果按照用户行为来结算的话，那么会刷虚假的用户下载量、激活量、活跃度及留存量；如果按照销售付费的话，则会刷订单量。尽管结算方式不同，但是通过虚假数据却都可以让数字营销公司在短期内受益。

四、对数字营销公司失范行为的规范

对数字营销公司失范行为的规范，不能仅仅期望着它们自身的道德自觉，而是应当通过相关法规为其划定硬性底线，既要对用户的隐私权进行保护，又要追究其数据造假、虚假点击法律责任，对其失范行为进行惩戒。

（一）用法律手段惩戒对用户隐私的侵犯

保护隐私权是保障公民人格权的途径之一，因此我国通过专门法律规定来保护公民的隐私权。早在 2012 年 12 月，有关部门审议通过了《全国人民代表大会常务委员会关于加强网络信息保护的决定》，对个人网络信息的获得、使用做出明确规定，保护个人在网络环境下的隐私权，该决定的适用范围涵盖了个人、企业乃至政府部门。

其一，要规范数据获取的流程，包括数据允许、数据访问及数据聚焦。第一步是数据允许，企业需要征得用户的同意，使用户自愿勾选允许收集数据的选项。第二步是数据访问，指的是用户的被遗忘权，用户有权要求企业将其过时或不准确的个人数据删除。目前谷歌等公司已经在实施，用户有权删除其在谷歌网站上的浏览记录。作为营销人员，有责任确保用户轻松访问他们的数据并取消数据的使用许可。第三步是数据聚焦，公司要根据需要适当地收集用户信息，避免收集不必要的数据。

其二，以法规形式规范数据采集规则，要求数据采集方建立隐私保护的备忘录。数字营销公司应当严格审计联系人列表，杜绝买卖用户联系方式、从网站上刮取用户地址的行为，确保用户自愿选择加入营销活动并同意以各种通信形式被联系；规范收集用户信息的途径，禁止通过非法途径买卖或储存个人信息；对于数字营销公司自建的数据库则要加强保护力度，避免黑客攻击导致用户隐私泄露。

（二）采用多种手段严惩数字营销公司的数据造假

对数字营销公司的数据造假，无论出于什么目的，只要事实清楚，证据确凿，就应该对其严惩。

一是加快相关立法，明确数字营销公司的权责。除了从宏观层面立法外，还应当从施行的角度拟定具体的可遵循、易遵循的细则。对伪造数据、夸大数据等突出问题制定有针对性的条款，同时辅以配套的惩处方案。

二是创新监管的手段，规范数字营销公司的行为。例如，可建立数字营销公司的“权力清单”和“责任清单”，划定监管红线，让其明确采集、使用数据的权限范围。

（三）加大执法力度严惩数字营销公司的虚假点击

杜绝虚假点击，就要提升相应的违法成本。除了制造虚假数据的当事人应当为此付出代价外，其他配合数据造假的相关主体同样需要被一并查处，彻底追究其法律责任，避免存在任何侥幸心理。

监管部门应当建立自己的监控系统，将辖区内的数字营销公司纳入其中，并通过媒体曝光、举报投诉、专项执法检查等多种渠道，发现虚假点击问题，严格依法依规查处。同时，执法人员充分适用有关法律法规，对虚假点击的数字营销公司，加强处罚、停业整顿、行政拘留及涉嫌欺诈等犯罪案件直接移送司法机关等手段的运用，加大查处、处罚力度，震慑虚假点击违法行为。

第三节　对数字媒体平台的监管

伴随着互联网和信息技术的快速发展，以报刊、广播、电视为代表的传统媒体，正面临着以微博、微信、今日头条等为代表的数字媒体的强烈冲击。就媒体特性而言，数字媒体传播信息速度之快、传播信息范围之广、传播信息形式之多、传受双方互动性之强，是传统媒体所无法比拟的。然而，数字广告蓬勃发展的同时，也造成了数字媒体行业的诸多乱象，许多乱象的发生皆与数字媒体平台有关。

一、数字媒体行业乱象的表现

当前，我国数字媒体行业乱象丛生，主要表现如下：软文对广告信息与非广告信息的混淆、滥用个人数据与泄露用户隐私、头部媒体拒绝第三方监测等。这些问题严重阻碍了数字媒体行业的健康发展，对数字营销行业的监管带来诸多挑战。

（一）软文对广告信息与非广告信息的混淆

传统“硬”广告对用户的影响力正在逐步削弱，甚至不少用户还产生排斥与逆反心理，进入数字营销时代以后这种排斥与逆反心理更甚。对此数字营销人不得不采取特别措施以改变这种状况。其中的措施之一便是用“软文”取代“硬广”，将此前硬广中的广告信息“软处理”，使广告信息与非广告信息混在一起，通过这种全新的广告表现形式来争夺用户的有限注意力。其实，这种做法并非在数字营销时代才有，早在传统媒体时期就出现过“经营性专刊”，其性质与现在的软文有些类似。关于软文广告，目前国内学界对其定义和评价并不统一。本书认为软文广告可定义如下：广告主将其广告诉求策略性地融入以文字为主要表现形式的非广告信息之中，力图通过隐藏自身与数字媒体发布者之间的利益关系，以第三方立场影响用户，继而达成营销目的的一种广告形式。

从内容上看，软文广告混淆了广告信息与非广告信息，解除了用户对“硬广”的抵触情绪和防范心理，能够在潜移默化中激发用户的消费欲望与购买行为，具有一定的欺骗性；从形式上看，软文广告依托“明星推荐”“达人科普”“新闻报道”等形式，试图隐藏其广告的真实意图，具有隐蔽性。软文广告这种欺骗性和隐蔽性，混淆了广告信息与非广告信息，欺骗和误导了用户，严重扰乱了正常的市场秩序。

（二）滥用个人数据与泄露用户隐私

2018 年 3 月 17 日，美英两国媒体联合曝光，称一家名为剑桥分析的公司恶意泄露超 5000 万个 Facebook 用户的信息数据，以此来针对特定的目标用户推送特定的竞选广告，从而起到左右 2016 年美国总统大选的作用。报道一出，立刻在全球范围内引发轩然大波，以 Facebook 为代表的数字媒体平台滥用个人数据和泄露用户隐私的问题也再一次引起人们的广泛关注。2022 年 4 月，Facebook 与 FTC 就千万用户数据泄露的剑桥分析事件达成和解协议，Facebook 被罚款 50 亿美元，并被美国联邦法院批准[①]。归根结底，数字媒体平台的核心竞争力是“数据”，平台通过对海量用户数据进行筛选、比对、加工，可以形成富有价值的数据画像，由此带来巨大的经济利益，精准营销的产生便与此有关。

数字媒体平台利用 Cookies 对用户的网上行为进行追踪，通过对追踪到的用户数据进行深度分析，可以按需锁定目标用户，再根据目标用户的浏览偏好和行为习惯推送个性化广告，从而实现广告的精准投放。在这个过程中，不是所有数字媒体平台都能准确把握好数据应用与隐私保护之间的平衡，稍有不慎就演变成数据滥用与隐私泄露。从个人层面来讲，此举不仅威胁到用户的人身财产安全，还在潜移默化中裹挟了用户的思想；从社会层面来看，这将导致严重的信任危机，不利于社会的稳定和谐。随着信息技术的快速发展，Flash Cookies、Beacons、HTML5、Canvas Fingerprinting 等一批新的追踪技术日新月异，它们快速、深入、持续地窥视着用户的浏览偏好与行为习惯，基于此，数据治理与隐私保护迫在眉睫。

（三）头部媒体拒绝第三方监测

2021 年中国网络广告市场规模达到 5435 亿元[②]。网络广告，仍然是拉动整个数字营销产业增长的主要力量。随着越来越多的广告主将目光投向互联网和移动互联网，对数字广告投放至关重要的广告监测也开始为全行业所重视。目前，我国数字广告的监测主体主要是以 AdMaster、秒针系统、DoubleClick 等为代表的第三方广告监测机构，然而数据资源的缺失在一定程度上制约了第三方广告监测机构的发展，以阿里巴巴、腾讯、百度为首的数字媒体巨头往往拒绝第三方广告监测，为确保自身竞争优势，它们奉行“数据不出站”原则，对其平台上的海量用户数据进行严格保密，由此形成了一个个“数据孤岛”。

---

① 剑桥分析事件落幕，Facebook 认罚 50 亿美元[EB/OL]. https://www.likecs.com/show-204416304.html，2022-12-23.

② 《2021 中国互联网广告数据报告》[EB/OL]. https://new.qq.com/rain/a/20220113A04I5F00，2022-01-13.

与传统媒体不同，这些依靠大数据成长起来的数字媒体平台一般具有某方面的特色资源，如消费数据、社交数据、搜索数据等。它们依靠自身的数据优势和技术优势，自行开发一些广告效果监测工具，这往往会导致两方面问题：其一，几大头部数字媒体平台各自为政，无法将监测工具和监测标准统一起来，广告主也就无法依据统一的数据对广告效果进行综合性评估；其二，一些平台的广告效果评估及广告收费方式不够科学。因此，不少广告主强烈呼吁几大数字媒体平台打开“数据黑匣”，但始终未能如愿。对这些头部媒体来说“数据就是生产力”“数据就是流量变现的神器”，要想让它们轻易对社会公布数据，至少在可以预知的未来是不可想象的，因此要想打破“数据孤岛”还有很长的一段路要走。

二、数字媒体行业产生乱象的原因

面对数字媒体行业的种种乱象，只有找准病根才能对症下药。如今，互联网软文广告相关法律法规滞后、缺乏数据安全和用户隐私保护条款、经济利益驱使头部媒体涉足广告监测领域，是导致我国数字媒体行业问题不断的主要原因。

（一）互联网软文广告相关法律法规滞后

随着《广告法》的修订完成和《互联网广告管理暂行办法》的施行，我国针对互联网广告的监管措施相较以往已有了本质提升。《互联网广告管理暂行办法》第七条明确规定：“互联网广告应当具有可识别性，显著标明‘广告’，使消费者能够辨明其为广告。”然而，伴随着互联网和信息技术的快速发展，如今的软文广告不止“新闻报道”这一种形式，多种发布形式与发布渠道齐头并进，其中尤以自媒体软文广告最为典型。

这类广告模糊了广告信息与非广告信息的界限，具备很强的“欺骗性”和“隐蔽性”，如若放任其无节制地自由发展，势必破坏互联网广告生态环境，扰乱市场竞争秩序，最终使用户权益受到巨大侵害。时至今日，自媒体软文广告并未被明确纳入互联网广告监管范围，这在一定程度上助长了违法广告的嚣张气焰，用户习以为常，管理者无法可依，这类广告不仅为广告界带来了诸多混乱，同时也为执法者带去了诸多困惑。未来，针对自媒体软文广告的监管需在立法上有所突破。

（二）缺乏数据安全和用户隐私保护条款

2012 年 12 月 28 日，全国人大常委会通过了《关于加强网络信息保护的决定》，首次通过会议决定的形式提出保护公民个人、法人和其他组织的网络信息安全。2017 年 6 月 1 日，《网络安全法》正式施行，明确规定“网络运营者应当对其收集的用户信息严格保密，并建立健全用户信息保护制度”。2021 年 8 月 20 日，《个人信息保护法》由第十三届全国人民代表大会常务委员会第三十次会议通过并公布，自 2021 年 11 月 1 日起施行。其第二条规定：“自然人的个人信息受法律保护，任何组织、个人不得侵害自然人的个人信息权益。”第三条第一款规定：“在中华人民共和国境内处理自然人个人信息的活动，适用本法。”第四条第二款规定：“个人信息的处理包括个人信息的收集、存储、使用、加工、传输、提供、公开、删除等。”诚然，从“野蛮生长”到“规范发展”，数字媒体平台不仅需要政府的统一监管与法律规制，还需要行业自律与平台间协作。

然而，现实情况却是数字媒体平台各自为政，有关数据安全和用户隐私的行业性规范难以形成，而且各个平台出具的数据安全和隐私保护条款形同虚设，存在笼统不清、单向选择、收集超越服务范围的个人信息等问题。对于这些霸王条款，用户只有同意签署或放弃进入两种选择，如此一刀切的单向规定，反映了国内数字媒体平台在保护用户隐私方面责任意识的严重缺失。这些隐私保护条款是平台服务条款的重要组成部分，在数字营销时代，它是用户维护权益保护信息安全的重要文件依据，为了提高网络空间个人数据和用户隐私的保护效率，确保数字媒体行业长远健康发展，政府和用户应敦促数字媒体平台制定合理有效的保护条款，平台自身也应自觉遵守这些条款，积极主动肩负起保护用户隐私的责任。

（三）经济利益驱使头部媒体涉足广告监测领域

众所周知，媒体的主要收入来源是广告。广告主往往依靠广告监测数据来确定广告预算，因此，对于媒体来说，广告监测数据往往具有巨大的商业价值，而这也是驱动数字媒体平台参与广告监测的主要原因。当前，不少头部媒体拒绝第三方广告监测，美其名曰“数据保护”，却为流量造假、利益暗箱等问题带来了更多的可能性。以程序化购买广告为例，在程序化购买过程中，广告主做出投放广告的决定，依赖的是媒体流量背后所代表的用户价值。为了吸引广告主的目光，一些媒体平台想方设法地进行流量造假，其行为导致广告主的预算被无价值地消耗。这种严重损害广告主利益的行为，却因第三方广告监测机构的缺失而得不到有效遏制。此外，阿里巴巴、腾讯、百度这样的头部媒体因其强大的数据资源和技术能力，在整个程序化购买广告产业链中占据强势地位，它们既扮演媒体平台的角色，又扮演广告监测的角色，如此一来，便很容易引发暗箱操作问题（如篡改监测数据为自身背书）。简言之，存在于程序化购买流程之中的广告监测，极易沦为各方攫取利益的工具。

三、对数字媒体平台监管的建议

要制止这些乱象，还需要从真正的根源入手，如政府出台针对软文广告的可识别性管理条例、平台完善数据安全与用户隐私保护条款、行业牵头将头部媒体纳入监管范围，只有各方通力合作，这个行业才有望走上健康的可持续发展之路。

（一）政府出台针对软文广告的可识别性管理条例

目前，由于软文广告难以界定，大多数自媒体平台并未对其进行明确标识。对此，有关方面应尽快出台相关施行细则，统一将“广告主与数字媒体发布者之间存在利益关系”的软文纳入监管范畴，同时结合相关行业数字广告特点、信息传播范围、信息实际影响等建立明确可行的监管标准，以此增强广告管理者执法的可操作性。此外，应制定类似于大众媒体的广告可识别性管理条例，以《广告法》第十四条和《互联网广告管理暂行办法》第七条为基准，对自媒体软文广告的标明形式，即“广告”二字的位置、字体、色彩等做出细致化规定。一旦发现这些自媒体软文是“广告”而未被标明为“广告”，那么涉案广告主、数字营销经营者和数字媒体发布者应承担相应的法律责任。

（二）平台完善数据安全与用户隐私保护条款

政府的统一监管和法律规制往往具有一定的滞后性，为了能将数据滥用和隐私泄露问题扼杀在“摇篮”里，数字媒体平台应从行业自律角度出发，制定严格的隐私保护条款，而一份负责任的隐私保护条款应该由用户和平台双方共同协商而成。数字媒体平台应立即停止对用户的单向霸权，并赋予用户更多的选择可能性，而不是一刀切地只为选择“同意”或“接受”的用户提供服务。此外，隐私保护条款应对收集和使用用户个人信息的目的、方式、范围、保存期限和地点等做出明确规定，严防收集和使用与媒体所能提供的服务无关的个人信息的情况出现。

在取得用户的知情同意之后，数据的传输与存储就显得尤为重要，除了为个人信息的安全传输提供技术保障外，还应加强在数据传输过程中的监管与审计。这意味着，在用户隐私保护条款中，对于技术的规定是十分必要的，如国外大多数字媒体平台都明确表示提供网页加密技术确保用户的信息安全，国内数字媒体平台如微博也应明确表明会采取传输层安全协议等加密技术来保障用户的信息安全。总之，数字媒体平台应准确把握数据应用与隐私保护之间的界限，增强自律意识，制定严格的数据安全与隐私保护条款，并通过技术手段为用户信息安全竖起层层屏障。

（三）行业牵头将头部媒体纳入监管范围

伴随着以程序化购买广告为代表的数字广告的迅速崛起，广告效果监测数据逐渐成为广告主投放广告的重要参考指标。涉及自身利益，头部媒体拒绝第三方广告监测，但正因其缺乏客观公正的第三方立场，其内部出台的广告监测报告是难以在市场上通过检验的。事实上，广告主和数字媒体平台的博弈，是决定头部媒体是否开放第三方广告监测及开放到何种程度的关键因素。如果广告主足够强势，那么数字媒体平台开放监测的可能性将大大提高。例如，迫于宝洁、联合利华、可口可乐这样的强势广告主的压力，为了提升广告投放的透明度，Facebook承诺会提供更多视频广告的评估指标。此外，第三方独立机构 Media Rating Council 的审查，也将被允许。或许，国内的一些广告主也可以联合发声，倒逼头部媒体在第三方广告监测问题上让步。

独立于媒体平台和第三方监测机构的“第四方”监管组织必不可少。2016 年 8 月，中国媒体评估委员会（China Media Assessment Council，CMAC）在北京成立，这是我国第一个联合行业共识而创建的媒体评估和认证机构。2017 年 9 月，CMAC 与国际媒体测量标准组织——媒体评估委员会（Media Ratings Council，MRC）合作，在中国正式启动了媒体测量服务合规性审计及认证流程，此举对于规范市场秩序，整治行业乱象意义重大。未来，还需广告主、数字营销公司、数字媒体平台等市场主体联合加入，共同参与制定、修正、补充行业标准，最终发展成为行业的共识。

第四节　对第三方监测机构的监管

目前，对数字营销市场主体的研究大多集中于广告主、数字营销公司和数字媒体平台，而对新兴的一方——第三方数据监测机构的关注则较少。原因在于，在传统广告时期，第三方仅服务于广告主，作为广告效果评估的主体，本就承担着监测媒体和广告代理公司的义务，因此未被纳入市场监管部门的监管范畴；随着数字媒体平台的崛起尤其程序化广告的发展，数据的重要性日益显现出来，第三方监测机构凭借丰富的数据积累与其他市场主体形成复杂交错的利益网，在监测中逐渐失去了公正性、客观性。因此，对第三方监测机构进行监管被提上议事日程。

一、第三方监测机构的概念及其崛起

万物互联时代，数据已成为重要的经营性资产。通对广告数据的监测与分析，广告主不仅可以测量媒体投放到达率，还可以连接用户的碎片化触网行为，进而更加深入了解用户，有效地与用户沟通。但是，在数据成为效果评估主要标准的情况下，利益驱使和不正当竞争下的数据造假、虚假流量问题随之出现，数字广告的效果监测面临着信任危机。

（一）第三方监测机构的概念

新的需求催生出新的市场主体。广告主对数据的怀疑，为专业的市场调研和

数据监测公司提供了机会，像秒针、尼尔森、AdMaster 等公司纷纷将业务范围拓展到第三方网络广告数据测量产品的研发，成为以“独立、客观、公正”著称的第三方监测机构。

第三方监测机构是指受广告主或数字营销公司的委托，在广告效果与投放数量上提供监测数据以作为结算或效果评估依据的机构。现在市场上活跃的互联网广告监测主体有两类：一类是数字化转型后的传统咨询机构，以央视索福瑞和 AC 尼尔森为代表；另一类是伴随着互联网成长起来的大数据公司，如 AdMaster、秒针、Talking Data 等。

（二）第三方监测机构的崛起与运作方式

第三方广告数据监测机构的发展经历了早期的工具化阶段，即为低成本的中小型开发者提供技术服务以积累数据和资金，到数据化阶段，即由“做工具”转型为“做数据”，监测技术与大数据的融合，使得广告监测的质量与效率都有了很大的提高。经过多年的发展，这些监测机构现在已经向生态化方向发展，产品体系更为细分，业务范围由单一的广告监测向数据管理、策略管理等广告投放的环节拓展，成为名副其实的“大数据服务提供商”。

第三方监测机构通过在媒体端对内容加码，嵌入 SDK/API 来获取曝光量、点击数据，并对捕捉的数据进行分析，实时了解广告的传播与销售效果，衡量广告主的投资回报率，并基于数据洞察为其下一步优化投放提供指导。

目前，广告主对第三方监测机构主要有三个方面需求：第一，以第三方监测统计结果作为结算的依据之一，具有流通货币的职能；第二，监测能帮助广告主定义目标用户，建议投放频次，满足效果统计需求；第三，监测能评估广告的整体效果，为广告主计算投资回报率服务。

二、第三方监测市场乱象的表现

数据的应用在带给人无限新奇的同时，也往往带来无限隐忧。美国著名广告人约翰·沃纳梅克曾提出广告界的哥德巴赫猜想：“我知道我的广告费有一半被浪费掉了，但遗憾的是，我不知道被浪费了的是哪一半。”原认为数字营销的精准投放会解决这一世纪难题，但是虚假流量、数据造假的出现却让它依然如故，而以“独立、客观、公正”著称的第三方数据监测机构，却被利益的驱使、监管的缺失等模糊了独立、客观的身份，使其一直游走在造假与反造假的边缘，甚至成为数据造假的帮凶。

（一）第三方监测机构与广告主共谋数据造假

有些企业在发展过程中常借助数据或行业排名证明自己良好的发展态势，这通常需要第三方的数据分析报告为其背书。在激烈的市场竞争和数据行业造假成本低、收益高的背景下，一种第三方与广告主共谋数据造假的利益链条诞生：第三方不仅会根据广告主需求提供数据，甚至会为广告主的某一产品定制统计指标，使其在报告中位居前列。结果各类统计报告充斥市场，第三方报告的公信度遭到质疑。

2017 年底，国内知名数据研究机构艾瑞咨询发布的《2017 年中国女性生活形态研究报告》中，就因美柚 App 的月度总有效使用时长占比过高而被今日头条、“大姨妈”等平台质疑[①]。这样的第三方报告不能服众的事件并非个例，尤其是在同质化排行榜充斥市场的今天，针对同一品牌或产品的统计数据存在冲突的现象时有发生。

伴随着数据公司业务的拓展，越来越多的品牌主成为市场调研和数据监测公司的客户，处于买卖利益关系内出具的行业调研报告难免有失公允。毫无疑问，为了利益随意伪造数据的行为，正在动摇整个第三方数据行业赖以生存的信用根基。

（二）第三方监测机构与数字媒体平台（网络运营商）共谋数据造假

通常在广告主选择媒体、广告位和制定排期表时，第三方监测机构会根据广告主需求，通过对历史投放数据的分析，提供优化的媒体投放方案，并在广告投放期间监测、筛选出作弊行为，调整投放计划。现实中，某些第三方公司由于受

---

① 搜狐网. 艾瑞数据真实性遭质疑，都是大姨妈 App 与美柚互掐惹的祸[EB/OL]. https://www.sohu.com/a/214658902_99985301，2018-01-04.

益于媒体渠道的数据对接，其失去了独立、客观的属性，而沦为数字媒体平台帮买帮卖的工具。

正如传统的报刊、广播、电视一样，数字媒体平台的广告收益直接取决于网站的浏览量与点击量。一个网站的流量代表着其用户年龄段与数量，而媒体的盈利逻辑便是通过生产免费作品吸引用户的关注，积累稳定的用户群，从而将流量作为与广告主、数字营销公司进行利益交换的“行业货币”，借此获得经济利润。

随着国内流量红利消退，大部分用户被头部超级 App 占据，获取用户变得越来越难。为了抢占流量，花钱买量成为网络运营商的重要手段，也成为数字媒体平台的主要收入来源之一。尤其在程序化购买市场上，更为隐蔽的作弊方式使得“以次充好”的事情频频出现：媒体为了逐利，将广告投入次级的地域、时段或广告位资源。

本应该对数字媒体行为形成制约的第三方监测机构却立场模糊，以谋取利益为导向，纵容数字媒体平台的数据造假、以次充好行为，这无疑更加剧了数字营销行业的信任危机。

（三）第三方监测机构与数字营销公司共谋数据造假

程序化购买自 2012 年进入中国市场，以其自动化、精准匹配的优势受到广泛的关注，对于数字营销市场上各个市场主体而言，程序化购买是一场颠覆式的创新。

在程序化购买市场上诞生了一个新的平台，即需求方平台（demand-side platform，DSP）。这个平台归纳了广告主的投放需求后，通过定向技术匹配与其需求相符的媒体，再通过实时竞价（real time bidding，RTB）完成广告投放，但是区别于传统的透明的广告投放，DSP 更偏向于一种黑盒交易，是否投放、投放效果如何，广告主并不清楚，此时就会形成很多漏洞。

当 KPI 考核成为数字营销行业奉行的准则时，在营销预算有限的情况下，一些 DSP 会虚张声势，夸大可达到的 KPI 数据展现自己的实力，以争夺广告主的代理权。按照这套程序操作下来很难达成广告主的预期投放效果，不得不陷入数据造假和流量作弊的怪圈。

本应对此进行监控的第三方监测机构，反而与DSP合谋，打着公正、反作弊的名号从中获益。一方面，一些第三方监测机构在为品牌管理第一方数据资产时，不遵守数据保密的原则，向利益相关的DSP提供数据供给服务，如广告主的基本需求信息、广告投放计划等，帮助其成功得到代理权；另一方面，在效果监测上，DSP向“客户”隐瞒真实的KPI，使得广告主为无效投放买单。

三、造成第三方监测市场乱象的原因

第三方监测机构为谋取短期利益，协同广告主、数字媒体平台和数字营销公司进行数据造假的行为，不仅消耗了自己作为独立第三方的公正性，更对数字营销市场的规范化经营产生了巨大的破坏，使得数字营销产业链上的各方主体都遭受到质疑和损失。

（一）数据壁垒导致第三方监测市场形成相对垄断

大数据的发展变革了传统的广告效果监测方式，不仅在监测样本上由部分抽样拓展到全面、全时数据监控，提升了效果数据的准确性，还可根据已有数据基础和实时监测数据预测传播效果，从而对数字营销策略进行优化。因此，广告主在选择第三方机构合作时，会将数据对接量和监测技术作为资质审核的重点。

目前，第三方监测机构的数据主要来自自由数据源，或是广告主、网络运营商为广告活动提供数据的积累。由数据的隐私性及各方技术壁垒、利益的限制决定，数据的原始积累较为困难且耗时较长。虽然现在市场上有众多“大数据”公司，但其数据量和丰富度是否能被形容为“大”，还需进一步核实。部分头部第三方监测机构凭借长期、多渠道的积累逐步在市场上形成数据垄断，导致其发布的监测报告或行业分析缺乏数据参照和对比，加剧了数据造假对行业的危害。

本来第三方监测机构是为了解决广告主在数字营销过程中的不信任问题而产生的，许多广告主更倾向选择可信度较高、更具权威的头部第三方监测机构为其服务。这样便形成了“强者愈强，弱者愈弱”的马太效应，加之数据行业的技术壁垒较高，造成第三方监测行业相对垄断现象的形成，这就为某些第三方机构数据造假提供了土壤，所以为解决信任问题而立足的第三方监测机构反而成了导致更深信任危机的导火索。

（二）广告市场不正当竞争迫使第三方数据造假

第三方监测机构除了为广告主提供数据监测的服务外，还担任着数据管理平台的角色。虽然目前许多广告主或广告技术公司正尝试搭建自己的数据管理平台，但受到技术或数据壁垒的限制不能实现跨平台、跨领域的数据积累与描述，从而难以实现对用户的全面洞察。对于他们而言，第三方监测机构还是一个“数据枢纽”，能提供各类大数据服务。从这个角度上说，第三方监测机构的服务主体从广告主拓展至了数字营销公司和数字媒体平台。

如前所述，第三方监测机构与广告主、数字营销公司、数字媒体平台共谋数据造假的现象屡见不鲜。一方面，经济利益驱使第三方监测机构为实现利益的最大化而抛弃了独立、客观的特质；另一方面，数字营销市场的不正当竞争屡禁不止——伪造行业排名的广告主、夸大平台流量的数字媒体平台及虚假投放的数字营销公司，这些都是与提供监测服务的数据公司有着密切利益关联的市场主体，为不失去服务的客户，第三方监测机构逐步放弃客观立场，陷入数据造假的深渊，使数字营销市场的不正当竞争愈演愈烈，形成恶性循环。

（三）经济利益驱使第三方监测机构拥有裁判员与运动员的双重身份

第三方监测机构以独立、公正为基本准则切入广告投放业务，为广告主监测广告投放效果、提醒媒体补量控频等。总的来说，第三方监测机构在整个广告投放过程中扮演的是一个相对客观、超然的“裁判”角色。

除了提供广告监测和效果评估的服务外，部分第三方监测公司还将业务范围向数据管理、营销策略等广告投放的上下游扩展，延伸到供应方平台、数据管理平台和广告交易平台运营领域。很多时候第三方监测机构为了不让合作的媒体资源流失，往往不顾监测数字媒体平台的角色定位，沦为广告位帮卖、帮买的工具。第三方监测机构这种既当裁判员又当运动员的行为，不仅损害了行业内公平竞争的基础，也为广告流量欺诈和数据造假提供了发展的温床。

（四）第三方监测机构职业操守的缺失

对于广告主来说，衡量一家第三方监测公司是否优质，不能只看它的统计和量化能力，还要看它对接了多少数据方，对内容和媒体有无专业的认识，以及是否具备提供公正数据报告的能力。

目前，数据孤岛与技术缺陷导致第三方监测公司“数据注水”的现象时有发生。部分第三方监测机构为了在激烈的市场竞争中保持优势，故意夸大自身储存与对接的数据量、数据分析的能力等。某些第三方监测机构为了争取市场、获取经济利益，不遵守行业评估标准，为客户定制评估体系、杜撰虚假报告的事件也时有发生。从根本上说，以数据为生的第三方监测机构，想要在数字营销市场上站稳脚跟并长远发展，妄想通过谎报或数据造假获取业务来盈利，既不合理又不合法还难以长久。

出现上述状况的原因是多方面的，其中第三方监测机构职业操守的缺失是主要原因。这种状况不仅使其赖以生存的客观、公正、专业、权威等丧失殆尽，更使得整个数字营销行业失去了平等发展的基础。

四、对第三方监测机构监管的对策

第三方监测机构的诞生是为了解决数字营销行业的信任问题，独立、客观、公正的特性是其立足的根本。虽然逐利是商业社会的本质，但这并不能成为某些第三方监测机构靠数据造假谋取不正当利益的借口，也不应成为对其兼任裁判员和运动员双重身份的纵容。一个行业的健康发展既需要法律这样外部力量的约束，还要辅以完善的行业内部标准规范企业行为，第三方监测行业也是如此。对第三方监测机构的监管应从以下三个方面进行。

（一）统一行业内数据统计标准，扼杀第三方监测机构数据造假

过去，行业内未建立统一的数据监测标准与体系，不同机构间的数据指标口径并未完全统一，常常出现有些机构为了给企业做一份能够拿到“第一”的报告，而努力设计数据和对应指标、口径的现象。

为了保证数字广告的广告投放和监测的统一性，2015 年 3 月，我国第一部规

范移动互联网广告的行业标准——《中国移动互联网广告标准》正式发布。该标准共包含《互联网数字广告基础标准》《移动互联网广告监测标准》《移动系统对接标准》三部分[①]。其中，第二部分《移动互联网广告监测标准》针对移动广告活动，明确约定了第三方监测机构进行广告监测过程中应当遵循的技术规范，具体对广告监测指标计算方法、广告后续行为监测规范、异常流量排查等方面都进行了明确的界定，为第三方监测机构提供了基本准则。

2018 年 2 月 1 日，我国第一批广告国家标准正式生效，成为国家互动广告规范发展的准则[②]。一系列国家标准、行业标准的建立，不仅为第三方监测机构的日常运营和系统设计提供了流程规范与技术指引，更为整个数字营销行业的协同效率和服务质量提供了保障。

同时，移动广告在监测之初，第三方监测机构都采用自主研发的 SDK，且多为闭源代码，市场上缺乏权威、行业公认的广告验证 SDK，此时 App 的监测标准比较混乱。

2018 年初，中国无线营销联盟发布了无线互联网广告监测及验证合而为一的 SDK，即在原有广告监测 SDK 的基础上集成了广告验证的功能，支持广告的可见性验证。SDK 的统一，对于净化数字营销环境，形成规范的广告效果评估与行业监督体系具有重要的意义。

（二）严格资质审查，规范监测流程，提高第三方行业准入门槛

如今，区别于大数据刚兴起的阶段，第三方机构要想在广告监测市场上站稳脚跟，不仅要有强大数据收集和描述的能力，更要有优秀的数据分析能力。无可否认，较低的准入门槛使第三方监测市场鱼龙混杂，急需像美国 MRC 这样的机构来进行媒体的审计与认证。

2016 年 8 月，第一个联合行业共识的 CMAC 正式成立[③]，其在中国市场中

① 成慧. 移动互联网广告标准发布[EB/OL]. http://www.cac.gov.cn/2015-03/12/c_1114609016.htm，2015-03-12.

② 中华人民共和国中央人民政府. 我国第一批广告国家标准诞生 2018 年 2 月 1 日正式生效[EB/OL]. http://www.gov.cn/xinwen/2017-08/02/content_5215447.htm，2017-08-02.

③ 袁俊. 中国媒体评估委员会将推动互联网业进入行业自律时代[EB/OL]. https://www.sohu.com/a/110760649_162886，2016-08-16.

所扮演的角色与 MRC 在美国市场中的角色相似：不仅进行非营利性数字媒体服务评估标准制定，还以行业监督者的角色在中国执行媒体测量服务的自愿申请认证的流程，对第三方监测机构的服务标准进行合规审核。同时，为了保持媒体行业的健康发展，与全球同步，CMAC 认证在遵守中国相关法规、标准的基础上，要求和 MRC 认证一致，从而保证中国媒体评估服务符合国际标准及中国国家标准双认证。

CMAC 的成立，不仅给整个第三方行业带来了新的行业监督，也推动了第三方监测机构加强自律管理，朝着服务标准化、规范化的方向发展，确保广告相关标准切实落地执行。同时提高了监测行业的准入门槛，有效抑制了市场乱象。

（三）加强行政立法，抑制第三方监测机构数据造假

现在监测市场仍处于发展初期，借助行业规定对第三方监测机构起到的制约作用仍十分有限，所以以行政立法的形式实现对第三方监测机构的监管变得更为重要。

《互联网广告管理暂行办法》第十六条第三款规定，互联网广告活动中不得“利用虚假的统计数据、传播效果或者互联网媒介价值，诱导错误报价，谋取不正当利益或者损害他人利益”。

但是，现阶段仍缺少针对第三方监测机构的法律法规。《广告法》《互联网广告管理暂行办法》等仅将广告主、广告经营者和广告发布者认定为需要监管的市场主体，未将第三方监测机构纳入监管市场主体，这无形中增加了执法的难度。当然，在环保、医疗、财政等行业，国家已经明确了对监测机构数据造假的监管，在这些行业的第三方机构如果数据造假，将承担法律责任。无疑，也应将数字营销行业的第三方监测机构纳入市场监管部门的监管范围，以维护正常的市场秩序。

第十章　数字营销违法行为及其法律责任

数字时代，广告的概念正在消解，互联网帮助广告主建立了一条全新的营销传播渠道，给广告主提供了和传统媒体完全不同的平台。在这一全新的平台上，市场表现出了巨大的潜力，也因此，这样的平台成为各个市场主体争相抢夺的对象。当商品、人才、模式、技术发展到一定程度的时候，营销将成为广告主参与市场竞争的利器。尤其是数字营销方式的变革，使得市场主体间的互动加强，抢夺消费者成为广告主的目标。在数字营销时代，谁占据消费者的心智，谁就能获得传播制胜点。与此同时，与营销方式革新相伴随而来的虚假、违法问题也备受关注。

第一节　数字营销违法行为及其表现形式

客观地说，数字营销方式和传统广告传播方式完全不同，相应地，数字营销违法行为在表现上与传统广告违法行为也有所不同。

数字营销法规是规范人们的数字营销行为的外在标准。无论是广告主，还是数字营销经营者，抑或是数字媒体平台（发布者），一旦违背了数字营销法规的有关规定，就应承担相应的行政、民事和刑事责任。

一、数字营销违法行为的概念与构成条件

广告主、数字营销经营者和数字媒体平台的违法行为是需要构成条件的，而且其构成条件不止一个，而是多个，只有当这些条件完全具备时，它们的数字营销违法行为才成立。

（一）数字营销违法行为的概念

数字营销违法行为是指在数字营销活动中广告主、数字营销经营者和数字媒体平台违反我国数字营销法规的行为。这里所称的数字营销法规，不仅指专门监管营销市场、广告市场主体行为的数字营销法规，如《互联网广告管理暂行办法》《广告法》和数字营销部门规章，还包括《电子商务法》等其他法律、法规中涉及数字营销监管的条款。

（二）数字营销违法行为的构成条件

数字营销违法行为的构成条件，是指数字营销违法行为的构成要素，即具备什么条件的行为，才构成数字营销违法行为。数字营销违法行为一经确认，数字营销违法行为人就要承担相应的法律责任。构成数字营销违法行为的条件主要有以下四个。

1. 具有违反我国数字营销法规的行为事实

仅有违法动机，而无违法行为事实，不构成数字营销违法行为；虽有违法行为事实，但违反的却不是数字营销法规，也不构成数字营销违法行为。只有既具有数字营销违法的行为事实存在，又违反的是数字营销法规时，才构成数字营销违法行为。

2. 必须有对数字营销法规所保护客体的侵害

数字营销法规所保护的客体是指数字营销经营秩序、数字营销市场秩序、数字营销市场主体——广告主、数字营销经营者、数字营销发布者和消费者的合法权益（财产权利和人身权利）。对上述客体的侵害行为，均构成数字营销违法行为。

3. 数字营销违法行为是由有责任能力的自然人、法人或者其他组织所施行的

由于数字营销违法行为人不同，故其承担法律责任的条件也不相同。当数字

营销违法行为人是自然人，即公民个人时，其承担法律责任的条件是达到法定年龄并具有责任能力；当数字营销违法行为人是法人或者其他组织时，因其自依法成立或核准登记之时起即具备了承担法律责任的能力，故经其施行的数字营销违法行为，均应承担法律责任。

4. 数字营销违法行为人主观上必须有过错

过错有两种形式：一是故意过错，是指数字营销违法行为人有意识地进行数字营销违法活动；二是过失过错，是指数字营销违法行为人不了解或没有意识到自己行为的违法性，或者虽然意识到行为的违法性，但轻信可以避免其后果。只有当数字营销违法行为人主观上有过错时，才能承担相应的法律责任；否则，数字营销违法行为人如果主观上没有过错，即使违反了数字营销法规，也可以不承担法律责任。

以上四个条件是构成数字营销违法行为的共同条件。只有当四个条件同时具备时，数字营销违法行为才能成立，才能依法追究数字营销违法行为人的法律责任；反之，缺少其中任何一个条件，数字营销违法行为都不能成立，也就不能依法追究其法律责任。

二、数字营销违法行为的表现形式

数字营销违法行为多种多样，其表现形式千奇百怪，但归纳起来，“不正当竞争行为”“信息安全问题”“数据造假行为”“网络不当广告行为”“恶意营销行为”“网络欺诈行为”等六种行为影响最大、破坏性最强。

（一）不正当竞争行为

随着移动互联网时代的来临，移动互联网企业不断涌现。各类电商网站、垂直新闻网站、生活服务类网站凭借互联网风口，以其卓越的创意和巨大的经济潜力，在短期内获得融资成为资本的宠儿的同时，也获得用户的青睐。短期内大量企业的涌现，加剧了市场的同质化竞争，而企业为了在竞争中获胜，更是绞尽脑汁，各种手段无所不用其极——价格战、地推宣传、跨界合作、各类推广软文，力求更快、更多地捕获消费者。此外，传统企业也借助互联网的力量，积极参与到市场竞争的队伍中。在这个过程中，不正当竞争行为屡禁不止，不正当竞争现象层出不穷。

1. 语言暴力

互联网传播的便捷性，使各家竞争很容易变成不正当竞争，很多企业在宣传自家的同时也试图打压竞争对手，其中“语言暴力”便是重要的表现形式。

在 2014 年“双十一”电商广告宣传中，苏宁易购在北京、南京、广州等城市的主流媒体上，发布了五张整版苏宁易购的广告，其广告主题词为：这个“TM 的双十一，你该多一个选择”。并配上打脸的画面，还选用天猫红作为宣传背景色。传播所用语言极为网络化，形式新颖，内容大胆，打脸对象暗指天猫，大有公然挑衅淘宝之意。通过吐槽天猫和淘宝的一些广为群众诟病的问题，如光棍节大促的比价、物流慢、评论遭人肉、熬夜抢不到特价商品等，突出苏宁易购在这些方面的优势。数小时后，针对苏宁易购发布的这则广告，一组量身定做的回扇版——“打脸双 11”海报爆出，并暗示苏宁一边凉快去，不过这则广告是否出自天猫不能确定[①]。这场企业间的口水战，经过网络传播的发酵，一时间便成为网民热议的话题。

无独有偶，2014 年“双十二”，天猫和京东上演了一场“猫狗大战”。具体来说，淘宝在客户端首页图标上写上“真心便宜，不然是狗”，因京东吉祥物为狗，标语中的“狗”暗指京东，暗示淘宝的价格比京东更便宜。对此京东立马回应，将客户端首页图标标识改成“拒绝假货，不玩猫腻”，暗指工商总局曾曝光淘宝销售假货。在淘宝和京东唇枪舌战之际，苏宁也加入其中，在客户端首页打出“真比猫狗省”的标语，国美也张贴“货真价低，猫狗快闪”的口号，1 号店和易迅纷纷加入，都企图利用猫狗大战的噱头大做文章，提升自身知名度，最终猫狗大战升级为混战模式。

除电商平台之外，生活服务类平台也曾参与到网络骂战之中。2014 年 12 月，大众点评、满座网和百度糯米三家团购网站联手发布打脸美团的海报，分别从被

---

① Skipper. 你该多一个选择？打脸双 11 海报走红 天猫苏宁互扇[EB/OL]. https://www.3dmgame.com/news/201411/3396622.html，2014-11-11.

罚款、价格高、商户少三个角度进行打击。在海报上，大众点评讽刺美团“都被罚款了，你还在这说大话”，同时突出自身优势“大众点评吃喝玩乐，找优惠”；满座网则暗讽美团“价格这么高，划算个 xx 啊”，随后表明自己的宣传语“12.12——1.10 的满座冰火节”；百度糯米讽喻美团“商户这么少，shuanxx 的火锅节啊”，同时提出自己的标语“百度糯米，省钱更省心！”。

网络骂战中也不乏快消企业的身影。在伊利、蒙牛的恶性营销事件中，蒙牛为了打压竞争对手，雇佣水军在各大互联网平台上传播与伊利相关的负面信息，造成伊利企业名誉受损严重，最终伊利将蒙牛告上法庭。

在当下的网络环境中，企业竞争日益激烈，不少企业利用语言暴力进行竞争打压，舆论骂战事件屡见不鲜，但企业在争夺消费者追逐利益的同时，也应该承担相应的道德责任。这样，企业才能长远发展，营销生态圈才能长治久安。

2. 恶意点击

恶意点击指的是自然人或者组织为获取商业利润或者其他利益，利用自动化脚本、计算机程序和雇佣自然人的方式模仿正当合法的网络用户对网络广告进行恶意点击并且达到一定规模的行为①。

一般而言，恶意点击的主体可以分为以下三类。

第一类是网络广告发布者，他们为了获取更多的广告收入，或是为了打击其他网络广告发布者，从而进行恶意点击行为。

第二类是广告主的竞争者，他们为了使对方支付更高昂的广告费，通过恶意点击这种手段进行不正当竞争。

第三类是具有政治目的或其他私人目的的其他主体。

本部分主要讨论的是第二类主体所实施的恶意点击行为，主要指的是某一广告主的竞争对手为了使对方支付更高的广告费用，或影响对方的市场判断而进行的恶意点击行为，属于不正当竞争行为。

屡见不鲜的恶意点击行为给广告主、广告发布商甚至整个互联网广告行业都带来了极为负面的影响。对广告主而言，恶意点击行为不仅增加其广告成本，使

---

① 王先林，丁圣伟. 网络广告中的点击欺诈及其对策[J]. 中国工商管理研究，2007，(4)：15-18.

其遭受巨大的经济损失，更为严重的是，这将会使得广告主对市场进行误判，对自身企业的市场情况出现认知偏差，影响企业后续发展。对于广告发布商而言，恶意点击行为使得其名誉受损。因为广告发布商能从每次点击中提取广告费用，因此无论实施恶意点击行为的主体是谁，广告发布商总是会背上从恶意点击中欺诈获益的骂名，严重时还会引来一系列诉讼。此外，点击广告一般是各大商业搜索引擎主要的盈利模式，因此，一旦因为恶意点击失去客户，商业搜索引擎的企业生存都会受到严重的威胁。从整体行业来看，恶意点击行为会带来广告主对搜索引擎广告信心的丧失，搜索引擎广告原本的价格优势将因恶意点击行为而不复存在，最终导致各大广告主转而寻找其他广告渠道。

（二）信息安全问题

信息化时代信息数量大、传播速度快，在给人们网络生活带来了便利的同时，也伴随着不少信息安全的隐患。

1. 信息泄露

信息泄露指的是特定的信息未经信息拥有主体的授权或同意，通过非正当的手段，泄露给第三方甚至是广泛传播的行为①。这些被泄露的信息往往是信息主体不想公开的敏感信息、隐私信息或涉及某个群体甚至国家安全利益的机密信息。其中，互联网平台由于其传播速度快，面向用户广的特点，目前已成为信息披露的最大媒介。

网络信息泄露的主要类型如下。

（1）网络运营商。目前网络运营商的运营模式主要是“以信息换服务”，用户要想使用网站提供的服务，就必须在网站进行注册，一旦注册，就需要输入真实的身份信息，这样运营商就可以轻松获得大量用户的个人真实信息。

（2）网络商户。随着互联网和物流技术的发展，网上购物逐渐普及，这也使得很多网上购物的商家能够轻松获取网民的个人真实信息，这些信息也成为被交易的数据对象。

---

① 郭芳怡. 数字营销传播中网络信息安全伦理问题的公众认知和评价研究[D]. 暨南大学硕士学位论文，2018.

（3）网民自身。除了一些企业或商家通过各种方式主动收集用户信息外，很多网民在日常的网络使用中也存在信息泄露的情况，实际上大部分的信息泄露都来源于网民自身的无意识泄露。例如，有的网民为了方便记忆，会将自己在各大互联网平台所使用的所有账号都设置成一样的密码。在这种情况下，只要其中一组密码被破译后，所有其他账号的密码也将全部暴露，其后果是不可设想的。此外，有的网民并不是很注重隐私保护，他们对隐私的观念比较开放，心甘情愿用隐私交换便利。

2013 年，美国中央情报局前雇员爱德华·约瑟夫·斯诺登曝出“棱镜计划”，这个计划可以直接进入美国国际网络公司的中心服务器里挖掘数据、收集情报，包括微软、雅虎、谷歌、苹果等在内的 9 家国际网络巨头皆参与其中。2016 年，国外媒体曝光 8700 万个 Facebook 用户的个人信息数据落入剑桥分析公司的手中之后，全球对数据隐私安全的担忧重新被唤起。此外，360 互联网安全中心发布的《2017 年中国手机安全状况报告》显示，仅 2017 年一年，360 手机卫士为用户标记的各类骚扰电话就多达 2.42 亿个，拦截骚扰电话多达 380.9 亿次，而这些公布在大众视野的信息泄露事件只是冰山一角，还有很多我们不曾知道和看到的信息泄露。

2. 信息窃取

2017 年 3 月，我国公安部开展打击整治黑客攻击破坏和网络侵犯公民个人信息犯罪专项行动，仅 4 个月时间就侦破相关案件 1800 余起，查获各类被非法倒卖的公民个人信息 500 余亿条。其中，京东与腾讯的安全团队联手协助公安部破获了一起特大窃取贩卖公民个人信息案，其主要犯罪嫌疑人便是京东的内部员工。这名尚处于试用期的员工盗取并售卖信息近 50 亿条，其中涉及交通、物流、医疗等多个方面。2018 年，在美团点评的信息泄露案件中，也曾曝出有数十万个外卖用户的个人信息遭到泄露，且每条信息仅以 0.1 元的低价在网上出售。

我们可以看到，几乎每一个网络主体都遭受过这样的信息窃取。信息窃取，指的是一种在没有经过信息拥有者同意的情况下窃取个人信息的破坏形式，主要的实施方式是病毒威胁和黑客攻击。

病毒威胁是当前互联网环境中最常见的问题，病毒往往是基于恶意程序，通过编码技术，在联网的状态下悄然进入用户的计算机系统中，破坏或伪造计算机系统，其传播速度非常迅速且具有极强的破坏力。此外，技术的变革扩宽了用户接触互联网的渠道，人们使用网络的设备不再局限于计算机，这就给病毒侵入提供了更广泛的空间，也给人们的网络信息安全造成了巨大的隐患。

黑客攻击与病毒威胁有所不同。由于网络本身存在不少漏洞，而黑客正是利用网络本身存在的漏洞进行攻击。一般来说，黑客往往是先获取网络数据，然后再对相关数据进行非法篡改，严重时甚至盗取信息。一般而言，黑客攻击的目的性都比较强，往往是通过信息轰炸、盗取密码等方式攻陷防御系统，通过解密机密文档或盗取数据密钥来盗取特定的重要数据。

这些信息泄露问题不仅和网络传播相关，同时也会影响个人正常的网络使用，我们每个人都应该对此予以关注。

（三）数据造假行为

随着大数据时代的到来，各类业务相关的数据指标变成了企业或平台核心竞争力的一部分，不少商家或平台为了获取利润不惜进行数据造假行为，这种行为存在于各行各业，为整个社会的健康持续发展带来了负面影响。

1. 传播数据造假

进入互联网时代，流量数据、用户数据都是媒体和商家的核心竞争力之一，也是其能够通过融资获利获得发展的基础。在这一背景下，传播数据造假盛行。2019 年 6 月初，北京市公安局网安总队开展了“净网 2019”专项行动，将研发运营名为“星援”App 的犯罪团伙抓获，这个 App 专门进行数据流量造假，在粉丝圈内使用极为广泛，能够实现在短时间内刷高评论量、转发量、点赞量。

在数字营销中，传播数据造假有多种形式，主要可以分为以下几类[①]。

（1）点击率、播放量、浏览量造假。对于新媒体而言，文章的点击率、视频的播放量、网页的浏览量等数据是其命脉数据，往往被视为衡量媒体价值的重要指标，也是其进行广告盈利的基础。在利益的诱惑下，数字媒体平台、账号主体、

---

① 郗芙蓉，杜秋. 新媒体传播中的数据造假与治理[J]. 传媒，2020，（3）：42-44.

文章作者都有可能参与数据造假，甚至这种现象已经成为广大从业者之间的默契。

（2）评论量、点赞量、转发量造假。对于数字媒体而言，内容的认可和接受度是其生存和发展的命脉，而内容质量往往是通过评论量、点赞量、转发量指标来体现的，同时，这些指标也与内容被二次传播紧密相关，因而一些内容媒体账号为了追逐利益不惜进行数据造假。

（3）用户量、粉丝数造假。在数字营销时代，用户、粉丝的数量在某种程度上体现了平台或账号的市场潜力和认可度，资本往往也会根据这些指标来评判平台或者账号的商业价值，并进一步确定合作模式与营销策略。因此，市场上出现了账号贩卖的生意，对平台或者账号进行虚假关注，提高其粉丝用户数，搅乱资本对其市场价值的判断。

（4）热度值、排行榜造假。一些平台为了吸引用户，提升曝光度，往往会进行热度值和排行榜的数据造假行为。当下，很多网站都会采用热度值的方式标记视频作品。一般来说，热度值是将用户的一些行为进行综合计算得出的评分，这些行为包括观看视频、留言互动、分享视频等。实际上，每家网站的计算规则不尽相同，热度值的计算规则完全由平台主导，数据的真实性也难以得到保证。此外，对于排行榜而言，也会有很多有心之人为了提升排名，不惜花钱购买，其排行的结果往往会误导公众的判断和认知。

2. 销售数据造假

销售数据造假，指的是我们所说的“刷单”行为，这是互联网时代快速发展的衍生物。2016 年的央视“3・15”晚会便曝光了一系列刷单事件，国内不少电商平台都被点名。这种刷单行为无论是在电商平台，抑或是在其他平台上都屡见不鲜。对于电商平台而言，某些店家为了提升商品曝光度和评分，往往会进行刷单，而在一些外卖平台上，某些商家也会进行刷单，为的是营造出热销的假象以此来吸引顾客或者通过大量的订单来骗取外卖平台运营商的补贴。此外，打车平台上也存在类似现象，司机为了获取打车软件平台为拉取司机和乘客而发出的补贴或优惠，有时也会进行刷单。

基于目前存在的刷单现象，根据刷单的实施平台通常可将刷单行为划分为如下两类。

（1）基于 B2B（business to business，企业对企业）、B2C（business to customer，企业对顾客）商务运营模式的刷单行为。B2B 指的就是企业和企业之间通过网络实施交易活动的商业模式。B2C 则指企业直接面向消费者销售产品和服务的商业零售模式。基于 B2B、B2C 商务运营模式的刷单行为往往发生在网络零售业。

（2）基于 O2O（online to offline，线上到线下）商务运营模式的刷单行为。O2O 指的是将线下的商务机会与互联网结合在一起，同时让互联网成为线下交易的前台。O2O 电子商务模式是互联网时代迅速发展起来的一种新型商业模式。在此背景下，很多平台商为了吸引商家入驻平台，往往会推出大力度的补贴优惠政策，而有的商家就会通过刷单行为来赚取平台上的补贴。此类刷单行为目前以打车软件刷单为主。

3. 用户评价造假

用户评价造假行为实际上是由刷单行为延伸发展出来的一种形式，主要是为了提高商家或者平台的声誉。具体来说，这种行为指的是一些网络卖家，为了提高商品的美誉度、提升网店的评分等级，以此来提高网店的曝光度排名，进而提升销量获取利益，往往会雇佣刷单者去对商品或者网店进行虚假评论，以此给消费者制造出一种商品畅销且优质的假象。此外，也会有部分商家通过刷单行为进行恶性竞争，具体来说，他们会通过雇佣刷单——对竞争对手做出差评的刷单，诋毁同类竞争者，影响其生意和声誉，从而提高自己商品的销量。

（四）网络不当广告行为

随着网络技术的发展，网络广告也日益增多。同时，网络不当广告也与日俱增，严重损害了其他经营者和消费者的利益，扰乱了市场的竞争秩序。

1. 虚假广告

虚假广告的表现形式主要分为以下两类。

（1）消息虚假的广告或夸大失实的广告。前者指的是所宣传的商品或服务根本不存在的广告。某些商家会利用虚假广告进行欺诈，如肆意炒作不存在的商品或服务以此来获取用户访问数据，从而提高自己的声誉；后者是指广告对商品或服务相关信息进行夸大宣传，如质量、性能、用途、有效期限、生产厂商、产地来源等。

（2）不公正的广告。它指的是通过打压或者诽谤竞争对手的产品或服务等方式来推广自己产品或服务的广告。目前，此类行为在各大互联网平台屡见不鲜，并且已经形成了一定的规模。像这样的公司，有的还美化自己称“网络公关公司”“网络营销公司”，而实则是“网络推手”“发帖水军”。这些公司能够提供的服务非常广泛，还能根据客户的需求进行密集发帖，以此来诋毁、诽谤竞争对手，从而影响其正常运营。

2. 色情广告

许多用户在使用网络时都会遇到弹出色情广告的情况，无论是知名的门户网站、医药健康网站还是赤裸裸的淫秽网站，都不乏带色情性质的图片、视频、电影、文字充斥其中。在这些网站中，有的发布色情广告是为了吸引用户注意，以此提高网站的人气；有的是为了推销违规劣质用品，而有的则是暗藏木马病毒，用户一旦点进，电脑里的个人信息可能就会被窃取。这种不择手段赚取商业利益的色情广告不仅污染了网络环境，同时也给社会系统中的道德观念带来了负面影响，因此需要我们每个人给予关注并进行抵制。

3. 垃圾广告

垃圾广告指的是借助电子邮件向用户的邮箱里重复发送一些不受欢迎的或者用户根本不需要的商品或服务的广告，这在美国被称为“不请自来的商业电子邮件”（unsolicited commercial email）。垃圾广告往往具有不可抗拒性和强迫性，不但会占用用户邮箱的空间内存，同时还会打扰网民正常的网上生活[①]。

4. 强制广告

强制广告指的是会自动播放声音或者视频的网络广告。它的一般表现形式如下：用户只要连上网络，就会自动跳出广告，并且这种广告很难屏蔽，用杀毒软件也很难查杀，有时甚至弹出高达上百个窗口。一般情况下，除非广告内容本身具有很强的吸引力，否则用户很少会主动点击广告，而强制广告由于其自动弹出

① 郭璐瑶. 论电子广告邮件的法律规制[J]. 商业时代，2006，（16）：54-55，57.

的强制性，并且往往会遮挡在正常网页上面，使得用户无法正常阅读网页。此外，悬浮广告也属于强制广告，它的广告图表往往会在网页上不停地游动，这也会干扰正常的网页浏览，引起用户反感。

（五）恶意营销行为

随着市场同质化的加剧，企业间的竞争变得越来越激烈，在此背景下，不少商家为了在激烈的市场浪潮中谋取私利，不惜进行恶意营销行为。

1. 造谣式营销

造谣式营销往往会通过制造谣言，并扩大其传播范围，以促使消费者来购买其产品，主要可以分为以下两类。

（1）利用消费者的同情心理进行的造谣式营销。例如，曾经就有某个不良商家在微信朋友圈发布了一则关于“攀枝花芒果滞销”的消息。事实上，攀枝花地区芒果 8 月以后才会大量上市，当下根本不存在滞销的情况。这篇文章背后其实是一家网店在主导，是一场预谋已久的营销策划活动。这类造谣式营销无底线消费广大用户的同情心，打着公益的幌子谋取利益，对消费者而言构成了欺骗，同时也损害了行业的声誉，影响行业的健康持续发展[①]。

（2）利用消费者的恐惧心理进行的造谣式传播。例如，新冠病毒流行期间，曾有医药厂商发布虚假消息“××药物可以预防新冠病毒感染”，一时间引得大众争相购买。这类造谣式营销往往利用的是消费者的恐惧心理，本质上也是一种欺骗消费者的行为。

2. 侵权假冒类营销

侵权假冒类营销行为指的是侵犯商标权及商业混同行为。侵权营销是指企业利用消费者对某商标熟悉、信赖的心理或是商标本身的知名度，恶意将他人的注册商标或驰名商标注册为域名，进而进行大范围传播的行为。假冒营销行为也就是商业混同行为，指的是经营者采用一系列营销传播活动，使自己的商品或服务与其他经营者（尤其是行业“领头羊”、知名品牌）的商品或服务相混淆，对消费

① 莫让“造谣式营销”透支社会爱心[J]. 乡村科技，2017，(29)：6.

者造成了一定的误导。

（六）网络欺诈行为

随着互联网技术的不断革新，各类网络欺诈行为层出不穷，严重损害了用户权益，扰乱了正常的市场秩序。

1. 恶意引导（直播、搜索引擎）

恶意引导行为通常是指通过不道德或者不正当的手段引导用户进行购买，从中谋取利益的行为，主要有以下两种形式。

（1）直播间主播通过恶意引导煽动观众盲目购买高额物品或刷高额礼物。

（2）平台或商家凭借着粉丝对偶像明星的热衷与追捧，打着为其应援的旗号，恶意引导粉丝“氪金”、重复购买、过度消费，利用粉丝对偶像的喜欢，让粉丝掏钱分担商家的宣发成本。

2. 黑帽技术

黑帽技术指的是通过一些类似作弊的手段，以一种不正常的方式在短时间内获得搜索引擎靠前展示的一种技术，主要手段包括关键词堆砌、垃圾链接、隐藏网页、桥页等。不同于白帽那种放长线钓大鱼的策略，黑帽 SEO 获利的主要特点就是短平快，它是一种为了短期效果而采用的作弊方法。

第二节　数字营销违法行为的法律责任

数字营销违法行为的法律责任，是指数字营销违法行为责任人对其施行的违法行为及其造成的危害或后果所应承担的法律规定的责任。我国数字营销监管的法规依照违法行为的情节轻重、危害严重程度，规定了行政、民事、刑事三种法律责任，并制定了相应的处罚原则。数字营销违法行为可按其性质和程度不同，分为一般违法行为和严重违法行为。一般违法行为责任人应承担相应的行政责任和民事责任；严重违法行为责任人应承担相应的刑事责任。

一、数字营销违法行为的行政责任

数字营销违法行为的行政责任，是指市场监管机关依照行政法律程序和权限，对违反数字营销法规的广告主、数字营销经营者和数字媒体发布者，视其情节轻重，分别给予不同的行政处罚。《广告管理条例》第十八条规定，广告客户或者广告经营者违反本条例规定，由工商行政管理机关根据其情节轻重，分别给予下列处罚：

> （一）停止发布广告；
> （二）责令公开更正；
> （三）通报批评；
> （四）没收非法所得；
> （五）罚款；
> （六）停业整顿；
> （七）吊销营业执照或者广告经营许可证。
>
> 违反本条例规定，情节严重，构成犯罪的，由司法机关依法追究刑事责任。

停止发布广告，是指市场监管机关责令广告主、数字营销经营者和数字媒体发布者停止发布有违法内容的广告，取消该广告的发布资格；责令公开更正，是指市场监管机关责令广告主、数字营销经营者和数字媒体发布者对其发布的违法广告，在相应的范围内发布更正广告；通报批评，是指市场监管机关以书面的形式在一定范围内对违法的广告主、数字营销经营者和数字媒体发布者予以公开批评；没收非法所得，是指市场监管机关没收广告主、数字营销经营者和数字媒体发布者通过违法经营所获取的非法利润；罚款，是指市场监管机关通过罚款的方式对违法的广告主、数字营销经营者和数字媒体发布者进行处罚；停业整顿，是指市场监管机关责令有较严重违法行为的数字营销经营者暂停一切数字营销业务活动，检查、纠正其数字营销违法行为；吊销营业执照或者广告经营许可证，是指市场监管机关收回并注销有严重违法行为的数字营销经营者的营业执照或数字营销经营许可证，取消其数字营销经营资格。这是对数字营销违法行为情节恶劣、后果严重或屡教不改的数字营销经营者采取的最严厉的处罚措施。以上 7 种行政处罚方式，既可以单项处罚，又可以一并处罚。

二、数字营销违法行为的民事责任

数字营销违法行为的民事责任，是指广告主、数字营销经营者和数字媒体发布者在数字营销活动中的违法行为，致使用户和消费者遭到损害，或者有其他侵权行为时所应承担的赔偿责任。数字营销违法行为的民事责任的构成条件如下。

其一，必须有数字营销损害的事实，即具有数字营销活动主体（广告主、数字营销经营者、数字媒体发布者）在数字营销活动中所施行的违法行为，给用户和消费者造成财产损失的事实存在。

其二，数字营销活动主体给他人造成损害的行为是数字营销违法行为，即其未履行在数字营销活动中应该履行的义务或侵犯他人民事权利的行为。

其三，数字营销违法行为与损害事实之间有因果关系。

其四，数字营销活动主体在主观上必须有过错。如果数字营销活动主体在主观上没有过错，或者其过错是由于不可抗拒等原因造成的，即使当事人侵犯了他人权利或未履行自己的义务，也不承担民事责任，这在法律上称为免责条件。

以上 4 个条件同时具备，数字营销违法行为责任人才能承担数字营销违法行为的民事责任。《民法典》第一百七十九条规定，承担民事责任的方式主要有：

（一）停止侵害；
（二）排除妨碍；
（三）消除危险；
（四）返还财产；
（五）恢复原状；
（六）修理、重作、更换；
（七）继续履行；
（八）赔偿损失；
（九）支付违约金；

（十）消除影响、恢复名誉；

（十一）赔礼道歉。

法律规定惩罚性赔偿的，依照其规定。

本条规定的承担民事责任的方式，可以单独适用，也可以合并适用。

数字营销违法行为的民事责任以财产责任为主，它必须以等价、补偿的方式，向民事权利受到侵害的当事人进行赔偿，这通常被称为数字营销损害赔偿。数字营销损害赔偿一般坚持全部赔偿和公平合理原则，要求数字营销违法行为责任人向受害人支付赔偿金或违约金。

三、数字营销违法行为的刑事责任

数字营销违法行为的刑事责任，是指广告主、数字营销经营者和数字媒体发布者在数字营销活动中的违法行为性质恶劣、后果严重，非法所得数额较大，触犯了刑律，构成了犯罪，所应承担的法律责任，由司法机关追究其刑事责任。应该特别注意的是，刑事责任只限于自然人，即一般公民，对于作为法人的广告主、数字营销经营者和数字媒体发布者，只适用行政责任和民事责任，而不适用刑事责任。

构成刑事犯罪的 4 个要件如下：其一，犯罪客体方面。犯罪客体是指我国刑法给予保护而被犯罪行为所侵犯的社会关系，它是任何犯罪成立的必不可少的条件。不危害客体的行为，就不构成犯罪。其二，犯罪客观方面。犯罪客观方面是指由自然人所实施的一切危害社会的行为。如果仅有犯罪思想，而没有付诸实施，不构成犯罪。其三，犯罪主体方面。犯罪主体是指实施危害社会行为的自然人，但是行为人必须到了法定责任年龄，具有完全行为能力，不具有完全行为能力的自然人，不能构成犯罪主体，如未成年人犯罪，就由于不到法定责任年龄和不具有完全责任能力，而不构成犯罪主体。其四，犯罪主观方面。犯罪主观方面是指行为人主观上有罪过（故意或过失）。如果行为人主观上没有罪过，而仅有客观上的损害，也不能构成犯罪。以上 4 个要件同时具备，才能构成刑事犯罪。

第三节 对数字营销违法行为的处罚

对数字营销违法行为的处罚，既适用《广告法》《互联网广告管理暂行办法》等专门法和行政法规，又适用《反不正当竞争法》《消费者权益保护法》《民法典》《网络安全法》《数据安全法》《个人信息保护法》等涉及数字营销相关内容的法规条款。那么，当遇到一个数字营销违法案件时，数字营销监管机关到底采用哪一部法律或者行政法规来进行处罚呢？这里有两条法律适用原则应该遵循：一是“特别法优于普通法”原则；二是“上位法优于下位法”原则。

先说“特别法优于普通法”原则。《广告法》《广告管理条例》《互联网广告管理暂行办法》和其他部门规章等，是调整特定对象（广告主、数字营销经营者、数字媒体发布者和用户）在数字营销活动中经济关系的法律或行政法规，它们属于特别法，而《反不正当竞争法》《消费者权益保护法》《民法典》《网络安全法》等则是调整不正当竞争、消费者权益保护、民事、网络安全等法律关系的基本法律，它们是在调整上述法律关系时涉及数字营销内容，它们属于普通法。在法律适用原则上应遵循“特别法优于普通法”的原则，即特别法已经做出明确规定的，要严格按规定执行；只有当特别法未作出明确规定的部分，或者其规定不具体、不完全时，才适用普通法的规定。

再说“上位法优于下位法”原则。根据《中华人民共和国立法法》，《广告法》是全国人大常委会制定的法律，属于上位法；《互联网广告管理暂行办法》是由国家工商行政管理总局制定的，属于下位法，就法律效力来说，“上位法”高于作为部门规章的“下位法”。换言之，上位法（《广告法》）已经规定的内容，下位法（《互联网广告管理暂行办法》）可以直接援引，下位法如果抵触上位法的话，抵触部分无效。只有当上位法未作出明确规定的部分，才会按照下位法的规定执行。这便是“上位法优于下位法”的法律适用原则。

当然，要在有限的篇幅里将形形色色、种类繁多的数字营销违法行为处罚全部概括进去，一是有难度，二是基本不可能，因此只能择其要，即选择六种有代表性的违法行为加以表述。

一、对虚假数字营销行为的处罚

虚假营销与营销活动是一对不离不弃的孪生姐妹，自从有了人类社会，有了营销活动，虚假营销活动便随之产生。伴随着数字营销时代的到来，虚假数字营销也如影随形、相伴而生。虚假数字营销是对互联网上各种内容虚假、内容造假、内容不真实、误导用户的数字营销行为的总称。对内容真实，《广告法》《互联网广告管理暂行办法》均有明确要求。《广告法》第四条第一款规定："广告不得含有虚假或者引人误解的内容，不得欺骗、误导消费者。"这里有两个方面值得注意：其一，广告主对数字营销内容的真实性负责。《广告法》第四条第二款规定："广告主应当对广告内容的真实性负责。"《互联网广告管理暂行办法》第十条规定："互联网广告主应当对广告内容的真实性负责。"也就是说，在任何时候任何的数字营销活动，广告主都要对其内容的真实性负责。无论该项数字营销活动是广告主"通过自设网站或者拥有合法使用权的互联网媒介自行发布"，还是"委托互联网广告经营者、广告发布者发布"，均需要具备"主体身份、行政许可、引证内容等证明文件，应当真实、合法、有效"。其二，对广告主修改广告内容的特别规定。当广告主委托互联网广告经营者、广告发布者发布广告，修改广告内容时，应当以书面形式或者其他可以被确认的方式通知为其提供服务的互联网广告经营者、广告发布者。

违反上述规定，发布虚假数字营销内容的：一是要依法追究违法责任人的行政法律责任；二是情节严重，构成犯罪的，还要依法追究其刑事法律责任。《广告法》第五十五条第一款规定："违反本法规定，发布虚假广告的，由市场监督管理部门责令停止发布广告，责令广告主在相应范围内消除影响，处广告费用三倍以上五倍以下的罚款，广告费用无法计算或者明显偏低的，处二十万元以上一百万元以下的罚款；两年内有三次以上违法行为或者有其他严重情节的，处广告费用五倍以上十倍以下的罚款，广告费用无法计算或者明显偏低的，处一百万元以上二百万元以下的罚款，可以吊销营业执照，并由广告审查机关撤销广告审查批准文件、一年内不受理其广告审查申请。"该条第三款规定："广告经营者、广告发布者明知或者应知广告虚假仍设计、制作、代理、发布的，由市场监督管理部门没收广告费用，并处广告费用三倍以上五倍以下的罚款，广告费用无法计算或者明显偏低的，处二十万元以上一百万元以下的罚款；两年内有三次以上违法行为或者有其他严重情节的，处广告费用五倍以上十倍以下的罚款，广告费用无法计算或者明显偏低的，处一百万元以上二百万元以下的罚款，并可以由有关部门暂停广告发布业务、吊销营业执照、吊销广告发布登记证件。”该条第四款规定：“广告主、广告经营者、广告发布者有本条第一款、第三款规定行为，构成犯罪的，依法追究刑事责任。”

二、对误导性数字营销行为的处罚

误导性数字营销行为是指在互联网上通过虚假或引人误导的数字营销内容欺骗、误导用户。对此，《广告法》第二十八条列举了五种主要情形：

> 广告以虚假或者引人误解的内容欺骗、误导消费者的，构成虚假广告。
>
> 广告有下列情形之一的，为虚假广告：
>
> （一）商品或者服务不存在的；
>
> （二）商品的性能、功能、产地、用途、质量、规格、成分、价格、生产者、有效期限、销售状况、曾获荣誉等信息，或者服务的内容、提供者、形式、质量、价格、销售状况、曾获荣誉等信息，以及与商品或者服务有关的允诺等信息与实际情况不符，对购买行为有实质性影响的；
>
> （三）使用虚构、伪造或者无法验证的科研成果、统计资料、调查结果、文摘、引用语等信息作证明材料的；
>
> （四）虚构使用商品或者接受服务的效果的；
>
> （五）以虚假或者引人误解的内容欺骗、误导消费者的其他情形。

一旦出现上述情况，将受到法律的严惩，不但广告主要依法承担民事责任，而且有责任的数字营销经营者、数字媒体发布者也要依法承担连带责任。《广告法》第五十六条规定：

违反本法规定，发布虚假广告，欺骗、误导消费者，使购买商品或者接受服务的消费者的合法权益受到损害的，由广告主依法承担民事责任。广告经营者、广告发布者不能提供广告主的真实名称、地址和有效联系方式的，消费者可以要求广告经营者、广告发布者先行赔偿。

关系消费者生命健康的商品或者服务的虚假广告，造成消费者损害的，其广告经营者、广告发布者、广告代言人应当与广告主承担连带责任。

前款规定以外的商品或者服务的虚假广告，造成消费者损害的，其广告经营者、广告发布者、广告代言人，明知或者应知广告虚假仍设计、制作、代理、发布或者作推荐、证明的，应当与广告主承担连带责任。

三、对不正当竞争行为的处罚

不正当竞争行为就是在数字营销活动中“贬低其他生产经营者的商品或者服务”的行为。《反不正当竞争法》第十二条对此进行了描述：

经营者利用网络从事生产经营活动，应当遵守本法的各项规定。

经营者不得利用技术手段，通过影响用户选择或者其他方式，实施下列妨碍、破坏其他经营者合法提供的网络产品或者服务正常运行的行为：

（一）未经其他经营者同意，在其合法提供的网络产品或者服务中，插入链接、强制进行目标跳转；

（二）误导、欺骗、强迫用户修改、关闭、卸载其他经营者合法提供的网络产品或者服务；

（三）恶意对其他经营者合法提供的网络产品或者服务实施不兼容；

（四）其他妨碍、破坏其他经营者合法提供的网络产品或者服务正常运行的行为。

《广告法》第五十九条规定，违反本法第十三条规定，广告贬低其他生产经营者的商品或者服务的，由市场监督管理部门责令停止发布广告，对广告主处十万元以下的罚款。广告经营者、广告发布者明知或者应知有前款规定违法行为仍设计、制作、代理、发布的，由市场监督管理部门处十万元以下的罚款。《反不正当竞争法》第二十四条规定："经营者违反本法第十二条规定妨碍、破坏其他经营者合法提供的网络产品或者服务正常运行的，由监督检查部门责令停止违法行为，处十万元以上五十万元以下的罚款；情节严重的，处五十万元以上三百万元以下的罚款。"

四、对违反用户个人信息保护规定行为的处罚

违反用户个人信息保护规定行为，是指在数字营销活动中网络运营者违反法律、行政法规中保护用户个人信息的有关规定的行为——未经被收集者同意，向他人提供个人信息；收集与其提供的服务无关的个人信息；违反法律、行政法规的规定和双方的约定收集、使用个人信息；泄露、篡改、毁损其收集的个人信息；等等。对此，《网络安全法》规定：

第二十二条第三款 网络产品、服务具有收集用户信息功能的，其提供者应当向用户明示并取得同意；涉及用户个人信息的，还应当遵守本法和有关法律、行政法规关于个人信息保护的规定。

第四十一条 网络运营者收集、使用个人信息，应当遵循合法、正当、必要的原则，公开收集、使用规则，明示收集、使用信息的目的、方式和范围，并经被收集者同意。

网络运营者不得收集与其提供的服务无关的个人信息，不得违反法律、行政法规的规定和双方的约定收集、使用个人信息，并应当依照法律、行政法规的规定和与用户的约定，处理其保存的个人信息。

第四十二条 网络运营者不得泄露、篡改、毁损其收集的个人信息；未经被收集者同意，不得向他人提供个人信息。但是，经过处理无法识别特定个人且不能复原的除外。

网络运营者应当采取技术措施和其他必要措施，确保其收集的个人信息安全，防止信息泄露、毁损、丢失。在发生或者可能发生个人信息泄露、毁损、丢失的情况时，应当立即采取补救措施，按照规定及时告知用户并向有关主管部门报告。

第四十三条 个人发现网络运营者违反法律、行政法规的规定或者双方的约定收集、使用其个人信息的，有权要求网络运营者删除其个人信息；发现网络运营者收集、存储的其个人信息有错误的，有权要求网络运营者予以更正。网络运营者应当采取措施予以删除或者更正。

第四十四条 任何个人和组织不得窃取或者以其他非法方式获取个人信息，不得非法出售或者非法向他人提供个人信息。

对上述违反个人信息保护规定的违法行为，《网络安全法》第六十四条第一款规定："网络运营者、网络产品或者服务的提供者违反本法第二十二条第三款、第四十一条至第四十三条规定，侵害个人信息依法得到保护的权利的，由有关主管部门责令改正，可以根据情节单处或者并处警告、没收违法所得、处违法所得一倍以上十倍以下罚款，没有违法所得的，处一百万元以下罚款，对直接负责的主管人员和其他直接责任人员处一万元以上十万元以下罚款；情节严重的，并可以责令暂停相关业务、停业整顿、关闭网站、吊销相关业务许可证或者吊销营业执照。"其第二款规定："违反本法第四十四条规定，窃取或者以其他非法方式获取、非法出售或者非法向他人提供个人信息，尚不构成犯罪的，由公安机关没收违法所得，并处违法所得一倍以上十倍以下罚款，没有违法所得的，处一百万元以下罚款。"

此外，《个人信息保护法》第六十六条规定了对违反法律规定处理个人信息或者未履行法律规定的个人信息保护义务者的处罚措施：

违反本法规定处理个人信息，或者处理个人信息未履行本法规定的个人信息保护义务的，由履行个人信息保护职责的部门责令改正，给予警告，没收违法所得，对违法处理个人信息的应用程序，责令暂停或者终止提供服务；拒不改正的，并处一百万元以下罚款；对直接负责的主管人员和其他直接责任人员处一万元以上十万元以下罚款。

有前款规定的违法行为，情节严重的，由省级以上履行个人信息保护职责的部门责令改正，没收违法所得，并处五千万元以下或者上一年度营业额百分之五以下罚款，并可以责令暂停相关业务或者停业整顿、通报有关主管部门吊销相关业务许可或者吊销营业执照；对直接负责的主管人员和其他直接责任人员处十万元以上一百万元以下罚款，并可以决定禁止其在一定期限内担任相关企业的董事、监事、高级管理人员和个人信息保护负责人。

五、对数据造假行为的处罚

数据是数字时代最重要的生产要素，它的存在颠覆了传统营销传播市场的既有规则和做法，也因此之故不法之徒通过数据造假来获取非法收入，进而扰乱数字营销市场。对这种数据造假行为，《互联网广告管理暂行办法》第十六条将其定义为“互联网广告活动中不得有”的行为：①提供或者利用应用程序、硬件等对他人正当经营的广告采取拦截、过滤、覆盖、快进等限制措施；②利用网络通路、网络设备、应用程序等破坏正常广告数据传输，篡改或者遮挡他人正当经营的广告，擅自加载广告；③利用虚假的统计数据、传播效果或者互联网媒介价值，诱导错误报价，谋取不正当利益或者损害他人利益。令人遗憾的是，《互联网广告管理暂行办法》并没有制定相应条款对此类违法行为进行处罚，倒是《广告法》第十一条第二款有这样的规定：“广告使用数据、统计资料、调查结果、文摘、引用语等引证内容的，应当真实、准确，并表明出处。引证内容有适用范围和有效期限的，应当明确表示。”对“广告引证内容违反本法第十一条规定的”，在其第五十九条第一款规定“由市场监督管理部门责令停止发布广告，对广告主处十万元以下的罚款”。

六、对不当数字营销行为的处罚

不当数字营销行为是对互联网上各种不恰当数字营销行为的总称，它包括以下方面。

《互联网广告管理暂行办法》第八条规定：

利用互联网发布、发送广告，不得影响用户正常使用网络。在互联网页面以弹出等形式发布的广告，应当显著标明关闭标志，确保一键关闭。

不得以欺骗方式诱使用户点击广告内容。

未经允许，不得在用户发送的电子邮件中附加广告或者广告链接。

《广告法》第四十三条至第四十五条规定：

第四十三条 任何单位或者个人未经当事人同意或者请求，不得向其住宅、交通工具等发送广告，也不得以电子信息方式向其发送广告。

以电子信息方式发送广告的，应当明示发送者的真实身份和联系方式，并向接收者提供拒绝继续接收的方式。

第四十四条 利用互联网从事广告活动，适用本法的各项规定。

利用互联网发布、发送广告，不得影响用户正常使用网络。在互联网页面以弹出等形式发布的广告，应当显著标明关闭标志，确保一键关闭。

第四十五条 公共场所的管理者或者电信业务经营者、互联网信息服务提供者对其明知或者应知的利用其场所或者信息传输、发布平台发送、发布违法广告的，应当予以制止。

针对互联网上的上述不当数字营销行为，《互联网广告管理暂行办法》第二十四条规定："违反本办法第八条第一款规定，利用互联网发布广告，未显著标明关闭标志并确保一键关闭的，依照广告法第六十三条第二款的规定进行处罚；违反第二款、第三款规定，以欺骗方式诱使用户点击广告内容的，或者未经允许，在用户发送的电子邮件中附加广告或者广告链接的，责令改正，处一万元以上三万元以下的罚款。"

《广告法》第六十二条、第六十三条的处罚规定如下：

第六十二条 违反本法第四十三条规定发送广告的，由有关部门责令停止违法行为，对广告主处五千元以上三万元以下的罚款。

违反本法第四十四条第二款规定，利用互联网发布广告，未显著标明关闭标志，确保一键关闭的，由市场监督管理部门责令改正，对广告主处五千元以上三万元以下的罚款。

第六十三条 违反本法第四十五条规定，公共场所的管理者和电信业务经营者、互联网信息服务提供者，明知或者应知广告活动违法不予制止的，由市场监督管理部门没收违法所得，违法所得五万元以上的，并处违法所得一倍以上三倍以下的罚款，违法所得不足五万元的，并处一万元以上五万元以下的罚款；情节严重的，由有关部门依法停止相关业务。

七、对恶意营销行为的处罚

恶意营销主要包括“造谣式营销”“侵权假冒类营销”“色情低俗营销”，就是俗称的“谣言营销”“侵权营销”“色情营销”。其一，“造谣式营销”，主要借助造谣传谣来开展营销活动，如散布谣言，扰乱公共秩序，以达到营利的目的。其二，“侵权假冒类营销”，通过侵权假冒等手段来组织营销，如侵犯商标权、著作权，冒充国家机关工作人员，或者以其他虚假身份招摇撞骗，以实现广告主的营销意图。其三，“色情低俗营销”，主要通过传播淫秽、色情信息，吸引用户关注，借以达到营销目的。实际上，恶意营销行为无论是在传统媒体时代还是在数字媒体时代都是存在的，因此，尽管《互联网广告管理暂行办法》没有专门条款对此进行规范，但《广告法》中的一些规定对它们也是适用的。上述三类恶意营销行为属于“妨碍社会安定，损害社会公共利益”“危害人身、财产安全，泄露个人隐私”“妨碍社会公共秩序或者违背社会良好风尚”，皆为《广告法》第九条规定禁止出现的，《广告法》第五十七条规定，发布上述禁止情形广告的，“由市场监督管理部门责令停止发布广告，对广告主处二十万元以上一百万元以下的罚款，情节严重的，并可以吊销营业执照，由广告审查机关撤销广告审查批准文件、一年内不受理其广告审查申请；对广告经营者、广告发布者，由市场监督管理部门没收广告费用，处二十万元以上一百万元以下的罚款，情节严重的，并可以吊销营业执照、吊销广告发布登记证件”。

八、对网络欺诈行为的处罚

网络欺诈行为是指在互联网上开展数字营销活动时，采用混淆、欺骗手段——混淆广告信息与非广告信息，混同付费搜索广告与自然搜索广告，以欺骗方式诱使用户点击广告内容，在给用户发送的电子邮件中附加广告或者广告链接欺瞒用户——以实现营销意图。《互联网广告管理暂行办法》第七条、第八条规定：

第七条 互联网广告应当具有可识别性，显著标明“广告”，使消费者能够辨明其为广告。

付费搜索广告应当与自然搜索结果明显区分。

第八条 利用互联网发布、发送广告，不得影响用户正常使用网络。在互联网页面以弹出等形式发布的广告，应当显著标明关闭标志，确保一键关闭。

不得以欺骗方式诱使用户点击广告内容。

未经允许，不得在用户发送的电子邮件中附加广告或者广告链接。

《互联网广告管理暂行办法》第二十三条规定，互联网广告违反本办法第七条规定，不具有可识别性的，依照广告法第五十九条第三款的规定予以处罚。《广告法》第五十九条第三款规定：“由市场监督管理部门责令改正，对广告发布者处十万元以下的罚款。”

《互联网广告管理暂行办法》第二十四条规定：“违反本办法第八条第一款规定，利用互联网发布广告，未显著标明关闭标志并确保一键关闭的，依照广告法第六十三条第二款的规定进行处罚；违反第二款、第三款规定，以欺骗方式诱使用户点击广告内容的，或者未经允许，在用户发送的电子邮件中附加广告或者广告链接的，责令改正，处一万元以上三万元以下的罚款。”《广告法》第六十二条第二款规定：“违反本法第四十四条第二款规定，利用互联网发布广告，未显著标明关闭标志，确保一键关闭的，由市场监督管理部门责令改正，对广告主处五千元以上三万元以下的罚款。”

参考文献

一、著作类

狄更斯．双城记[M]．罗稷南译．上海：上海译文出版社，1983：3.

林火旺．伦理学入门[M]．上海：上海古籍出版社，2005：73.

牛格正．咨商专业伦理[M]．台北：台北五南图书出版公司，1992：49-50.

乔治 R T．企业伦理学[M]．7 版．王漫天，唐爱军译．北京：机械工业出版社，2012：12-13.

瑞夫斯 R．实效的广告[M]．张冰梅译．呼和浩特：内蒙古人民出版社，1999：56-58.

斯密 A．道德情操论[M]．蒋自强译．北京：商务印书馆，1997：25-26.

斯密 A．国民财富的性质与原因研究（下）[M]．北京：商务印书馆，1979：123-124.

苏东水．东方管理学[M]．上海：复旦大学出版社，2005：38.

万俊人．伦理学及其知识状况（上）[M]．武汉：湖北出版社，2007：6-7.

吴健安．市场营销学[M]．北京：高等教育出版社，2011：398-402.

张金花，王新明．广告道德研究[M]．北京：中国物价出版社，2003：9-15.

二、期刊类

蔡立媛，龚智伟．人工智能时代广告的“时空侵犯”[J]．新闻与传播评论，2020，73（2）：70-76.

晁罡，邹安欣．传统文化践履型企业的领导-员工伦理互动机制研究[J]．管理学报，2021，18（3）：317-327.

陈昌凤，雅畅帕. 颠覆与重构：数字时代的新闻伦理[J]. 新闻记者，2021，(8)：39-47.
陈凡，彭康宁. 论新兴技术实践伦理及其中国进路[J]. 自然辩证法研究，2021，37(10)：43-48.
陈凡，徐旭. 当代人工智能伦理设计的困境和超越[J]. 华中科技大学学报(社会科学版)，2020，34(5)：1-7.
陈炜，李强. 教育中的技术伦理审思：历史、问题与对策[J]. 南通大学学报(社会科学版)，2021，37(4)：117-125.
陈一. 欧盟大数据伦理治理实践及对我国的启示[J]. 图书情报工作，2020，64(3)：130-138.
成瑾，贺玉婷，王萃英. 近朱者赤：伦理型领导如何影响员工内部揭发意向？[J]. 中国人力资源开发，2021，38(3)：18-32.
程垦，林英晖. 责任型领导与组织惩罚对亲组织非伦理行为的影响[J]. 管理科学，2020，33(6)：100-111.
杜严勇. 人工智能伦理风险防范研究中的若干基础性问题探析[J]. 云南社会科学，2022，(3)：12-19.
樊春良. 科技伦理治理的理论与实践[J]. 科学与社会，2021，11(4)：33-50.
冯建军. 网络公民教育：智能时代道德教育的新要求[J]. 伦理学研究，2022，(3)：1-9.
甘绍平. 数字社会中的舆论伦理[J]. 道德与文明，2018，(6)：5-16.
高童非. 数字时代司法责任伦理之守正[J]. 法制与社会发展，2022，28(1)：151-172.
葛海涛，李响. 面向2035的科技伦理治理体系建设[J]. 中国科技论坛，2020，(5)：7-9.
葛秋萍，王珏. 大数据技术应用中个人数字身份的伦理规制[J]. 中州学刊，2020，(10)：95-101.
龚天平，吴定昆. 资本接受伦理的规约和范导初论[J]. 伦理学研究，2022，(2)：103-111.
顾理平，俞立根. 具体困境与整体困境：智媒时代的传播伦理变革与研究转向[J]. 传媒观察，2022，(2)：40-47.
韩新远. 伦理型网络直播营销的法律规制[J]. 学术交流，2021，(7)：63-73.
何江新. 强人工智能政治伦理的不确定性之中国方案[J]. 甘肃社会科学，2020，(5)：53-60.
何志荣. 从技术工具到行动者：广告智能传播的伦理主体再造[J]. 未来传播，2022，29(2)：18-24.
胡梦茵. 何为伦理转向[J]. 广西民族大学学报(哲学社会科学版)，2021，43(3)：44-50.
胡莹. 数字社会工作的概念、发展与青年社会工作者面临的伦理挑战[J]. 当代青年研究，2022，

（5）：119–128.

胡振宇. 国内数字营销伦理乱象探因与治理研究——基于数字营销从业精英的访谈[J]. 当代传播，2018，（5）：80–84.

皇甫晓涛，刁玉全. 智能广告伦理的“身体–技术”解析——基于知觉现象学的考察[J]. 郑州大学学报（哲学社会科学版），2022，55（3）：116–120.

黄静茹. 数字时代科学传播的伦理困境与化解路径[J]. 中国编辑，2021，（12）：56–61.

黄丽云. 数字社会的伦理困境与法治文化建设[J]. 中国政法大学学报，2022，（2）：12–19.

季为民. 数字媒体新闻伦理研究的新观点、新问题和新趋向[J]. 现代传播（中国传媒大学学报），2020，42（4）：31–37.

贾建锋，焦玉鑫. 伦理型领导对员工主动性行为的影响机制研究[J]. 管理学报，2020，17（9）：1327–1335.

江作苏，黄欣欣. 地产广告话语仪式中伦理取向辨析——基于123个地产类广告的内容分析[J]. 现代传播（中国传媒大学学报），2017，39（8）：109–115.

蒋艳艳. 网络伦理事件舆论传播中的情绪伦理风险及其应对[J]. 思想理论教育，2022，（6）：94–99.

康瑾. 西方广告伦理实践及理论研究的演进[J]. 现代传播（中国传媒大学学报），2018，40（8）：130–135.

康瑾，钱莉莉. 原生广告消费者伦理感知的扎根理论研究[J]. 湖北民族学院学报（哲学社会科学版），2018，36（4）：36–41.

黎常，金杨华. 科技伦理视角下的人工智能研究[J]. 科研管理，2021，42（8）：9–16.

李德团，杨先顺. 微信朋友圈广告的伦理审视[J]. 学习与实践，2018，（6）：133–140.

李宏伟. 基于人与技术实践共生的技术伦理反思[J]. 中国人民大学学报，2021，35（4）：151–157.

李名亮. 智能广告信息伦理风险与核心议题研究[J]. 新闻与传播评论，2020，73（1）：76–84.

李思然. 社会转型时期制度伦理的建设[J]. 行政论坛，2020，27（6）：93–100.

李校堃. 关于科技伦理治理差异化原则的思考[J]. 人民论坛，2021，（2）：6–8.

李正风，刘诗谣. 建构科技伦理治理共同体的信任关系[J]. 科学与社会，2021，11（4）：18–32.

梁宇，郑易平. 大数据时代信息伦理的困境与应对研究[J]. 科学技术哲学研究，2021，38（3）：

100–106.

林爱珺，何艳明. 数字媒介依赖的新表征与伦理反思[J]. 学术研究，2022，(5): 54–60.

林思达. 共同富裕示范区科创高地建设，关键共性科技伦理风险研判及治理——基于文献综述与案例分析[J]. 科技管理研究，2022，42 (14): 229–234.

刘斌. 技术与伦理的冲突与融合——算法新闻时代新闻伦理重构及对策[J]. 西南民族大学学报（人文社会科学版），2022，43 (3): 135–143.

刘海明，马晓晴. 断裂与弥合："银发数字鸿沟"与人本主义伦理建构[J]. 新闻爱好者，2021，(3): 18–22.

刘鸿宇. 数字共享经济平台价值共创的伦理探析[J]. 科学学研究，2022，40 (8): 1353–1360.

刘金波. 数字媒介时代传播伦理重构研究[J]. 山西大学学报（哲学社会科学版），2022，45 (4): 56–64.

刘鑫. "科技向善"倡议下专利伦理评价机制研究[J]. 中国科技论坛，2021，(6): 46–53.

刘颖，李少波. 互联网广告传播的责任伦理建构研究[J]. 湖南社会科学，2021，(5): 138–143.

刘永安. 人工技术实体伦理话语权的结构视角[J]. 自然辩证法研究，2021，37 (5): 29–35.

龙耘，吕山. AI 时代媒介治理的伦理体系：内涵、特征及实践原则[J]. 现代出版，2021，(4): 32–38.

陆玥，陆高峰. 社交媒体环境下空难信息传播的伦理失范探析[J]. 传媒观察，2022，(5): 21–26.

路强. 数字虚拟世界的伦理基底——以"VR 性侵"为中心[J]. 探索与争鸣，2022，(7): 124–130,179.

吕铠，钱广贵. 广告内容化的传播伦理困境与协同治理[J]. 当代传播，2022，(1): 100–102，112.

孟庆国，崔萌. 政府公信力的伦理解释与建构——数字治理价值实现的基础理论[J]. 中国行政管理，2021，(2): 14–20.

苗逢春. 教育人工智能伦理的解析与治理——《人工智能伦理问题建议书》的教育解读[J]. 中国电化教育，2022，(6): 22–36.

单波，叶琼. 全球媒介伦理的反思性与可能路径[J]. 广州大学学报（社会科学版），2021，20 (3): 34–43.

苏士梅. 中国近代广告伦理研究的知识图景：媒介镜像与主题脉络[J]. 新闻与传播评论，2022，

75（4）：96-105.

孙丽文，李少帅. 基于伦理嵌入的人工智能新型风险治理体系建构及治理路径解析[J]. 当代经济管理，2021，43（7）：22-28.

孙旭，冯镜铭. 亲组织非伦理行为“自上而下”扩散的被迫遵从机制研究[J]. 管理学报，2020，17（11）：1651-1660.

田鹏颖，周鑫. 唯物史观论域下人工智能的伦理问题思考与合伦理设计[J]. 宁夏社会科学，2021，（2）：22-29.

田亦尧，李欣冉. 科技伦理治理机制的法治因应与逻辑转换——由生物技术科技伦理规制问题展开[J]. 科技进步与对策，2021，38（2）：121-127.

王常柱，武杰. 大数据时代网络伦理规制的复杂性研究[J]. 科学技术哲学研究，2020，37（2）：107-113.

王旦，张熙. 智能时代的教育伦理风险及应然向度[J]. 教育研究与实验，2021，（4）：34-39，96.

王东，张振. 人工智能伦理风险的镜像、透视及其规避[J]. 伦理学研究，2021，（1）：109-115.

王静. 数字公民伦理：网络暴力治理的新路径[J]. 华东政法大学学报，2022，25（4）：28-40.

王前，曹昕怡. 人工智能应用中的五种隐性伦理责任[J]. 自然辩证法研究，2021，37（7）：39-45.

王强. 从道德革命到伦理觉悟：唯物史观视野下中国伦理精神的现代转化与创新发展[J]. 思想战线，2022，48（4）：1-9.

王少. 中外科技伦理法规政策比较研究[J]. 兰州学刊，2020，（7）：24-33.

王雅鹃. 技术规约、身体复归与智能觉醒：智能广告伦理的三个研究取向[J]. 现代传播（中国传媒大学学报），2021，43（9）：130-134.

王中贝，周荣庭. 新兴技术伦理分析路径研究[J]. 自然辩证法研究，2022，38（3）：29-35.

吴红，杜严勇. 人工智能伦理治理：从原则到行动[J]. 自然辩证法研究，2021，37（4）：49-54.

肖群忠. 职业伦理的现代价值与当代中国的成功实践[J]. 道德与文明，2022，（2）：15-24.

谢亚可. 社交媒体用户关切的人工智能技术伦理向度分析[J]. 传媒，2022，（3）：89-92.

解学芳，高嘉琪. “智能+”时代 AI 文化科技伦理反思：创新边界与伦理准则[J]. 自然辩证法研究，2022，38（7）：74-81.

辛自强，刘菲．广告中“神圣价值观”工具性使用及其影响[J]．新闻与传播研究，2022，29（2）：97-110，128.

邢志杰，贺伟，张正堂，等．员工伦理型领导原型对伦理型领导有效性的影响：员工崇敬感的中介作用[J]．心理学报，2022，54（9）：1093-1105.

徐嘉．“群己权界”中的道德权利与伦理秩序[J]．学海，2022，（4）：184-193，201.

徐瑞萍，吴选红，刁生富．从冲突到和谐：智能新文化环境中人机关系的伦理重构[J]．自然辩证法通讯，2021，43（4）：16-26.

徐源．人工智能伦理的研究现状、应用困境与可计算探索[J]．社会科学，2021，（9）：117-124.

薛宝琴．人是媒介的尺度：智能时代的新闻伦理主体性研究[J]．现代传播（中国传媒大学学报），2020，42（3）：66-70.

薛伟明．论视觉传播中广告图像的伦理边界[J]．艺术评论，2017，（2）：156-159.

闫宏秀．数据赋能的伦理基质[J]．社会科学，2022，（1）：136-142.

闫瑞峰．数字资本的伦理逻辑及其规范[J]．海南大学学报（人文社会科学版），2021，39（4）：118-126.

晏青，支庭荣．社交媒体礼仪：数字关系情境下的伦理方案与效果辨析[J]．现代传播（中国传媒大学学报），2017，39（8）：127-132.

杨威，赵婵娟．传统家训生态伦理思想及其现代转化[J]．上海师范大学学报（哲学社会科学版），2022，51（4）：36-46.

杨先顺，赖菀桃．网络善因营销中消费者伦理感知的维度研究[J]．新闻与传播评论，2020，73（4）：88-97.

杨先顺，张良悦．消费者伦理感知对互联网医疗广告购买意愿影响研究[J]．新闻与传播评论，2021，74（5）：71-81.

于雪，李伦．人工智能的设计伦理探析[J]．科学与社会，2020，10（2）：75-88.

于雪，凌昀．新兴科技伦理治理的问题及其对策[J]．科学与社会，2021，11（4）：51-65.

余达淮，金姿妏．数字经济视阈下平台企业经济伦理探索[J]．河南社会科学，2021，29（2）：11-17.

袁洪英. 社会治理的他者伦理问题探析[J]. 中国行政管理，2020，(3)：52–58.

岳素芳. 科学数据共享的合伦理性探究[J]. 郑州大学学报（哲学社会科学版），2021，54（6）：34–38.

曾伏娥，袁靖波，代婷婷. 企业间联合非伦理营销行为研究——解释水平视角[J]. 南开管理评论，2016，19（5）：149–160，170.

张军. 科学建构应对科技风险的伦理治理系统[J]. 人民论坛，2021，(2)：57–59.

张康之. 后工业化进程中的伦理与政治[J]. 北京师范大学学报（社会科学版），2021，(4)：141–150.

张蕾，李新根. 国内科技伦理研究的知识图谱——基于 1998–2021 年 CSSCI 论文的文献计量分析[J]. 西南民族大学学报（人文社会科学版），2022，43（7）：224–232.

张立国，刘晓琳，常家硕. 人工智能教育伦理问题及其规约[J]. 电化教育研究，2021，42（8）：5–11.

张铤. 人工智能的伦理风险治理探析[J]. 中州学刊，2022，(1)：114–118.

张旺. 伦理结构化：算法风险治理的逻辑与路径[J]. 湖湘论坛，2021，34（2）：121–128.

张以哲. 经济权力：大数据伦理危机的社会关系根源[J]. 华侨大学学报（哲学社会科学版），2021，(2)：5–15.

张兆翔，张吉豫. 人工智能伦理问题的现状分析与对策[J]. 中国科学院院刊，2021，36（11）：1270–1277.

赵志耘，徐峰. 关于人工智能伦理风险的若干认识[J]. 中国软科学，2021，(6)：1–12.

周青鹏. 面向 2035 年科技创新对伦理道德的冲击与应对[J]. 中国科技论坛，2021，(7)：8–10.

周瑛. 网络电商“悲情营销”的伦理追问与消解——基于十四篇新闻报道的内容分析[J]. 西北师大学报（社会科学版），2020，57（1）：71–78.

周祖城. 企业社会责任与企业伦理关系分析[J]. 管理学报，2022，19（2）：235–244.

朱焕雅，黄学勇. 心理咨询师广告伦理规范现状——基于来源于网络的心理咨询广告研究[J]. 中国临床心理学杂志，2022，30（2）：493–498.

三、网络类

北京商报网. 麦当劳的变“绿”计划[EB/OL]. http://www.bbtnews.com.cn/2018/1030/271797.shtml，2018-10-30.

新浪网. 台媒：小 S 代言牙膏广告因内容不实被罚 600 万[EB/OL]. http://news.sina.com.cn/c/2015-03-10/091831589035.shtml，2015-03-10.

朝晖. 2.3 亿人种下的蚂蚁森林 成了能在太空中看到的“地球奇迹”[EB/OL]. https://m.mydrivers.com/newsview/556040.html，2017-11-16.

海棠依旧 coder. 315 曝光“六禾核桃”，网友晒买到的山寨货，这些名字你可眼熟[EB/OL]. https://baijiahao.baidu.com/s?id=1595334948602434959&wfr=spider&for=pc，2018-03-19.

好奇心日报. 利用丧亲之痛?麦当劳英国的新广告刚发一周就被完全撤下[EB/OL]. http://tech.ifeng.com/a/20170518/44615378_0.shtml，2017-05-18.

略略略懂一二. 遛娃神器被曝光，检测结果令人揪心，孩子正在被伤害你还敢用吗?[EB/OL]. https://baijiahao.baidu.com/s?id=1682032707754929193&wfr=spider&for=pc，2020-10-31.

每日经济新闻. 频频翻车，数据造假……“明星直播带货”2020 年刚开始，2021 年就退烧[EB/OL]. https://baijiahao.baidu.com/s?id=1693995848168559862&wfr=spider&for=pc，2021-03-12.

齐鲁壹点. 花呗广告，超前消费不能这么宣传[EB/OL]. https://baijiahao.baidu.com/s?id=1679969079154751151&wfr=spider&for=pc，2020-10-08.

前海翼联. 新兴产业智能穿戴你想不到的发展前景[EB/OL]. https://baijiahao.baidu.com/s?id=1627949248743604437&wfr=spider&for=pc，2019-03-14.

前瞻经济学人. 2021 年中国移动互联网行业用户属性及市场需求分析 移动网民日均上网时长逐年增长[EB/OL]. https://baijiahao.baidu.com/s?id=1702885777381764277&wfr=spider&for=pc，2021-06-18.

搜狐网. 发布恶俗广告绝味鸭脖被罚款 60 万，网友看后愤怒！[EB/OL]. http://www.sohu.com/a/212255372_100085141，2017-12-23.

搜狐网. 这几年刷屏的公益活动，竟然都出自这家公司？[EB/OL]. http://www.sohu.com/a/167132509_116755，2017-08-25.

新京报. 法国队夺冠，华帝退全款?华帝北京经销停摆“退全款”一地鸡毛[EB/OL]. https://

baijiahao.baidu.com/s?id=1606524159524673584&wfr=spider&for=pc，2018-07-20.

新京报. 无底线的悲情营销比“丑苹果”更丑陋[EB/OL]. https://baijiahao.baidu.com/s?id=1616138752777686183，2018-11-04.

徐辉. 百事公司“2019 把乐带回家·妈妈制造”探索创新“持续造血”公益模式[EB/OL]. http://www.gongyishibao.com/html/gongyizixun/16043.html，2019-02-02.

娱乐巴巴巴. 央视批评流量明星数据造假，蔡徐坤被点名成负面案例[EB/OL]. https://baijiahao.baidu.com/s?id=1626263929004841115&wfr=spider&for=pc，2019-02-23.

lake2. 链路劫持攻击一二三[EB/OL]. https://security.tencent.com/index.php/blog/msg/10，2012-11-09.

后　　记

从 2019 年 10 月接受本书的撰写任务到 2022 年 10 月完成统稿、定稿，前后用时三年。用三年时间完成一部书稿，且是团队合作，虽说不上速度慢，但确实不能算速度快。一方面，本书是国内最早对数字营销伦理与法规进行专门论述的著作之一，撰写过程中遇到不少新问题，既有伦理方面的，又有监管方面的，还有技术应用、业态变革引起的，它们在传统媒体时代均不曾出现过；另一方面，构建数字营销伦理评价体系、建设我国数字营销市场监管制度并不能一蹴而就，而是需要持之以恒、不断探索才能实现。此外，下列因素也值得关注。

其一，数字营销兴起的时间较短，世界各国对它监管的时间不长、法规不健全、经验有限、办法不多。从 1994 年 10 月美国《热线杂志》（*Hotwired*）网络版刊登最早网络广告开始，从 1997 年 3 月中国 Chinabyte 刊登商业性网络广告至今，世界和中国数字营销的开启时间仅有短短的二十几年时间。在此期间，世界各国面对数字营销这个新鲜事物，既缺少现成的监管法规可供参考，又没有成熟的监管手段和经验可资借鉴，惯常做法是借助监管传统媒体广告的法规和手段来监管数字营销，因而监管过程很被动，也很无奈，更难真正将监管工作“做”到位。

其二，国内外学界对数字营销监管的研究均刚刚起步，其研究工作有待深入。数字营销不仅仅是将营销活动从线下移至线上，还通过技术、数据和用户洞察对传统营销形成颠覆性变革——既改变业态，又改变市场格局，甚至还改变“游戏”

规则；交易制度从广告代理制变为程序化购买；市场经营主体从三方变为四方，即从广告主、广告代理公司和广告媒体变为广告主、数字营销公司、数字媒体平台和第三方监测机构；市场各经营主体的核心竞争力从创意、策划变为拥有数据，数据成为最重要的生产要素。此种变化带来的显性的数据造假、虚假点击和不实数字广告比较容易辨别，但各种隐性的机器伦理、数据伦理和用户隐私侵犯等问题则成为国内外学界研究中面临的共同难题。

其三，伴随着国家新一轮机构改革推进和新的市场监管体系建立，旧的市场监管法规被“废止”或“修订”，新的市场监管法规则纷纷出台并施行。根据 2018 年中共中央印发的《深化党和国家机构改革方案》：改革市场监管体系，实行统一的市场监管，是建立统一开放竞争有序的现代市场体系的关键环节。将国家工商行政管理总局的职责，国家质量监督检验检疫总局的职责，国家食品药品监督管理总局的职责，国家发展和改革委员会的价格监督检查与反垄断执法职责，商务部的经营者集中反垄断执法以及国务院反垄断委员会办公室等职责整合，组建国家市场监督管理总局，作为国务院直属机构。其主要职责是，负责市场综合监督管理，统一登记市场主体并建立信息公示和共享机制，组织市场监管综合执法工作，承担反垄断统一执法，规范和维护市场秩序，组织实施质量强国战略，负责工业产品质量安全、食品安全、特种设备安全监管，统一管理计量标准、检验检测、认证认可工作等。显著变化有二：一是组建国家市场监督管理总局取代原国家工商行政管理总局；二是废止、修订和出台了一批与数字营销关系紧密的监管法规。例如，《反不正当竞争法》（2019 年修订）、《网络信息内容生态治理规定》（2020 年）、《市场监督管理执法监督暂行规定》（2020 年）、《民法典》（2021 年）、《市场监督管理行政处罚程序规定》(2021 年修正)、《互联网用户公众账号信息服务管理规定》（2021 年）、《行政处罚法》（2021 年）、《数据安全法》（2021 年）、《个人信息保护法》（2021 年）、《市场主体登记管理条例》（2022 年）、《中华人民共和国市场主体登记管理条例实施细则》（2022 年）、《互联网信息服务算法推荐管理规定》（2022 年）等。要将这些新修订和新出台的监管法规吸纳进本书中，无疑是一项耗时耗力的巨大工程。

其四，与数字营销监管关系更为密切的法规修订久久未能完成。《互联网广告管理暂行办法》施行于2016年9月1日，5年后的2021年11月26日，国家市场监督管理总局发布《互联网广告管理办法（公开征求意见稿）》，公开向全社会征求意见，但时至今日，也是"只见楼梯响，未见人下来"，《互联网广告管理办法》虽经"千呼万唤"但仍未能"始出来"。也许，它能早一天颁布并施行，本书也会早一天撰写完成。

营销业态、市场格局、"游戏"规则被颠覆和市场经营主体发生巨变，正是本书在写作过程中需要面对的现实。其间多次因写作陷入困境而不得不停下来重新梳理思路，甚至重新拟定相关章节的大纲；有的章节已经写了不少文字，突然发现有些偏离原来的设想，不得不另起炉灶；有的章节已经写作完毕，但在审稿过程中发现没有把其中的核心实质挖掘出来，只得重写；等等。好在本书有一个得力的合作团队，能在遇到困难时不断砥砺前行。本书由周茂君提出总体构想，编写出详细大纲，由团队成员共同完成编写，最后由周茂君统稿、定稿。全书各章节撰写者如下：第一章由杜永欣撰写；第二章、第三章、第四章、第五章由刘明秀撰写；第七章、第八章由周茂君撰写；第六章第一节由周茂君、田王佳玥撰写，第二节由周茂君、纵金锦撰写；第九章第一节由张婉玉撰写，第二节由李婧源撰写，第三节由张芮撰写，第四节由余蕾撰写；第十章由周茂君、李娜撰写。

数字营销伦理与法规，无论中国还是外国，无论业界还是学界，均是被重点关注的重要问题。本书在理论和实践方面做了一些有益的尝试和探索，尽管不少地方还不够成熟，但仍希望借此抛砖引玉，引起对此论题的共同探讨。

是为记。

周茂君

2022年10月于新疆大学红湖右岸